근대—
동아시아의
학생문화

근대 동아시아의 학생문화

한국 근현대 학교 풍경과 학생의 일상 09

초판 1쇄 인쇄 2018년 8월 10일 ＼**초판 1쇄 발행** 2018년 8월 15일
지은이 오성철 ＼**펴낸이** 이영선 ＼**편집 이사** 강영선 김선정
주간 김문정 ＼**편집장** 임경훈 ＼**편집** 김종훈 이현정 ＼**디자인** 김회량 정경아
독자본부 김일신 김진규 김연수 정혜영 박정래 손미경 김동욱

펴낸곳 서해문집 ＼**출판등록** 1989년 3월 16일(제406-2005-000047호)
주소 경기도 파주시 광인사길 217(파주출판도시) ＼**전화** (031)955-7470 ＼**팩스** (031)955-7469
홈페이지 www.booksea.co.kr ＼**이메일** shmj21@hanmail.net

오성철 © 2018
ISBN 978-89-7483-947-5 94910
ISBN 978-89-7483-896-6 (세트)
값 23,000원

이 도서의 국립중앙도서관 출판예정도서목록(CIP)은 서지정보유통지원시스템 홈페이지(http://seoji.nl.go.kr)와
국가자료공동목록시스템(http://www.nl.go.kr/kolisnet)에서 이용하실 수 있습니다.(CIP제어번호: CIP2018022818)

이 저서는 2013년 대한민국 교육부와 한국학중앙연구원(한국학진흥사업단)의
한국학총서 사업의 지원을 받아 수행된 연구임(AKS-2013-KSS-1230003)

進賢
한국학

한국 근현대
학교 풍경과
학생의 일상
09

오성철
지음

근대─
동아시아의
학생문화

서해문집

오늘날 한국의 교육은 1876년 국교 확대 이전 전통시대 교육과는 판이하다. 19세기 후반부터 오늘날에 이르기까지 일본을 거치거나 직접 들어온 서구의 교육이 미친 영향이 적지 않기 때문이다.

이러한 교육은 한국인의 물질적 생활방식을 바꾸었을 뿐더러 가치관마저 송두리째 바꿨다. 그것은 오늘날 학교의 풍경과 학생들의 일상생활에서 엿볼 수 있다. 매일 일정한 시각에 등교해 교사의 주도로 학년마다 서로 다르게 표준화된 교과서를 학습하고 입시를 준비하거나 취직에 필요한 역량을 키운다. 또한 복장과 용모 지도에서 볼 수 있듯이 여전히 남아 있는 일제 잔재와 군사문화의 일부가 학생들의 일상생활을 통제한다.

그러나 한국의 교육은 서구의 교육과는 동일하지 않다. 그것은 단

적으로 해방 후 한국교육의 양적 성장에서 잘 드러난다. 초등교육은
물론 중등교육·고등교육의 비약적인 팽창은 세계교육사에서 유례를
찾아볼 수 없을 정도로 엄청난 규모를 보여 준다. 그리하여 이러한 경
이적인 팽창은 한국의 경제성장에 기여했을 뿐만 아니라 사회 전반에
걸친 압축적 근대화에 견인차 역할을 수행했다. 아울러 이러한 성장
은 직간접적으로 국민들의 의식에도 영향을 미쳐 산업화와 함께 민주
화의 동력이 되었다.

　그런데 오늘날 한국교육은 급속한 양적 성장을 거친 결과 만만치
않은 과제를 안고 있다. 사회의 양극화와 더불어 교육의 양극화가 극
심해져 교육이 계층 이동의 사다리이자 자아실현의 디딤돌이 되기는
커녕 사회의 양극화를 부채질하고 학생들의 삶을 황폐화시키고 있다.
고등학생은 물론 초등학생·중학생들도 입시 준비에 온 힘을 기울임
으로써 학생은 물론 학부모, 학교, 지역사회의 일상생활이 입시전쟁
에 종속되어 버렸다.

　도대체 1876년 국교 확대 이후 한국의 교육에서 어떠한 변화가 일
어났기에 오늘날 이러한 현상이 일어났는가. 한국의 교육열은 어디에
서 그 기원을 찾아야 하는가. 고학력자의 실업률이 나날이 증가함에
도 이른바 학벌주의가 여전히 기승을 부리는 이유는 무엇인가. 그럼
에도 야학으로 대표되는 제도권 바깥 교육이 비약적인 경제성장에도
끈질기게 살아남으며 한국교육에서 차지하는 비중이 낮지 않음은 무
슨 까닭인가. 또 이러한 비제도권 교육은 한국의 압축적 근대화에 어

떻게 영향을 미쳤으며, 비제도권 교육의 양적·질적 변동 속에서 학생들의 일상생활은 어떻게 변화했는가. 그 과정 속에서 학생들은 어떻게 자신의 꿈을 실현했으며, 한편으로는 어떻게 좌절했는가. 아울러 한국의 교육 현상은 유교를 역사적·사상적 기반으로 하는 동아시아 각국의 교육 현상과 어떻게 같고 또 다른가.

이 총서는 이러한 문제의식에서 역사학자·교육학자 10명이 의기투합해 저술한 결과물로서 다음과 같은 점에 중점을 두었다. 먼저 근현대 학교의 풍경과 학생의 일상생활을 공통 소재로 삼아 전통과 근대의 충돌, 일제하 근대성의 착근과 일본화 과정, 해방 후 식민지 유제의 지속과 변용을 구체적으로 고찰함으로써 한국적 근대성의 실체를 구명하고자 했다. 더 나아가 한국의 교육을 동아시아 각국의 근현대교육과 비교하고 연관시킴으로써 상호작용과 반작용을 드러내고 그 의미를 추출하고자 했다.

따라서 이 총서는 기존의 연구 성과를 디딤돌로 삼되 새로운 구성 방식과 방법론에 입각해 다음과 같은 부면에 유의하며 각 권을 구성했다. 첫째, 한국 근현대교육제도의 변천 과정을 통시적으로 고찰하면서 오늘날 한국교육을 형성한 기반에 주목했다. 기존의 한국 근현대 교육사에 대한 저술은 특정 시기·분야에 국한되거나 1~2권 안에 개괄적으로 정리하는 것이 보통이었다. 그러나 이러한 저술은 한국근현대교육의 흐름을 파악하는 데 도움을 줄 수는 있으나 자료에 입각해 통시적이고 종합적으로 이해하기에는 아쉬운 점이 적지 않았다.

특히 대부분의 저술이 초등교육에 국한된 나머지 중등교육과 고등교육, 비제도권 교육에 대한 서술은 매우 소략했다. 그리하여 이 총서에서는 기존 저술의 이러한 한계를 극복하기 위해 일반 대중의 눈높이를 염두에 두면서 초등교육은 물론 중등교육·고등교육을 심도 있게 다루었다. 다만 대중적 학술총서의 취지를 살려 분량을 고려하고 초등교육·중등교육·고등교육 각각의 기원과 의미에 중점을 둔 까닭에 개괄적인 통사 서술 방식에서 벗어나 특정 시기를 중심으로 구체적으로 서술했다.

둘째, 이 총서의 가장 큰 특징은 기존 연구에서 거의 다루지 않은 학생들의 일상을 미시적으로 탐색하면서 한국적 근대의 실체를 구명하는 데 있다. 따라서 이 작업은 교육제도와 교육정책에 치중된 기존 연구 방식에서 벗어나 삶의 총체성이라 할 일상 문제를 교육 영역으로 적극 끌어들였다고 하겠다. 물론 학생의 일상은 교육사 전체에서 개관하면 매우 작은 부분일 수 있다. 그러나 이들 학생의 일상은 국가와 자본, 사회와 경제 같은 거대한 환경에 따라 규정될뿐더러 학생이 이러한 환경과 상호작용하면서 자신의 체험을 내면화함으로써 새로운 세계를 열어가는 기반이라는 점에서 그 의미가 적지 않다. 그리하여 한국 근현대 시기 학생의 일상에 대한 서술은 일상의 사소한 경험이 사회 구조 속에서 빚어지는 모습과 특정한 역사 조건 속에서 인간 삶이 체현되는 과정으로 귀결된다. 나아가 이러한 서술은 오늘날 한국인의 심성을 만들어낸 역사적·사회적 조건을 구명하는 계기를 제공할 것이다. 이에 이 총서는 문화연구 방법론을 활용하기 위해 기존 역사 자료 외에도 문학 작품을 비롯해 미시적인 생활 세계를 담은 구술 채록과 증언 자료, 사진, 삽화 등을 적극 활용했다.

셋째, 이 총서의 마무리 저술에서는 학제 작업의 장점을 살려 일본·타이완과 같은 동아시아 국가의 교육과 비교·연관함으로써 동아시아적 시야 속에서 한국 근현대교육의 위상과 의미를 짚어보고자 했다. 왜냐하면 일본과 타이완, 한국은 유교를 기반으로 하면서도 각각 제국주의와 식민지라는 서로 다른 처지에서 전통과 다르면서도 공히 자본주의 체제를 내면화하면서 급속한 경제성장과 정치적 권위주의의 병존, 1990년대 이후의 민주화 여정에서 볼 수 있듯이 서구와 서로 다른 동아시아적 특색을 구비했기 때문이다. 따라서 동아시아 속에서 비교·연관을 통한 한국 교육에 대한 재검토는 이후 한국 교육의 방향을 국민국가 차원에서 벗어나 동아시아적·지구적인 차원에서 모색하는 데 중요한 시사점을 제공할 것이다.

그럼에도 이 총서는 기존 연구 성과를 밑거름으로 삼아 집필되었기 때문에 각 권마다 편차를 보인다. 지금에서야 새롭게 주목받기 시작한 일상생활 영역과 오래 전부터 연구돼 온 영역 간의 괴리로 인해 연구 내용과 자료가 시기마다, 학교급마다, 분야마다 균질하지 않기 때문이다. 다만 총서의 취지와 주제를 적극 살리기 위해 이러한 차이를 메우려고 노력했다는 점도 부기하고자 한다. 그리하여 이 총서가 한국 근현대교육사를 한때 학생이었던 독자의 눈과 처지에서 체계적으로 이해할뿐더러 학생의 일상과 교육의 상호작용을 구체적으로 묘사하는 데 중요한 문화 콘텐츠로 활용되기를 기대한다. 또한 이 총서는 총10권으로 방대하지만 독자들이 이러한 방대한 총서를 통해 한국 근현대교육사의 속내를 엿보는 가운데 한국교육의 지나온 발자취를 성찰하면서 오늘날 한국교육이 나아가야 할 방향을 모색하는 데 기꺼이 동참해 주기를 고대한다. 이 자리를 빌려 이 총서를 발간할 수 있도록 지원해 준 한국학중앙연구원 한국학진흥사업단에 감사의 말씀을 드린다.

끝으로 총서 작업을 해오는 과정에서 저자들에 못지않게 교열을 비롯해 사진·삽화의 선정과 배치 등 온갖 궂은일을 도맡아 주신 출판사 편집진의 노고에 감사의 뜻을 표한다. 아울러 독자들의 따뜻한 관심과 차가운 질정을 빈다.

저자들을 대표해 김태웅이 쓰다

머리말

'한국 근현대 학교 풍경과 학생의 일상'을 주제로 한 총 10권의 연구 총서 중 한 권으로 구상된 이 책에서 다루는 주제는 '한국'이 아닌 '동아시아'의 학교풍경과 학생의 일상입니다. 총서의 나머지 9권은 각기 우리 사회의 근대와 현대 시기에 여러 수준의 학교의 풍경과 그 학교의 학생들의 일상을 밝히고 있습니다. 그 점에 비추어볼 때 이 책은 분명 돌출적인 인상을 피할 수 없습니다. 그러니 전체 총서 안에서 이 책이 차지하는 위치 및 그 의미에 대해 독자들에게 먼저 해명해야 하겠지요.

'한국의 근현대'라는 시공간적으로 특정한 세계에서 일어난 사건 혹은 현상을 그 자체에만 주목해 발굴하고 복원하는 일은 물론 가능한 일이고 또 우선적으로 필요한 일이겠습니다. 그런데 한 걸음 더 나아가 그 사건과 현상에 대해 '왜(why)'라는 인과적 질문을 던지고 그 답을 찾으려 할 때, 우리는 그 사건과 현상이 특정 시기의 한국사회에 '특유한' 것인가 아니면 유사한 시기에 다른 사회에서도 존재한 '일반적'인 것인가 하는, 좀 더 심화된 질문을 제기하지 않을 수 없습니다. 그리고 그에 대한 답을 찾는 방법은 다름 아닌 '비교'입니다. 모든 사회학은 '비교'사회학일 수밖에 없다는 에밀 뒤르켐의 경구는 인과적 '설명(explanation)'을 위한 기본 방법은 다름 아닌 '비교'라는 뜻으로 이해해야 합니다. 자연과학에서 인과적 설명을 위해 가장 널리 활용되는 방법인 실험이 실험집단과 통제집단 간의 '비교'를 축으로 하고 있다는 점을 떠올린다면 뒤르켐의 경구를 쉽게 이해할 수 있을 것입니다. 비교를 통해 우리는 우리 사회에서 일어난 일을 상대화해 보다 객관적으로 바라볼 수 있게 됩니다.

이 책에서 필자가 한국을 포함해 제국 일본과 식민지 타이완 등을 포함한 '근대 동아시아'라는 시공간에서 전개된 학생문화를 다룬 이유는 그 안에서 '한국 근현대 학교 풍경과 학생의 일상'에 대한 인과적 설명을 위한 풍부한 시사점과 단서를 찾을 수 있을 것으로 기대했기 때문입니다. 그것은 우리의 근대사회 및 근대교육이 근대 동아시아라는 시공간 속에서 다른 사회와 자발적이건 타율적이건 뗄 수 없는 관계를 맺으며 전개돼 왔기 때문입니다. 이 책에서 근대의 제국 일본과 식민지 타이완, 나아가 유사한 시기 영국의 학생문화에 접근할 때 필자의 의식 한편에는 늘 그러한 기대가 작동하고 있었습니다. 그러한 기대가 이 짧은 책 안에서 과연 얼마만큼 만족스럽게 충족될 수 있었는지는 결국 독자들이 판단할 문제일 것입니다. 그 기대가 제대로 충족되지 못했다면 그것은 당연히 필자의 아둔함과 편협한 식견 탓일 뿐입니다. 우리 사회의 역사 연구와 관련해 앞으로도 '비교'의 방법은 꾸준히 계속되고 더욱 심화돼야 합니다. 바로 그런 이유에서 독자 여러분의 기탄없는 질정을 진심으로 기대합니다.

2018년 8월
오성철

차례

총서를 펴내며 · 4
머리말 · 10

I

서론 ——————————————————— 21

2

일본 구제고교의 학생문화

1 구제고교의 탄생 ——————————————— 43
　메이지유신과 근대 고등교육체제 | 제국대학과 구제고교 | 구제고교의 스쿨컬러
2 구제고교의 학생문화 ——————————————— 70
　학력 경쟁의 문화 | 정체성 형성의 문화 | 교양 형성의 문화 | 저항의 문화

3

일본의 사범학교 및 고등여학교 학생문화

1 사범학교의 학생문화 —————————————— 137

    일본형 사범학교와 모리 아리노리 | 사범학교와 사범형 인간

2 고등여학교의 학생문화 —————————————— 157

    여학교와 여학생 | 고등여학교와 문학소녀

4

식민지 타이완과 조선의 학생문화

1 타이완과 조선의 식민지교육체제 ———————————— 183

2 식민지 타이완과 조선의 학생문화 ———————————— 201

    식민지 고교 및 제대 예과의 학생문화 | 유학생의 문화

5

근대 동아시아의 학생문화

1 영국과 일본의 학생문화 비교 ——————————— 255

   영국의 퍼블릭스쿨과 일본의 구제고교
2 제국 일본과 식민지 타이완·조선의 학생문화 비교 ——————— 278
3 근대 학생문화의 동아시아적 특질 ————————————— 288

6

결론 ———————————————————————— 305

주 · 316
참고문헌 · 329
찾아보기 · 339

서론

오늘날 학생이라고 할 때 그와 함께 '엘리트'나 '수재'의 이미지가 부상하는 경우는 별로 없다. 일단 해당 연령층 중에서 학생이 아닌 사람이 거의 없을 정도로 교육이 대중화되고 심지어 보편화되었기 때문에 그들은 선택된 소수이기보다는 대중이다.

그런데 근대 우리 사회에 학생이라는 사회적 집단이 새롭게 등장했을 때 그들에게는 엘리트의 이미지가 늘 따라다녔다. 그들은 수적으로도 같은 연령집단에서 극히 소수였을 뿐 아니라 자의식이나 그들을 대하는 사회적 시선의 면에서도 자긍심과 선망의 대상이 되는 존재였으며, 학교교육을 마친 후에도 정치경제적으로나 사회문화적으로 높고 중요한 지위와 역할이 제공될 것으로 기대되는 그야말로 엘리트였다. 이 책에서 다룰 대상은 바로 그 시간과 공간, 즉 '근대'라는 시간에 '동아시아'라는 공간에서 출현한 사회적 존재로서의 학생 집단이다. 그들은 누구이며, 어떤 배경에서 출현했고 어떤 교육을 받았을까. 그들의 자의식과 그들을 바라보는 사회적 시선은 어떤 것이었을까. 그들은 무엇을 꿈꾸고 어떤 책을 읽고 어떤 감정을 공유하며 어떤 엘리트로 성장했을까. 이러한 질문에 대한 답을 통해 동아시아에서 근대교육이 지닌 의미는 물론 근대 동아시아의 엘리트 형성이 지닌 역사적 사회적 특질이 무엇인지를 밝히는 것이 이 책의 목적이다.

우리 사회에서 근대, 예컨대 일제 시대의 '학생'이 어떤 존재였을까 하고 물을 때 흔히 떠오르는 이미지 하나는 아마도 신파극 〈이수일과 심순애〉의 주인공, 검은 망토를 두르고 심순애에게 '김중배의 다이아 반지가 그렇게 좋더냐' 하고 일갈하는 이수일의 이미지일 것이다. 이 신파극의 원조는 조중환趙重桓(1863~1944)의 번안 소설 《장한몽長恨夢》이다. 그런데 이 소설은 '번안'된 것이니만큼 그 원조가 있었다. 일본의 메이지시대 소설가 오자키 고요尾崎紅葉(1868~1903)의 소설 《곤지키야샤金色夜叉》가 그것이다. 오자키 고요는 도쿄제국대학의 전신인 도쿄대학 예비문에 재학한 바 있었고, 학생시절 경험을 바탕으로 남자 고등학생 신분인 하자마 간이치와 오미야라는 여성의 애정과 배신에 관한 이야기를 소설로 남겼다. 그것이 번안 소설로 식민지 조선에 유포되었다.

이 책에서 다루는 '학생'이라는 사회적 존재 또는 집단은 근대에 출현한 존재다. 그리고 그것은 《장한몽》과 《곤지키야샤》의 관계처럼, 우

〈그림 1〉 오자키 고요의 《곤지키야샤》, 1902(일본
국립국회도서관)

〈그림 2〉 조중환의 《장한몽》,
1913(삼성출판박물관)

리 사회에 고유한 존재였다기보다 근대 동아시아라고 하는 역사적 사
회적인 세계 안에서 형성된 근대교육체제의 한 산물로 등장했다.

그런데 '학생學生'이라는 말 자체가 근대에 처음으로 탄생한 것은
아니었다. '학생부군신위學生府君神位'라는 표현처럼 조선 시대에도 학
생이라는 말은 있었다. 전통적으로 우리 사회에서 학생은 성균관成均
館·사학四學·향교鄕校 등에 소속된 유생과 전의감典醫監 등에 소속된
생도로서 공부하는 자를 가리키거나 품계가 없는 자를 가리켰다. 앞
의 '학생부군신위'에서 '학생'은 후자의 의미였다. 그러나 근대 이후
'학생'이라는 말은 새로운 의미를 지니게 된다. 즉 근대적인 초등·중
등 교육기관 및 고등교육기관에 다니며 교육을 받는 피교육자를 가리
키는 말이 된다. 한편 일본에서 사용되는 말 '가쿠세學生'는 그 의미가

조금 다르다. 근대 이후 일본에서는 학교에 다니는 피교육자를 가리키는 말이 '가쿠세' 외에도 '지도兒童', '세토生徒' 등의 용어로 구분되어 있었다. '지도'는 소학교에 다니는 사람, '세토'는 중등학교에 다니는 사람을 가리키고 '가쿠세'는 대학, 전문학교, 구제舊制 고등학교(이하 구제고교로 약칭) 등 고등교육기관에 다니는 사람을 가리키는 말로 관용적으로 구분되어 사용되었으며, 이는 교육법령의 표현에도 반영되었다. 근대 이전에 동일한 한자문명권 안에 포함되어 있던 일본에서도 '가쿠세'라는 한자어가 존재한 적은 있으나 그것은 근대 이후 등장한 지도, 세토, 가쿠세의 의미와 달랐음은 물론이다.

이 책에서 다룰 '근대 동아시아'의 '학생'은 근대적인 학교에 다닌 사람을 일반적으로 가리키기보다는 한정적인 대상을 뜻한다. 이 책에서는 근대적인 중등교육기관 및 전기 고등교육기관에 다녔던 사람들, 더 구체적으로 말하면 근대 일본제국 및 그 식민지의 하나였던 타이완의 구제고교·사범학교·고등여학교 등에 다녔던 일부의 피교육자 집단을 말한다. 본론에서 자세히 다루겠지만, 구제고교는 중등교육기관인 중학교와 고등교육기관인 제국대학을 잇는 중간단계의 교육기관으로서 학제상의 위치로 보자면 제국대학의 '예과豫科' 또는 오늘날로 말하자면 대학의 '교양학부'에 해당하는 교육기관이었다.

근대 동아시아에서 후기 중등교육 또는 고등교육기관에 취학한 학생은 초등이나 전기중등교육기관의 학생과는 다른 특별한 역사적·사회적 의의가 있었다. 동서양을 막론하고 근대교육의 출범 이후 초등교육은 비록 시기와 형식은 사회에 따라 조금씩 달랐다 할지라도 일찍이 국가에 의해 의무교육이 되면서 그 대상이 선별된 집단이 아닌 그 사회의 모든 구성원으로 보편화되었다. 바꿔 말해 초등교육은 근대 이후 출범한 국민국가에 요구되는 '국민만들기' 장치였고, 초등학생은 미래의 국민 즉 국민후보생이었던 셈이다. 그에 반해 고등교육의 대상은 좀 더 제한되고 선별된 집단이었다. 고등교육은 대체로 한 사회의 엘리트층이 될 후보자를 선별해 양성하는 '엘리트 충원' 장치였다.

중등교육의 경우에는 양상이 좀 더 복잡하다. 그 제도와 취학 규모는 사회에 따라 다르며, 중등교육이 수행하는 기본적인 사회적 기능 면에서도 사회에 따라 상당히 흥미로운 차이를 보인다. 어떤 사회에서는 중등교육이 기존하는 계층 구조를 반영하고 '재생산'하는 기능을 수행하기도 했으며 또 어떤 사회에서는 오히려 기존에는 존재하지 않았던 새로운 계층을 '형성'하는 기능을 수행하기도 했다. 특히 후자의 사례는 이 책에서 다룰 근대 동아시아 사회에서 주로 발견된다. 중등교육제도 및 그 실제의 존재 형태 자체가 그것이 영위되는 사회의 성격을 반영한다고 할 수 있다. 이 책에서 근대 동아시아의 학생층에 주목하는 이유 중 하나는 그것을 통해 근대 동아시아의 교육과 사회가 지닌 특질에 접근할 수 있기 때문이다.

'근대 동아시아'라 할지라도 그 안에는 다양한 사회와 국가가 포함되어 있다. 이 책에서는 근대의 일본제국 및 일본의 식민지였던 타이완과 조선으로 대상을 제한한다. 그런데 근대 '동아시아' 세계에서 결코 간과할 수 없는 비중을 지닌 거대한 사회, 중국의 교육과 학생문화에 대해서는 이 책에서 다루지 못했다는 점을 미리 밝혀둔다. 중국은 근대 이후 일본과 같은 제국을 이루지는 않았지만 타이완이나 조선과 같이 나라 전체가 식민지 지배하에 놓이지는 않았다. 그렇다고 하여 제국과는 무관하게 고립된 섬처럼 독자적인 근대의 행보를 밟아간 것도 아니다. 서구 및 일본제국의 반식민지 지배 상태에서 나름의 근대를 구축해갔다고 할 수 있는 중국의 사례는 그 자체가 별도의 접근 대상으로 설정되어야 할 만큼 거대한 탐구대상이다. 그런 점에서 근대 중국을 제외한 채 동아시아의 특질을 논하려는 이 책의 시도는 그만큼 제한될 수밖에 없을 것이다.

여기서 동아시아 중에서 일본과 타이완, 조선이라는 지역에 착목하는 이유를 설명해보자. 이 책에서 이들에 주목하는 이유는 무엇보다도 이 책이 일부를 이루는 총 10권으로 구성된 총서의 대주제가 한국의 학생문화라는 데서 찾을 수 있다. 근대 이후 다양한 교육기관에서 배운 한국의 학생들이 형성했던 문화를 밝히려는 총서의 일부로 '근대 동아시아의 학생문화'가 기획된 것은 근대 이후 우리 사회에서 전개된 학생문화를 일국사의 맥락을 넘어서서 지역사·세계사의 맥락에서 상대화해 파악할 필요가 있다고 판단했기 때문이다. 역사적으로 보더라도 우리 사회의 근대교육은 독자적·고립적인 정치사회적 세계 안에서 진화되는 과정을 통해 발전해 온 것이라기보다 외래문화와 자발적 또는 타의적으로 교섭하는 과정을 통해 전개되어 왔다는 점은 새삼 강조할 필요가 없을 것이다. 우리 사회 근대교육의 출발점을 1883년의 원산학사에서 찾을 것인지 아니면 1885년의 배재학당이나 1886년의 육영공원에서 찾을 것인지 하는 논쟁이 있기는 하나, 적어도 그러한 움직임이 19세기 말에 외세가 우리 사회에 일으킨 충격에 대한 반응이었다는 점에서는 이론의 여지가 없을 것이다. 이러한 선구적인 시도에 토대를 두고 1894년에 조선 정부가 전개한 갑오개혁은 우리 사회에 근대적 교육제도가 형성될 가능성을 마련하는 것이었다. 그런데 그 갑오개혁의 상당 내용은 근대 일본의 교육제도를 모델로 했다. 이후, 우리 사회의 근대적 교육제도 형성 시도는 일제에 의한 조선의 패망으로 굴절될 수밖에 없었으며, 1910년 이후 1945년까지 35년간(또는 1905년 이후의 40년간) 우리 사회에서의 근대교육은 일제의 식민지 지배하에서 뒤틀린 형식과 내용으로 전개될 수밖에 없었다. 바꿔 말하면 서구적인 근대교육이 이른바 '동아시아적' 환골탈태를 거쳐 '일본적' 근대교육으로 변형되고 그것이 또 다시 이른바 '식민지적' 환골탈태를 거쳐 조선에 이식되었다고도 할 수 있다. 근대 이후 타이완의 근대교육의 역사는 3편에서 후술하듯이 조선과는 조금 다른 과정을 밟지만, 그 또한 식민지 지배체제하에서 일본의 교육 역사와 관련을 맺으며 전개될 수밖에 없었다. 제국 일본과 식민지 타이완 및 조선의 근대교육이 서로 불가분의 관계를 맺으며 전개되는 과정에서 '근대 동아시아적인 특질'이라 할 만한 것이 형성되었을 것이다. 이 책에서는 학생문화라는 창을 통해 그 특질에 접근하고자 한다.

이와 같은 역사적인 과정 외에도 근대교육에서의 '동아시아적 특질'의 존재를 암시하는 유력한 근거를 들어보자. 예컨대 우리나라만이 아니라 일본과 타이완은 단기간 내에 중등교육의 보편화와 고등교육의 대중화 등 세계적으로 유래 없는 교육 확대를 이룬 사회로 평가된다. 또한 국제학업성취도평가(PISA: Program for International Student Assessment)나 수학과학성취도추이변화국제비교연구(TIMMS: Trends in International Mathematics and Science Study) 등의 국제학력평가에서 우리나라를 비롯해 일본과 타이완 등 동아시아는 세계적으로 최고 수준의 높은 학업성취를 달성하는 것으로 확인된다. 또 한편으로, 이들 세 사회는 학생들이 이른바 사교육에 의존하는 정도가 매우 강하고 서구의 눈으로 보기에는 특이할 정도로 격렬하게 학력 경쟁 상황이 전개되는 것으로도 알려져 있다. 동아시아의 교육세계에는 사교육의 흥성으로 상징되는 강렬한 입시 경쟁의 문화가 존재한다. 일본의 주쿠塾 또는 요비코豫備校, 타이완의 부시반補習班, 그리고 한국의 학원學院 등 사교육기관의 흥성은 서구에서는 발견할 수 없는 독특한 동아시아적 현상이다.[1] 이러한 몇 가지 근거는 근대 이후 우리 사회의 학생문화를 '근대 동아시아'라는 역사적 사회적 맥락 속에서 상대화해 포착할 필요가 있음을 강력히 시사한다고 할 수 있다.

근대 동아시아 사회, 구체적으로 제국 일본과 식민지 타이완 및 조선에서의 학생문화를 다루는 것이 이 책의 주요 과제지만 그것들이 다루어지는 비중 면에서 일본의 학생문화가 타이완 및 조선에 비해 양적으로 커질 수밖에 없었다는 점을 미리 밝힌다. 이는 무엇보다도 동아시아의 세 사회에서 '근대교육'의 역사가 동일하지 않았을 뿐 아니라, 제국 일본의 근대교육이 시간적으로 볼 때 식민지가 된 타이완 및 조선에 비해 일찍 시작되었다고 하는 것, 그뿐만 아니라 내용 면에서 보더라도 제국 일본에서의 근대교육체제가 식민지적 왜곡을 동반하면서 타이완 및 조선에 이식되는 역사적 과정이 전개되었다고 하는 사정에서 비롯된다.

또한 근대 동아시아의 학생문화 중에서도 특히 '구제고교'(제국대학 예과 포함)·'사범학교'·'고등여학교' 등 세 교육기관의 학생문화를 대상으로 했다. 먼저 이 책에서 가장 큰 비중으로 다룬 학생문화는 구제고교의 학생문화다. 고등학교라고는 하지만 구제고교는 오늘날의 고등학교, 즉 신제고교와 전혀 성격이 달랐다는 점을 인식할 필요가 있다. 일본에서 구제고교는 '고등학교'라는 이름은 같을지라도 1945년 패전 이후에 6-3-3학제하에서 새롭게 등장한 이른바 '신제고교 新制高校', 즉 오늘날의 고교와는 전혀 다른 교육기관이었다. 신제고교는 소학교-중학교의 9년제 의무교육을 이수한 후에 진학하는, '남녀공학'을 기본으로 하는 대중적 내지는 보편적인 후기 중등교육기관이다. 반면에 구제고교는 대체로 해당 학령인구의 1퍼센트 남짓한 극소수의 선별된 학력우수자만이 진학하는 엘리트교육기관이었다. 동시에 남학생만의 독점적인 교육공간이었고, 무엇보다도 졸업 이후에 제국대학 입학이 실질적으로 보장되는 대학 예과에 해당하는 고등교육기관이었다. 근대 일본의 엘리트는 주로 구제고교-제국대학의 학력을 공통점으로 하는 이른바 '학력엘리트'였다고 해도 과언이 아니다. 그런 점에서 구제고교의 학생문화의 내면을 살펴보는 것은 근대 일본사회에서 어느 배경을 가진 사람들이 어떤 교육적 경험을 거쳐 사회의 지도층이 되어 가는가를 이해하는 데 핵심 관건이 된다고 할 수 있다.

구제고교는 교육제도 피라미드의 정점을 이루는 제국대학과 실질적으로 결합되어 있던 최고의 엘리트교육기관이었지만 동시에 그것은 다른 교육기관에도 모델로서의 영향력을 발휘하는 기관이었다. 구제고교의 교육과 학생문화는 다른 대학이나 전문학교, 관공사립중학교, 나아가 식민지의 중등교육기관 및 고등교육기관에서 선망하고 모방하고자 하는 모델이었다. 구제고교의 학생문화에 대해 2편에서 다룰 것이다.

그런데 구제고교의 학생문화라 할지라도 그것이 학생이라는 사회적 존재가 공유하는 인식과 경험, 세계관을 총칭하는 것으로 정의할 경우 그 내용은 학생들의 삶의 세계 전체를 포괄할 만큼 광범해진다. 따라서 렌즈의 초점을 특정 주제로 좀 더 구체적으로 좁혀 볼 필요가 있다. 이 책에서 구제고교의 학생문화를 밝힐 때 주로 다음과 같은 네 가지 주제에 초점을 맞춘다. 그것은 '학력學力 경쟁의 문화'·'정체성 형성의 문화'·'교양의 문화'·'저항의 문화' 등이다. 이 네 가지 주제가 지닌 의미를 좀 더 부연 설명해보자.

첫째, 학력 경쟁의 문화다. 근대 서구의 엘리트중등교육에서 학생들이 학력 경쟁의 문화를 만들어내는 현상은 일반적이라 하기 어렵다. 예컨대 영국의 퍼블릭스쿨public school이나 프랑스의 리세lycée, 독일의 김나지움gymnasium 등과 같은 서구의 엘리트중등교육은 학생을 객관적인 학력의 수월성을 기준으로 하여 선발하기보다는 계층이나 배경 등의 요인을 다분히 고려해 학생을 충원하는 측면이 강했다. 반면에 근대 일본은 지적 수월성을 보여주는 학력을 기준으로 학생을 선발하는 원리가 상대적으로 강하게 작동했다. 메이지유신으로 전통적인 계층 구분이었던 사무라이와 평민의 신분제가 사라진 이후 메이지 정부는 부국강병을 목적으로 사회 계층 전체에서 지적으로 우수한 엘리트를 선발하고 양성하기 위해 계급이나 계층이 아닌 객관적으로 평가되는 학력을 기준으로 삼는 일본적인 근대교육제도를 만들어냈다. 그러한 교육제도에서 정점을 이루는 것은 고등학교→제국대학이라는 경로였다. 이 경로를 밟은 사람들만이 일본 사회에서 엘리트의 지위를 점할 수 있었다. 따라서 이 경로를 밟기 위한 경쟁, 즉 학력 경쟁을 둘러싸고 전개되는 다양한 행위와 현상들, 그리고 그 이면에서 작동하는 인식 등이 무엇이었는지를 밝힐 필요가 있다.

둘째, 집단적인 정체성 형성의 문화다. 의무교육제가 도입되어 해당 학령인구의 전원이 학생이 되는 경우와는 달리 엄격한 경쟁을 거쳐 선발된 소수 집단이 특정 학교의 학생이 되는 경우에는 그 학생들

사이에 자신들이 선별된 소수라는 사실에서 비롯되는 자긍심과 명예의식을 토대로 집단적인 정체성이 형성될 가능성이 커진다. 그리고 그 정체성 형성을 촉진하는 다양한 문화적 장치, 예컨대 그들만이 착용하는 복장 또는 그 학교의 교기나 교가, 여러 상징, 의례, 행사 등의 장치를 매개로 다른 집단과 스스로를 구별하는 의식과 행동규범, 즉 문화가 창출된다. 더구나 그 학생들이 가족 세계나 학교 밖의 세계와 격리되어 기숙사에서 오랜 기간 공동생활을 할 경우 그런 독특한 집단 정체성 문화의 밀도는 더욱 강해진다. 그 문화가 형성되는 데 어떠한 장치들이 고안되고 작동했는지, 그것이 학생들의 정체성 내용을 어떻게 만들어 나갔는지를 밝힐 것이다.

셋째, 이른바 '교양 형성의 문화'다. 초등교육과는 달리 중등교육 이상이 되면 학생들은 단순히 학교교육의 수동적인 수혜자에 머물지 않고 자율적이고 주체적인 학습활동 및 교육적 경험에 참여하는 기회를 찾는다. 예컨대 학생들끼리의 자율적인 독서활동, 각종 단체 결성을 통한 교과외의 부활동과 사회적 활동 등은 공식적인 교과교육 못지않게 학생들의 정체성과 의식, 능력과 포부의 형성에 영향을 미친다. 더구나 치열한 학력 경쟁에서 승리한 결과로 특정 학교의 학생이 된 경우 그 선민의식에서 비롯된 독특한 자긍심은 그들을 다른 평범한 사람들과는 구별되는 존재로 만들기 위한 '고급스런 정신문화'에 대한 욕구로 발현될 가능성이 크다. 그 과정에서 형성되는 학생문화의 내용을 여기서는 '교양'이라 명명한다. 구제고교의 학생문화에서 만들어지는 이 '교양'의 내용 속에 '동아시아적 특질'이 어떻게 새겨져 있는가를 규명하는 것이 이 책의 목적의 하나다. 이는 근대 동아시아에서 형성되는 엘리트의 의식과 세계관의 내용을 밝히는 일로 이어지기도 한다. 학생들이 교과교육의 틀 밖에서 어떤 책을 읽고, 어떤 지적·예술적 체험을 공유하며 어떤 의식과 포부를 가지는가를 밝히고자 한다.

넷째, '저항의 문화'다. 학생층은 발달단계로 보면 근대에 출현한 청소년기에 해당하는데 그것은 흔히 '질풍노도의 시기'라고 이야기되기도 한다. 육체적으로는 성숙했으나 아직 사회적 역할과 지위가 부여되지 않은 일종의 과도적 유예기에 해당하는 청소년기 학생들은 기성 사회와 제도가 그들에게 마련해 놓은 역할의 틀에 의심을 품고 거기에서 벗어나려 시도하며 심지어 그 틀에 도전하기도 한다. 일탈과 도전, 저항의 가능성이 가장 강한 사회적 존재가 바로 학생층이라고 할 수 있다. 더구나 근대 동아시아의 경우에 학생 집단은 단지 미성숙한 과도기적 집단에 불과하지 않았다. 그들은 자신이 속한 사회를 서구적인 근대 문명으로 이끄는 계몽적 역할을 자임할 만한 존재로서 자의식을 갖고 있었다. 따라서 학생들은 단순한 청소년의 저항을 넘어서서 기존하는 사회 질서 및 문화에 대해 도전하고 그것을 변혁해야 한다는 소명의식까지 갖기도 했다. 여기서는 '저항의 문화'를 학생문화의 핵심 요소의 하나로 간주한다.

그런데 근대 동아시아의 학생문화는 구제고교의 문화로 모두 환원되지는 않는다. 중등학교의 학생문화가 구제고교의 그것을 범형으로 삼아 형성되는 경향이 있기는 하나, 동시에 그와는 질적으로 매우 다른 학생문화가 병존했고 나름의 진화 과정을 밟았다. 그런 점에서 이 책에서 주목하는 또 다른 학생문화는 사범학교와 여학교의 학생문화다.

왜 사범학교에 주목해야 할까. 사범학교라면 프랑스의 '에콜 노르말école normal'의 번역어로 연상되며, 기본적으로 근대 초중등학교 교육을 담당하는 교사 양성을 위한 교육기관으로 서구에서 탄생해 동아시아로 이입된 것이라는 측면을 가진다. 그런데 일본 근대교육에서 사범학교는 서구의 그것과 유사하면서도 동시에 독특한 '일본적 특질'을 지니는 것으로 창출되었다는 측면을 놓쳐서는 안 된다. 후술하겠지만 '일본적 사범학교'는 일본의 초대 문부대신 모리 아리노리森有礼(1847~1889)의 구상과 정책이 배경이 되어 발전했다. 천황제 이데올로기 교화를 수행하는 국가주의적·군국주의적 교육이 핵심 기능의 하나로 설정되어 전개된 일본 근대교육의 특질은 사범학교를 통해 길러진 이른바 '사범형 인간'을 인적 요건으로 하여 영위되고 재생산되었다고 할 수 있다. 그런 의미에서 근대 일본의 교육체제에서도 사범학교는 독자적인 별세계를 구축했고 학생문화의 경우에도 그 점은 마찬가지다. 이 책에서 사범학교의 학생문화를 구제고교의 그것과는 별개로 독자적인 주제로 설정해 다루는 이유는 여기에 있다. 주로 일본의 심상사범학교(소학교 교사 양성을 목적으로 하는 중등교육기관으로서의 사범학교) 학생문화에 초점을 맞추어 그것이 구제고교의 학생문화와 어떤 점에서 달랐는가를 밝힐 것이다. 사범학교 학생들에게 공유되던 문화는 단지 학생문화의 차원에 그치지 않고 졸업 후 복무할 학교 현장에서의 교사문화의 특질로도 이어진다는 점에서 근대 동아시아의 초등학교 교사문화의 기원과 특질에 관한 단서를 시사하는 의미도 지니고 있다. 이 주제에 대해 3편 1장에서 다룰 것이다.

다음은 고등여학교다. 근대 일본 및 식민지 타이완·조선에서 중등교육 및 고등교육은 엄격한 남녀별학체제를 이루었다. 학교 자체가 물리적으로 분리되었을 뿐 아니라 교육의 목적과 성격이 별개로 구상되었고, 그에 따라 관련 법령 및 교육과정 자체가 별개로 제도화되었다. 바꿔 말하면 교육을 통해 길러야 할 인간상 자체가 성별로 차별화되었다. 여학생의 교육은 이른바 근대적인 '양처현모良妻賢母'의 양성을 목적으로 하며, 학력을 통한 근대적 부문으로의 사회이동과는 철저히 분리되었다. 또 일반 대중을 대상으로 하기보다는 소수의 선별된 가정 출신의 여성을 대상으로 하여 형성된 '고등여학교'의 학생문화는 필연적으로 구제고교나 사범학교와는 다른 특질을 지닐 수밖에 없었다. 따라서 근대 동아시아의 학생문화에서 고등여학교의 '여학생문화'는 별개의 독립적인 영역을 이루어 전개되었다. 이에 대해서는 3편 2장에서 다룰 것이다.

다음으로 동아시아의 다른 사회, 즉 타이완과 조선으로 근대 동아시아의 학생문화에 대한 분석의 시야를 확장할 것이다. 4편에서는 제국 일본의 식민지였던 타이완과 조선의 학생문화를 다룬다. 여기서는 식민지의 학생문화를 다루기 전에 먼저 1장에서 식민지교육체제의 기본 성격 및 교육 팽창의 규모, 그리고 식민지교육에 대한 피식민자의 대응에 대해 밝힐 필요가 있다. 식민지교육이 제국 일본의 교육과 어떻게 다른 세계를 구성했는지, 그리고 그 사회에서 학생층은 어떤 사회적 존재였는지를 이해하는 데 필요한 작업이기 때문이다. 그리고 이를 기초로 2장에서 식민지기 타이완과 조선의 학생문화를 다룬다.

2편에서 다루는 구제고교라는 교육기관은 일본제국의 이른바 '내지內地'에만 한정되지 않고 식민지로도 확산되어 갔다. 타이완의 타이페이고등학교臺北高等學校가 그것이다. 그와 함께 식민지에는 제국대학 예과라는 구제고교의 다른 형태 또한 제도화되었다. 타이완의 타이페이제국대학 예과와 조선의 경성제국대학 예과가 그것이다. 이들 교육기관은 두 사회의 학력엘리트 형성에 중요한 장으로 기능했다. 여기에 교육기관에 취학한 소수의 피식민자 학생들, 즉 타이완과 조선 학생들이 형성한 학생문화가 어떤 것이었으며 그것은 제국 일본의 학생문화와 어떤 점에서 연속적이고 동시에 불연속적인 것이었는지를 밝힐 것이다.

이 책에서 식민지 타이완과 조선의 학생문화를 밝힐 때, 특별한 범주로 설정한 것은 '유학생' 집단이다. 이때의 유학생이란 식민지 타이완이나 조선에서 본국, 일제의 용어로 표현하자면 '내지'의 중등 교육기관 및 고등교육기관으로 유학한 집단으로 한정한다. 일본에도 서구 등으로 파견된 유학생 집단은 존재했다. 그런데 영국이나 미국·독일·프랑스 등으로 보내진 일본의 유학생들은 주로 일본 정부가 계획적으로 미국이나 유럽으로 파견한 관료나 학자들로 구성되었고, 근대적인 중등 교육체제 및 고등교육체제가 정비된 이후에는 주로 일본에서 중등 교육 및 고등교육을 받은 교육자들이 교수의 자격으로 유럽 등에 파견되는 형식이 지배적이었다. 그런 점에서 식민지 출신의 유학생 집단과 동류로 간주할 수는 없었다. 후술하겠지만 타이완과 조선 등 식민지에서 제국 일본으로 건너간 유학생 집단은 제국에서의 교육 및 생활 경험을 통해 나름의 독특한 문화를 형성하고는 새로운 정체성을 가지고 돌아왔다. 그들은 때로는 제국의 협력 메커니즘에 포섭되기도 했으나 반대로 민족운동의 지도 세력이 되기도 했다. 어느 쪽이건 유학생 집단은 식민지 사회에서 새로운 문화를 주도하는 엘리트가 되었다. 바로 그런 이유에서 이들의 존재 및 문화에 주목해야 한다.

이렇게 2편·3편·4편에서 제국과 식민지의 학생문화를 검토한 후 5편에서는 총괄적으로 '근대 동아시아 학생문화의 특질'이라는 주제에 접근한다. 그런데 근대 학생문화의 '동아시아적' 특질에 접근하기 위해서는 그것을 '상대화'해 파악할 수 있는 비교의 대상이 설정되어야 한다. 즉 '동아시아'와는 다른 역사적·사회적인 교육세계로서 '서구'를 설정해 그 세계의 학생문화와 동아시아의 학생문화를 대비할 필요가 있다. 서구의 학생문화 중에서도 이 책에서 비교의 대상으로 설정한 것은 영국의 근대 중등교육기관, 그중에서도 특히 엘리트교육기관으로 자타가 공인하는 이른바 '퍼블릭스쿨'이다. 영국의 '이튼칼리지Eton College'만이 아니라 럭비라는 스포츠의 탄생지로 알려진 '럭비스쿨Rugby School', 영국 수상 윈스턴 처칠Winston Churchill이 다녔다고 하는 '해로스쿨Harrow School' 등이 이른바 '퍼블릭스쿨'의 대표적인 예다. 그런데 서구에서는 영국 외에도 프랑스나 독일 등 다양한 국가가 존재하며, 각기 역사와 전통을 자랑하는 엘리트중등교육기관이 발전해 왔다. 예컨대 프랑스의 리세, 독일의 김나지움이 그것이다. 그럼에도 영국의 퍼블릭스쿨을 비교 대상으로 설정한 이유의 하나는 일본의 구제고교 형성 과정에서 그것이 일종의 모델로 참고가 되었다는 역사적 사실 때문이다. 후술하겠지만 구제고교의 대표였던 제일고등학교의 기숙사제도, 즉 전료제全寮制는 영국 퍼블릭스쿨의 하우스제도와 밀접한 관련을 맺었다. 5편 1장에서는 영국의 퍼블릭스쿨과 일본의 구제고교의 학생문화를 비교하며 근대 학생문화의 '동아시아적' 특질에 관한 시사를 도출할 것이다.

그러나 근대 동아시아는 당연히 일본으로만 대표되지는 않는다. 동아시아 안에서도 사회나 국가에 따라 중요한 역사적·사회문화적인 차이가 존재한다. 특히 근대 이후 동아시아 역사에서 중요한 것은 제국과 식민지라는 구조적인 조건에서 비롯되는 차이다. 그러한 구조적 차이는 학생문화의 영역에서도 간과할 수 없는 차이를 만들어낼 수밖에 없다. 이 점에 주목해 5편 2장에서는 제국 일본과 식민지 타이완 및 조선의 학생문화 사이에 존재하는 공통점과 차이점을 논의할 것이다. 끝으로 이러한 검토를 기반으로 5편 3장에서 '근대 학생문화에서의 동아시아적 특질'에 관해 총괄적인 논의를 전개할 것이다.

마지막 맺음말에서는 시점을 1945년 이후로 옮겨, 근대 동아시아의 학생문화가 1945년 이후 동아시아의 역사적 지평 자체가 변화하는 가운데 어떠한 변모를 겪었는가에 대해 간단한 소묘와 함께 향후의 더욱 심층적인 접근을 위한 연구 과제를 제시하는 것으로 마무리할 것이다.

일본 구제고교의
학생문화

1
구제고교의
탄생

2

2
구제고교의
학생문화

I

구제고교의
탄생

오늘날 우리에게 낯설게 들리는 '구제고교'라는 명칭은 근대 일본에서 출현한 독특한 교육기관이다. 그것은 학제상으로 보면 중등교육기관인 중학교와 고등교육기관인 제국대학을 잇는 가교 역할을 하는 학교였을 뿐만 아니라 근대 일본의 사회계층 형성과 교육체제의 특질을 이해하는 데 간과할 수 없는 중요한 특질을 지닌 학교이기도 했다. 여기서는 일본 근대교육체제의 형성 과정에서 구제고교가 출현한 경위 및 그 제도적 특징을 먼저 살펴본다.

메이지유신과 근대 고등교육체제

1600년대 초부터 250여 년간에 걸쳐 '막번체제幕藩體制'를 유지해

온 에도江戸 시대의 일본은 1850년대에 미국 매슈 캘브레이스 페리 Matthew Calbraith Perry 제독의 개항 압박을 계기로 근대 세계에 진입한다. 동과 서에서 밀려드는 서구 제국주의 세력의 압박에 대응하기 위한 다양한 모색 과정 속에서 1868년의 메이지유신明治維新이 전개되었다. 이후 들어선 중앙집권적인 메이지 국가는 새로운 국가 및 사회의 이념을 선포했다. 이른바 천황의 이름으로 선포된 〈5개조 어서문五箇條御誓文〉이 그것이다.

이 서문으로서 우리는 광범위한 합의에 기초하여 국가의 번영을 도모하고 헌법 및 법률의 기틀을 다지는 것을 우리의 목표로 삼고자 한다.

① 널리 회의를 일으켜 제반 문제를 공론에 따라 결정한다.

② 상하가 합심하여 나라를 위해 활동한다.

③ 관리와 무사뿐 아니라 서민도 각자 뜻한 바를 이루어 불만이 없도록 해야 한다.

④ 종래의 누습을 타파하고 천하의 공도를 따른다.

⑤ 전 세계에서 널리 지식을 구해 황국의 기반을 굳건히 다진다.[1]

이 서문의 내용 중에서도 특히 '관리와 무사뿐 아니라 서민도 각자 뜻한 바를 이루어 불만이 없도록 해야 한다'고 하는 구상은 전근대의 신분질서를 해체하겠다는 '혁명적' 선언이나 다름없었다. 그와 동시에 '전 세계에서 널리 지식을 구'하겠다는 선언은 곧 '근대적인 교육

선언'이기도 했다. 메이지 정부는 곧바로 사회개혁 작업의 일환으로 교육개혁에 착수한다. 그중에서도 고등교육기관과 관련된 개혁의 역사는 구제고교 학생의 탄생을 이해하는 데 필수다.

메이지유신 이후 일본에서 최초로 등장한 고등교육기관은 1869년에 설립된 대학, 즉 다이가쿠혼코大學本校·다이가쿠난코大學南校·다이가쿠도코大學東校 등이었다. 다이가쿠혼코는 에도 시대 막부幕府의 교육기관이었던 쇼헤자카학문소昌平坂學問所[2], 다이가쿠난코는 가이세조開成所, 다이가쿠도코는 세요의학소西洋醫學所를 계승했다. 본교는 황학皇學 및 한학을 가르쳤고, 남교는 어학 및 낮은 수준의 역사·지리·물리·화학 등의 양학을 가르쳤다. 교사는 영국인·프랑스인·독일인 등의 외국인이었다. 다이가쿠도코는 의학을 가르쳤고 교사는 독일인이었다.

메이지 초기 이들 고등교육기관과 관련해 공진생貢進生이라는 독특한 제도가 도입된 적이 있다. 1870년에 도입된 이 제도는 당시까지 남아 있던 각 번에서 연령 15~16세에서 21세에 이르는 수재 학생을 선발해 다이가쿠난코에 입학하게 했다. 이는 메이지 유신을 추진한 사쓰마薩摩나 조슈長州 등 소수의 대번이 대학남교를 독점하는 것을 막는 동시에 이전까지 각 번별로 독립적·분산적으로 전개되던 교육을 전국적으로 통일해 효과적으로 서구의 학문을 전파할 목적으로 도입된 것이다. 그런데 1871년 폐번치현廢藩置縣으로 번이 사라지면서 그와 함께 곧바로 폐지되는 운명을 밟는 이 공진생제도는 단기간

존속한 데 불과한 과도적 제도였으며, 공진생 또한 학력 경쟁에 근거해 선발된 근대적인 학생과는 거리가 멀었다. 그러나 공진생 간에 형성된 문화가 이후에 구제고교에도 영향을 미쳤다는 점에서 그에 대해 간단히 살펴볼 필요가 있다.

공진생은 자신의 출신 번을 대표하는 존재로서 경쟁심이 강했으며 사무라이 출신이라는 점에서 매우 거칠었다. 'ㅇㅇ공진생'이라는 낙인을 찍은 칼을 차고 다니는 자도 있었고, 복장 자체도 거칠고 조악했다. 어떤 이는 일 년 내내 때에 찌든 너덜너덜한 옷 한 벌만 입고 다녔고, 한 켤레의 게다로 일 년을 버티기도 했다고 한다. 그럼에도 그들은 예전의 사무라이에 버금가는 강한 특권 의식을 지니고 있었다.[3]

이들의 남루하고 거친 복장과 특권의식은 이후에 구제고교생들의 이른바 '폐의파모弊衣破帽' 문화로 계승된다. 복장만이 아니라 행동 면에서도 다이가쿠난코의 공진생 및 그것을 계승한 가이세조의 학생들은 난폭하기로 악명이 높았다. 전국에서 모여든 학생들은 방언 탓으로 서로 언어가 통하지 않는 경우도 많았고 출신지별로 집단 싸움이 일어나기도 했다. 이후에 고등학교와 사범학교 학생문화로까지 계승되는 악명 높은 '철권제재鐵拳制裁'의 기원은 바로 여기에 있었다.

한편 초기 다이가쿠난코 및 가이세조 학생들의 성생활 또한 풍기문란으로 문제가 될 정도로 방탕했다고 한다. 에도 시대에 쇼헤자카 학문소의 학생들이 매춘업소에 출입하던 전통이 이어져 메이지 초기에도 다이가쿠난코, 가이세조의 학생들도 그런 곳에 빈번히 드나들곤 했다. 이를 막기 위해 도입된 것이 바로 제국대학생의 상징이 된 '각모角帽'였다. 다시 말해 각모는 학생들의 유흥가 출입을 막기 위한 통제 수단으로 1884년 10월에 처음으로 도입되었다. 애초에는 제모와 함께 제복까지 제정하려 했으나 당시 학생들의 경제 사정을 감안해 우선 모자만이라도 도입하는 방식을 취했다. 그러나 이 각모는 이후 제국대학생의 명예와 위신의 상징이 된다.

〈그림 3〉 각모를 쓴 도쿄제대생, 1938
(ヒロシマ平和メディアセンタ)

　메이지 정부의 근대교육 구상으로 본격적으로 등장한 것은 1872년에 발포된 〈학제學制〉였다. 그 내용은 일본 전역을 8개 대학구로 나눠 각 학구에 하나의 대학교를 설치하고, 하나의 대학구를 32개 중학구로 나누어 각 학구에 하나의 중학교를 설치하며, 하나의 중학구를 210개 소학구로 나누어 각 학구에 하나의 소학교를 설치한다는 구상이었다. 만약 이것이 실현된다면 일본 전역에 일거에 8개 대학교, 256개 중학교, 5만 3760개 소학교가 설립될 터였다. 근대 교육기관이 부재한 상황에서 일거에 초등·중등교육기관 및 고등교육기관을 완비

하겠다고 하는 이 야심차고 장대한 근대교육 구상은 결국 예산 및 준비의 부족 등으로 원안 그대로는 도저히 실현될 수 없었다. 그런데 〈학제〉에서 더 중요했던 것은 그 구체적인 학교설립계획보다는 오히려 그 기본 정신이었다.

메이지 정부는 〈학제〉를 발포하며 그와 동시에 학제의 기본 정신을 담은 문서, 즉 〈피앙출서_{被仰出書}〉(1872)를 발표한다. 그리고 그 안에는 다음과 같은 선언이 담겨 있었다.

배움은 성공적인 인생의 열쇠이며, 누구도 교육을 무시할 수 없다. 무지는 사람을 타락과 빈곤에 빠뜨리며 가정을 파괴하고 종국에는 사람의 인생을 망친다. 이 땅에 학교가 세워진 지 수 세기가 지났으나, 사람들은 잘못된 가르침으로 정도를 벗어났다. 사무라이와 그 윗사람들만의 고유 영역으로 여겨진 탓에, 농민·직인·상인·여성은 배움을 완전히 등한시해 왔고 배움의 의미조차 알지 못한다. 심지어 배움을 추구하는 소수의 사무라이와 그 윗사람들조차 배움은 국가를 위한 것이라고 막연히 주장할 뿐, 배움이 성공적인 인생의 밑거름이라는 사실을 알지 못한다. (…) 차제에 문부성은 학제를 정하고, 수시로 관련 규정을 개정해나갈 것이다. 따라서 앞으로는 마을에 못 배운 집이 없고 집안에 못 배운 사람이 없을 것이다. (…) 모든 사람은 모름지기 이 뜻을 충분히 납득하여 자녀가 학문에 힘쓰도록 해야 할 것이다.[4]

메이지유신 이후 세상이 바뀌어 누구나 '성공적인 인생'을 추구할 수 있게 되었다. 그런데 그러한 성공을 위한 열쇠는 바로 '배움'이다. 국가가 새롭게 학교교육의 법령을 제정하고 기관을 정비할 터이니 그것을 활용해 자녀가 학문에 힘쓰게 하라, 그리고 새로운 성공의 기회를 잡아보라. 이것이 새롭게 탄생한 메이지 국가가 그 민들에게 교육과 관련해 던진 메시지였다.

〈그림 4〉《학문의 권장》, 1872(일본 국립국회도서관)

그것은 일본인들에게는 마치 복음과도 같았다.

이러한 교육의 권유는 단지 위에서 국가만 외쳤던 것은 아니다. 일본 근대의 대표적인 사상 지도자 후쿠자와 유키치福澤諭吉(1835~1901)의 저작《학문의 권장學問のすすめ》(1872)은 다음과 같은 선언으로 시작된다. "하늘은 사람 위에 사람을 만들지 않았고 사람 밑에 사람을 만들지 않았다. 그럼에도 세상을 보면 현명한 사람도 있고 어리석은 사람도 있으며 부유한 사람도 있고 가난한 사람도 있다. 지위가 높은 사람도 있고 낮은 사람도 있다. 그러한 차이는 어째서 생기는가. 그 이유는 분명하다. 사람이 배우지 않으면 어리석어진다. 현명한 사람과

어리석은 사람의 차이는 배우고 배우지 않음에 달려 있다." 후쿠자와 유키치의 이 책이 메이치 초기에 일본 전역에서 300만 부 이상 공전의 판매를 기록한 희대의 베스트셀러였다는 사실은 무엇을 말해주는 가. 바로 몇 년 전까지만 해도 황족, 사무라이, 평민, 천민 등으로 엄격히 나뉘어 개인의 능력이나 노력으로는 도저히 뛰어넘거나 벗어날 수 없는 신분제의 속박 속에서 살고 있었던 일본인들에게 정부의 〈피앙출서〉와 그것을 알기 쉽게 설명한 후쿠자와의 《학문의 권장》은 근대교육이 곧 '입신立身의 재본財本'임을 설득하는 것이었다. 신분제 해체 후의 입신 욕망과 함께 일본의 근대교육이 형성되었다는 사실은 근대 동아시아의 학생문화가 지닌 특질을 이해하는 데 결정적인 의미를 지닌다. 이 점에 대해서는 4편에서 다시 다룰 것이다.

메이지 초기에 학교에 몰려든 말하자면 최초의 근대적 학생 사이에 이른바 '참의열參議熱'이 유행했다. 그리고 학교를 나와 대신도 되고 참의5도 되겠다는 꿈을 꾸며 상경하는 젊은이들을 대상으로 1880년대에 관립만이 아니라 사립의 법률 관련 학교들이 우후죽순 격으로 연이어 설립되었다. 예를 들면 1879년의 도쿄법학사東京法學舍(호세法政대학의 전신), 1880년 센슈專修학교(센슈대학의 전신), 1881년 메이지법률학교(메이지대학의 전신), 1882년 도쿄전문학교(와세다早稻田대학의 전신), 1885년 이기리스(英吉利)법률학교(주오中央대학의 전신), 1890년의 니혼日本법률학교(니혼대학의 전신) 등이 그것이다. 이들 사립학교들이 오늘날 일본의 유수한 명문 사립대학의 전신이 된다.

이들 학교에 다녔던 초기의 학생 사이에 유행처럼 고조되었던 것은 바로 '변론열辯論熱' 또는 '웅변열雄辯熱'이었다. 당시의 상황에 대해 노마 세지野間淸治(1878~1938)의 다음과 같은 회고를 보자.

이 시대에 어찌된 일인지 세상이 활기를 띠게 되었다. 단지 경제적·정치적 방면만 아니라 문예 방면에서도 그러했다. (…) 이와 전후해 학생 간에 변론열이 높아졌다. 어느 학생에게나 이런 경향이 있었다. 특히 전문학교나 사립대학 등에서는 연이어 변론부가 생겼으며, 전례 없이 활발하게 앞다투어 변설을 단련했고 대항시합까지 벌이며 웅변의 패권을 다투기에 이르렀다. 마침내 이러한 풍조는 학생 이외의 일반 청년 사이에도 번져 동에서 서까지, 도회만이 아니라 농촌어촌까지 대유행했고 여기저기서 변론회가 만들어지기에 이르렀다.[6]

학교 학생만이 아니라 심지어 일반 청년 사이에도 변론열이 갑자기 고조되었고 심지어 대항시합이 열리기도 했다. 덧붙여 말하면 노마 세지는 오늘날 일본의 대표 출판사인 고단샤講談社를 창업한 사람인데, 실제로 그는 1910년에 잡지《웅변雄辯》을 창간해 변론열을 견인했다.

메이지유신 이후 일본의 근대교육은 민들의 입신출세 욕망을 자극하고 그것을 체제 내로 흡수해 학력 경쟁의 형태로 제도화하는 과정을 통해 일본 사회에 정착할 수 있었다고 보아야 한다. 그러한 사회적 기능을 지닌 일본의 근대 교육기관 중에서도 가장 으뜸가는 중요성을 지닌 기관은 곧 '제국대학' 그리고 그 예비 교육기관으로 등장한 '구제고교'였다. 1945년 이전 일본에서 제국대학-구제고교로 한 쌍을 이룬 이 교육기관은 다른 여타의 중등 교육기관 및 고등교육기관, 즉 중학교·전문학교, 공립대학 및 사립대학 등의 성격에 규범적이고 지도적인 영향을 미치는 기관이었다. 동시에 구제고교를 이해하지 않고는 근대 일본의 엘리트가 지닌 특질을 해명할 수 없다고 할 수 있다. 다음 절에서는 구제고교가 제국대학과 쌍을 이루어 출현하는 역사적 과정을 개괄해 본다.

제국대학과 구제고교

메이지 유신 직후에 등장한 초기의 고등교육기관인 다이가쿠혼코·다이가쿠난코·다이가쿠도코 등 세 교육기관은 1872년의 〈학제〉 반포와 함께 폐지되었다. 그러나 양학을 가르치는 다이가쿠난코는 1872년에 제일번第一番 중학으로 계승되었으며, 그것이 1873년에 가이세학교로 전환되었고 이듬해인 1874년에 다시 도쿄가이세학교로, 그리고 2년 후인 1876년에 도쿄대학으로 전환되었다. 하지만 여기에 또 한 단계의 발전이 필요했다. '제국대학' 체제의 정비가 그것이다. 일본 최초의 문부대신 모리 아리노리가 등장해 1886년에 〈제국대학령〉을 발포하면서 도쿄대학은 '도쿄제국대학'으로 새롭게 출범했다.

‘제국’대학의 출현은 단지 학교명의 변화만을 의미하지는 않았다. 제국대학은 분명 근대적이었지만 동시에 매우 ‘일본적인’ 고등교육기관이 형성되었다는 것을 의미하기도 했다. 예컨대 1872년 〈학제〉는 대학을 “고상한 여러 학을 가르치는 전문과의 학교로 한다”라고 담담하게 규정했다. 그러나 1886년의 〈제국대학령〉은 “제국대학은 국가의 수요須要에 부응하는 학술 기예를 교수하고 그 온오蘊奧를 교구巧究하는 것을 목적으로 한다”라고 새롭게 규정했다. ‘국가의 수요에 부응하는 학술 기예’를 가르치고 연구하는 기관으로 제국대학을 규정했다는 것은 달리 말하면 메이지 정부에게 대학이 ‘학문의 전당’이거나 ‘자유로운 정신의 상아탑’ 등의 의미가 아니라 국가의 필요에 따라 국가가 요구하는 고급 관리 및 엘리트를 양성하는 곳으로 기대되고 자리매김되었다는 의미였다. 일본은 근대 대학university의 모델을 당연히 서구에서 학습했고 그것을 모방하는 방식으로 대학을 만들기는 했으나, 제국대학의 실제 내용을 들여다 볼 때 당시 서구의 대학과 다른 점이 적지 않았다. 서구의 대학과는 달리 학교가 창립될 때부터 농학 같은 실용 학문이 별다른 저항이 없이 제국대학에 설치된다거나 서구 대학의 교육에서 핵심을 이루는 라틴어·그리스어가 제국대학에서 별 의미를 가지지 못한 것 등이 중요한 차이점이다.

　〈제국대학령〉을 발포한 모리 아리노리는 당시의 일반적인 예상과는 달리 도쿄대학의 총리였던 학자풍의 가토 히로유키加藤弘之(1836～1916)를 경질하고 제국대학 최초의 총장으로 전 외무 관료이자 도쿄

부지사였던 와타나베 고키渡邊洪基(1848~1901)를 임명했다. 이는 도쿄
제국대학을 학문의 전당學術の府보다는 국가에 필요한 '유위有爲한 인
재 양성'의 장으로 만들겠다는 모리 아리노리의 의지의 표현이기도
했다.

'제국대학'의 출현은 그것이 최고의 고등교육기관으로 자리매김되
었다는 의미에서도 일본 고등교육체제의 형성에서 중요한 전기를 이
루었다. 이전의 도쿄대학은 일본에 존재하던 여러 고등전문교육기관
중의 하나에 불과했고, 단지 문부성 소관 전문교육기관에 그쳤을 뿐
이다. 당시에는 문부성 외에도 사법성司法省이나 공부성工部省·개척사
開拓使·농상무성農商務省 등 정부의 각 성이 독자적인 학교, 예컨대 사
법성은 법학교, 공부성은 공부대학교, 개척사는 삿포로농학교, 농상
무성은 고마바駒場농학교 등을 설립하고 운영했다. 이는 갓 출범한 메
이지 정부가 각 성에 필요한 인재를 조속히 양성하기 위해 시행한 조
치였다. 그러나 그 결과 일본의 고등교육체제는 최고의 엘리트 학교
를 중심으로 하는 질서정연한 위계를 이루지 못한 채 여러 학교가 산
만하게 병립하는 무질서 상태가 되었다. 이들 고등교육기관 중에서
도쿄대학은 최고의 지위를 누리지도 못했을 뿐만 아니라 졸업 후의
취업에서도 상대적으로 불리한 위치에 있었다.

그러나 도쿄'제국'대학은 출범과 동시에 유일한 최고 교육기관으
로 우뚝 섰다. 학교의 위신은 졸업 이후의 지위획득에서 발휘하는 영
향력에 의해 기본적으로 결정되기 마련이다. 모리 아리노리는 도쿄

제국대학을 으뜸가는 대학으로 정립하기 위해 그 졸업생에게 상당한 특권을 제도적으로 부여했다. 〈제국대학령〉 발포 다음 해인 1889년 7월 23일 〈문관시험시보급견습규칙文官試驗試補及見習規則〉이 공포되었다. 이 규칙에는 제국대학 졸업자에 대한 중요한 특권 부여 조항이 포함되어 있었다. 메이지 정부에서 관리는 크게 중하급 관리인 판임관判任官과 고급 관리인 주임관奏任官, 그리고 최고급 관리인 고등관高等官 및 칙임관勅任官 등의 서열을 이루는 등급으로 구성되어 있었다. 판임관은 '보통문관시험'에 합격한 자이며, 주임관은 본디 '고등문관시험'에 통과한 자가 아니면 될 수 없었다. 그런데 〈문관시험시보보급견습규칙〉을 통해 제국대학 졸업자는 고등시험을 치르지 않고도 단기간의 견습을 통해 주임관에 임명되게 했다. 제국대학생에게만 부여되었던 이 대단한 특권은 당연히 다른 학교들의 불만을 불러일으켰다. 특히 관료로의 취업을 목적으로 하는 당시의 많은 사립법률학교의 불만이 매우 강했다. 결국 1893년에 〈문관임용령〉이 새롭게 제정되면서 제국대학생에게 이전까지 부여되었던 무시험임용 특권은 사라졌다. 그러나 제국대학 법과 졸업생은 고등문관시험 중에서 '예비시험'을 면제받는 특권이 여전히 유지되었으며 제국대학과 여타 고등교육기관의 우열 관계는 전혀 흔들리지 않았다. 모리 아리노리에 의해 제국대학은 일본 근대교육체제의 최고 정점이 되었다.

모리 아리노리는 제국대학체제를 정비하면서 그를 위한 예비 교육기관으로 '고등중학교'를 창설했다. 고등중학교는 단지 심상중학교

위에 위치하는 중등교육기관은 아니었다. 고도의 전문교육을 실시하는 제국대학에 진학하기 전에 학생들이 주로 외국어를 배움으로써 제국대학에서 수학할 수 있는 능력을 갖추고, 또 전문교육을 받기 이전에 좀 더 일반적인 교양을 배우게 하는 말하자면 제국대학의 예과적 교육기관이었다.

그런데 고등중학교가 애초에 대학 예과적인 과정으로만 구상되지는 않았다. 애초에는 고등중학교에 제국대학 예과 과정 외에 수업연한 3년에서 4년 정도의 전문분과(법과·의과·공과·문과·이과·농업·상업) 등도 설치되어 있었고 이는 직업인을 만드는 완성교육의 과정이었다. 그런데 이 전문분과 과정을 이수한 사람은 제국대학으로의 진학이 보장되지 않았을 뿐 아니라 졸업 후에도 학사學士가 아닌 득업사得業士라는 칭호가 부여되었기 때문에 인기가 없었다. 결국 이 과정은 1900년대 이후에는 고등중학교에서 분리 독립되어 결국 관립고등전문학교로 발전했다.

모리 아리노리는 처음에 고등중학교를 전국에 다섯 곳 설치하기로 결정하고 직접 그 소재지 및 교지까지 선정했으며 몸소 후보지를 방문하고 교장 후보자까지 면접할 정도로 적극적인 태도를 보였다. 다섯 지역에 각기 제일고등중학교부터 제오고등중학교까지 설치한다는 구상이었는데, 그 구체적인 내용을 보면 도쿄에서 예전의 도쿄대학 예비문豫備門을 제일고등중학교로 개편했고, 교토京都에서 이전에 오사카大阪에 있던 대학분교大學分校를 제삼고등중학교로 개편했다.

1887년에는 센다이仙臺에 제이고등중학교, 가나자와金澤에 제사고등중학교, 구마모토熊本에 제오고등중학교를 설립했다. 한편 이들 다섯 고등중학교 외에 두 곳의 고등중학교가 함께 출범한 사실을 주목할 필요가 있다. 그것은 야마구치山口에 설립된 야마구치고등중학교와 가고시마鹿児島에 설립된 가고시마고등중학교조시칸鹿児島高等中學校造士館이다. 이 두 고등중학교는 다른 고등중학교와 달리 학교명에 번호가 붙지 않았으며 더욱 중요한 점은 그 두 고등중학교가 자리한 곳이 메이지유신을 주도했던 양대 웅번雄藩, 즉 조슈번과 사쓰마번의 할거지였다는 사실이다. 야마구치는 조슈번의 중심지, 가고시마는 사쓰마번의 중심지였다. 왜 이 두 고등중학교가 제일에서 제오까지의 고등중학교와 병립해 설립될 수 있었을까. 조슈와 사쓰마는 메이지유신을 주도한 가장 강력한 번이었지만 유신 이후에 메이지 정부는 번벌체제 자체를 부정하는 방향으로 나아갔다. 고등중학교 졸업자는 제국대학 입학이 자동적으로 보장되었고 그로써 중앙 정부에 고급 관료로 진입할 수 있는 기회도 보장되었다. 따라서 고등중학교가 어디에 들어서며 그 학교의 교육기회를 누가 차지하는가는 메이지 정부의 주요 직위를 누가 장악하는가에 결정적인 영향을 미칠 수밖에 없었다. 모리 아리노리가 도쿄·교토·센다이·가나자와·구마모토 등 다섯 지역에 고등중학교를 설치하기로 결정한 것 자체가 지역 안배의 산물이었다. 그렇다면 조슈와 사쓰마에는 왜 고등중학교가 설치된 것일까. 그것은 유신을 주도한 번의 인사들이 번벌체제가 부정된 이후에도 중앙 관료

〈그림 5〉 도쿄제대의 아카몬

로 진출할 수 있는 경로를 어느 정도 인정해주겠다는 정치적 배려의 결과였다고 할 수 있다. 동시에 그것은 그 두 번벌이 유신 이후에 취한 일종의 생존전략의 결과이기도 했다. 그러나 결국 가고시마고등중학교조시칸은 이후에 구제고교로 계승·발전하지 못한 채 해체되어 버렸고, 야마구치고등중학교만은 이후에 구제고교로 계승되었다.

〈제국대학령〉에 제국대학 입학은 '고등중학교 졸업증서를 수여한 자'로 명시적으로 규정되어 있었다. 바꿔 말하면 도쿄제국대학의 '아카몬赤門'[7]을 통과하기 위해서는 먼저 고등중학교에 입학해야만 했다. 이러한 틀은 모리 아리노리 사후 1894년에 〈고등학교령〉이 공포되어 고등중학교가 고등학교로 개편된 이후에도 지속되었다.

1894년에 '고등학교'로 개편되었으나 실질적으로는 이전의 고등 중학교를 거의 그대로 계승하면서 일본의 구제고교의 역사가 본격적으로 시작되었다. 고등중학교 시기에 설치된 제일에서 제오까지의 고등중학교가 각기 제일고교에서 제오고교 등으로 개칭되었고, 1894년 이후에 제육고(오카야마岡山), 제칠고(가고시마), 제팔고(나고야名古屋) 등이 설립되었다. 학교명에 번호를 단 이들 고교는 이른바 '넘버스쿨'로 불렸다. 1918년에 〈고등학교령〉이 개정되기까지 일본에는 이들 여덟 곳의 관립 넘버스쿨만이 구제고교로 존재했을 뿐이다.

그런데 1900년대 초에 소학교 의무취학이 거의 완전히 실현되고 그에 이어서 중학교가 증설되자 필연적으로 이들 넘버스쿨의 입학 경쟁이 고조되었고 급기야 사회문제로도 비화되었다. 문부성은 그에 대한 대응책의 일환으로 구제고교의 증설 정책에 착수했다. 좀 더 구체적으로 보면 1917년에 '임시교육회의'가 설치되어 일본의 고등교육 전체를 확충하는 계획을 구상했다. 즉 1925년이 되면 중학교 졸업자 3만 명 중에서 3분의 2 정도가 고등교육으로 진학할 것으로 예상되었다. 그에 대비하기 위해서는 8개 넘버스쿨 외에도 고등학교를 증설할 필요가 있고 또 다른 성격의 고등교육기관으로 전문학교를 증설할 필요가 있다는 제안이 대두되었으며 동시에 대학의 확충도 도모되었다. 즉 1919년 〈대학령〉 공포를 통해 기존의 제국대학 이외에 다양한 관공사립대학의 설치 인가가 이루어졌다. 오늘날 일본의 대표적인 명문 사학인 와세다대학과 게이오기주쿠慶應義塾 대학은 1919년 이전에는 전문학교에 불과했지만, 〈대학령〉을 통해 정식으로 대학으로 인정되었다.

1918년 〈고등학교령〉 개정으로 구제고교 증설의 길이 열렸다. 그런데 이전에 설립된 넘버스쿨에 이어서 신설되는 학교의 명칭이 문제가 되었다. 제구고·제십고·제십일고 등으로 계속 번호를 붙일 수도 있었을 것이다. 그러나 1919년 이후 신설되는 고교는 번호 대신에 학교의 소재지명을 학교이름으로 하는 이른바 '지명地名스쿨'이 되었다. 번호 형식을 계속 유지할 경우 학교이름이 지나치게 번쇄해질 뿐 아니라 번호의 서열을 놓고 혹시 지역 간에 분쟁이 유발될 수도 있었기 때문이다.

1918년의 〈고등학교령〉은 지명스쿨을 통한 구제고교의 증설을 주된 내용으로 하는 한편으로 또 다른 중요한 개혁 내용을 담았다. 그것은 고등학교에 중등 수준의 심상과(4년)와 고등 수준의 고등과(3년)를 병설하는 7년제 고등학교의 설치를 가능하게 했다는 점이다. 기존의 3년제 구제고교 외에 군이 7년제 고등학교를 새롭게 구상한 이유는 무엇이었을까. '임시교육회의'가 문제로 다룬 것 중 하나는 일본의 학제에서 교육기간이 지나치게 길다는 것이었다. 제국대학에 입학하기 위해서는 6년간의 소학교 심상과 이후에 5년간의 중학교, 그리고 3년간의 고등학교를 마쳐야만 했다. 즉 제국대학에 도달하기 위해 총 14년의 교육이 필요하다는 것이 문제였다. 그래서 취해진 해결책은 고등학교를 총 7년으로 하고 그중 심상과를 4년, 고등과를 3년으로 만들어 1년을 줄이는 방법이었다. 그런데 이 방법을 취하자 또 새로운 문제가 생겼다. 고등과 3년만 설치되어 있는 기존의 구제고교에 입학하는 자격을 중학교 5년 졸업으로 할 경우 신설 7년제 고등학교 심상과 4년을 거친 사람에 비해 교육연한이 1년 더 늘어나 버린다. 이 불균형 문제를 해결하기 위해 고등학교 고등과 입학 자격을 중학교 '4년 수료자'로 개정했다. 즉 5년제 중학교를 4년에 수료한 후에 고등학교 고등과로 진학할 수 있도록 한 것이다. 이 제도를 이용해 중학교를 4년으로 마치고 고등학교에 진학하는 사람들을 당시에는 이른바 '사수四修'라고 불렀는데, 그것은 수재의 대명사와도 같았다. 동시에 1919년에 개정된 〈중학교령〉을 통해 소학교 6년 과정도 수재의 경우에는 5년으로 수료하고 중학교에 진학할 수 있게 만들었다. 이를 이용해 5년으로 소학교 과정을 수료하고 중학교에 진학하는 사람을 '오수五修'라 불렀다. 이 또한 '사수'와 마찬가지로 수재를 가리키는 별명이었다. 따라서 수재라면 소학교를 5년으로 수료하고 중학교를 4년으로 수료한 후 구제고교에 입학해 남들보다 2년을 단축해 제국대학에 입성할 수도 있었다.

넘버스쿨과 지명스쿨을 합해 구제고교는 1940년에 설립된 뤼순旅順고까지 포함하면 모두 35개교였다. 여기에 홋카이도제국대학 예과, 경성제국대학 예과, 타이페이제국대학 예과 등을 포함해 구제고교를 모두 38개교로 산정하기도 했다. 다만 이들 세 제대 예과는 그 수료생에게 소속 제국대학으로의 진학만을 보증했을 뿐 다른 제국대학의 입학 자격은 허용되지 않았다는 점에서 다른 구제고교와 달랐다는 점도 기억할 필요가 있다. 엄밀하게 보면 구제고교는 35개교지만 좀 더 넓게 따지면 제국대학 예과를 포함해 38개교가 되는 셈이다. 그것들은 전술했듯이 넘버스쿨과 지명스쿨로 분류되기도 하고, 관립·공립·사립 등 설립별로 유형화될 수도 있으며, 3년제와 7년제 및 제국대학 예과로 유형화되기도 했다. 그 구체적인 학교명과 소재지를 유형별로 제시하면 〈표 1〉과 같다.

구제고교는 제국대학의 예과적 성격의 기관이었다. 따라서 구제고교는 제국대학과 연결해 그 성격을 이해할 필요가 있다. 1945년 이전 일본에는 제국대학 이외의 다른 고등교육기관으로 전문학교가 있었다. 그런데 제국대학과 전문학교는 설사 고등교육기관으로 볼 수는 있어도 양자 간에는 교육내용의 난이도나 위신의 상대적 차이를 포함

〈표 1〉 구제고교의 유형과 명칭

설립별	유형별	학교 수	학교명-소재지
관립	넘버스쿨	8	일고-도쿄, 이고-센다이, 삼고-교토, 사고-가나자와, 오고-구마모토, 육고-오카야마, 칠고-가고시마, 팔고-나고야
	지명스쿨	19	니가타新潟, 마쓰모토松本, 야마구치, 마쓰야마松本, 미토水戶, 야마가타山形, 사가佐賀, 히로사키弘前, 마쓰에松江, 도쿄, 오사카, 우라와浦和, 후쿠오카福岡, 시즈오카靜岡, 고치高知, 히메지姬路, 히로시마廣島, 타이페이, 뤼순
	제대 예과	3	홋카이도제대 예과, 경성제대 예과, 타이페이제대 예과
	학습원	1	가쿠슈인學習院
공립		3	도야마富山, 나니와浪速, 후리쓰府立
사립		4	무사시武藏, 고난甲南, 세케成蹊, 세조成城
계		38	

비고: 도쿄고등학교와 타이페이고등학교는 7년제였다.

해 현격한 격차가 존재했다. 전문학교 입학 자격은 중학교 내지 실업학교 수료자인 반면 제국대학은 구제고교 내지 대학 예과 수료자가 입학하는 곳이므로 최종 교육연한 면에서 전문학교와 제국대학 사이에는 무려 3년의 격차가 존재했다. 이는 당연히 졸업 후의 사회적 대우와 위신의 격차로 이어질 수밖에 없었다.

여기서 근대 일본의 제국대학 구성을 보자. 제국대학의 명칭과 설립연도, 소재지를 제시하면 다음과 같다. 즉 도쿄제대(1886, 도쿄), 교토제대(1897, 교토), 도호쿠東北제대(1907, 센다이), 규슈九州제대(1910, 후쿠오카), 홋카이도北海道제대(1918, 삿포로), 경성京城제대(1924, 조선 경성), 타이페이제대(1928, 타이완 타이페이), 오사카제대(1931, 오사카), 나고야제대(1939, 나고야) 등 9개 교다. 이들 제국대학 외에도 고등교육기관으로 관립전문학교·사립대학·사립전문학교·공립대학·공립전문학교 등 다양한 형태의 기관이 존재했지만, 제국대학을 위시한 이들 고등교육기관은 단순히 기능적으로 분화한 채 병립해 있었다기보다는 뚜렷한 위계를 이루고 있었다. 학생 수나 학교 수 등 전체 비중에서는 사립전문학교가 압도적으로 많았지만, 위신 서열로 보면 제국대학 등의 관립대학-관립전문학교-사립대학-사립전문학교 순의 서열을 이루었다.

구제고교의 스쿨컬러

모리 아리노리는 제국대학체제를 만들고 그 예비 기관으로 고등중학교를 설정하면서 소재지를 도쿄만이 아니라 지방의 구 번벌 중심지로 정했다. 제일고에서 제팔고까지 넘버스쿨의 소재지는 모두 강한 지방색을 지녔다. 또한 1918년 이후 증설된 지명스쿨은 구 번벌의 조카마치城下町[8]에 자리했다는 점에서 구제고교에 지방색이 강하게 반영되기 쉬웠다. 구제고교생들이 학교 소재 지역 출신자로만 구성되지는 않았지만, 엄격한 선발 시험을 거쳐 입학한 학생들은 자신이 속한 학교를 단위로 공통의 정체성을 만들어냈고, 그것이 이른바 '스쿨컬러' 즉 학교마다 독특한 학풍 또는 교풍으로 굳어졌다. 그뿐 아니라 각 학교마다 전설적인 교장이 있었고 그들의 교육철학에 따라 초기에 교풍이 만들어지는 경향이 있었다. '전료제'와 자치를 내건 제일고의 초대 교장 기노시타 히로지木下廣次(1851~1910)와 '자유'를 내건 제삼고의 초대 교장 오리타 히코이치摺田彦市(1849~1920)가 대표적인 예다.

역사가 오랜 학교일수록 스쿨컬러가 강했고 구제고교의 스쿨컬러는 언론 등을 통해 정형화된 이미지로 굳어졌다. 대표적인 것이 '자치自治'의 제일고, '웅대강건雄大剛健'의 제이고, '자유自由'의 제삼고, '초연超然'의 제사고, '강의박눌剛毅朴訥'의 제오고 등이었다. 지명스쿨의 증설로 구제고교를 고유한 '표어'로 특정하기는 어려워졌지만 그럼에도 스쿨컬러 자체가 사라진 것은 아니다. 대체로 한쪽 극단에 '자치'

의 제일고가 위치하고 또 한쪽에 '자유'의 제삼고가 위치하는 일종의
스펙트럼 위에서 각 고교의 컬러가 위치한 것으로 평가된다.

그러한 스쿨컬러의 존재를 예컨대 제일고를 거쳐 도쿄제대 법학부
에 진학했던 정치가 하토야마 이치로鳩山一郎(1883~1959)는 다음과 같
이 회고했다.

이 학교(도쿄의 제일고를 말한다 - 인용자) 특유의 분위기는 (…) 난폭하고 무책
임한 듯해도, 학업을 게을리 할 생각이 들지 않는 불가사의한 교풍이 학교
전체에 감돌고 있었다. 결국은 전국에서 탁월한 우량분자들이 모두 눈에
힘을 주고 어깨를 세우며 주먹 쥐고 모여들었기 때문에 무질서한 듯해도
거기에는 모종의 교풍이 자연스레 구축되어 있었다.[9]

하토야마는 제일고만의 독특한 '교풍'이 구축되어 있었다는 것을
모종의 긍지와 자부심을 담아 회고했다. 역사가 길고 뚜렷한 스쿨컬
러를 가졌다고 자타가 공인했던 몇몇 구제고교의 교풍을 하타 이쿠히
코秦郁彦는 다음과 같이 정리한다.[10]

① '자치'의 제일고: 가장 역사가 오래되었을 뿐 아니라 사회적 지명도나
    입학의 난도, 제국대학 입학 시 상대적 우위로 최고의 명문교로 인정받
    았다. 다른 구제고교는 제일고를 모방·추종하거나 그에 대항하는 방향
    으로 스쿨컬러를 만들어갔다. 제일고의 '자치'는 이른바 '전료제', 즉 전

원기숙사제도와 관련된 교풍이었다. 전료제를 기본 방침으로 정한 구제고교는 여럿 존재했지만 개교에서 폐교에 이르기까지 학생들의 기숙사 '자치'제도를 일관되게 유지한 곳은 제일고밖에 없었다. 제일고의 또 다른 특색은 국가주의적 교풍이 강했다는 것, 또 성적지상주의적 교풍이 강했다는 것 등이다. 구제고교의 졸업자 명단은 일본제국의 《관보》에 게재되었는데, 제일고는 그것을 1930년대 중반까지 성적순으로 게재했다고 한다.

② '웅대강건'의 제이고: 도호쿠 지방의 센다이에 설립된 제이고의 모토는 처음에는 '질실강건質實剛健'이었지만 후에 '웅대강건'으로 바뀌었다. 반골·반체제 기풍이 강했고 동맹휴교 등이 빈발하는 학교였다. 운동부가 매우 활발했고 특히 조정부가 유명했으며, 사무라이 정신에 반한다는 이유로 야구부에서 번트를 금지했다고도 한다.

③ '자유'의 제삼고: 교토에 자리 잡은 제삼고는 수도권이 아닌 간사이關西 지역에 위치한다는 것에서 비롯되는 반중앙·비체제적 기질을 스쿨컬러로 삼았다. 이는 도쿄제국대학과 교토제국대학의 기질 대립과도 관련되는데, 실제로 제삼고 졸업생의 대부분이 교토제국대학으로 진학하는 경향이 있었다. 제삼고의 교풍을 대표하는 것은 재임 기간이 20여 년에 달한 초대 교장 오리타 히코이치가 표방한 '자유'라는 표어다. 제삼고의 '자유'는 제일고가 내건 '자치'와는 대조되는 이념으로 간주되었다. 그 대조를 보여주는 것은 제일고 출신이 정치·법률·관계로 진출한 비율이 높은 데 비해 제삼고 출신은 학문·문학·저널리즘 세계로 진출한 인

재가 많았다는 점이다. 전료제를 취하지 않아 하숙생이 많았다는 것도 '자유'의 교풍과 관련이 있었다.

④ '초연'의 제사고: 가나자와에 자리 잡은 제사고의 교풍은 '초연주의' 또는 '초연탈속超然脫俗'이었다. 구제고교 및 전문학교 학생 간에 정기적으로 개최되는 운동경기, 즉 '고센高專대회'에서 제사고 운동부는 제삼고나 제육고와의 경쟁으로 유명했다고 한다. 다른 구제고교에 비해 반골 정신이 두드러졌고, 특히 좌익운동 및 동맹휴교사건이 다른 곳에 비해 빈번한 학교로 정평이 나 있었다.

1918년 이후에 증설된 지명스쿨은 기존 넘버스쿨의 교풍을 약간 바꿔 지명스쿨의 교풍을 만들어나가는 방식을 취했다. 그런데 사립 7년제 고교는 기존의 구제고교와는 다른 독자성을 지닌 교풍을 만들어나가는 경향을 보였다. 그것은 기존의 구제고교에서 취약했던 예술·음악·연극 등의 정서교육을 강조한 점이다. 7년제였다는 점에서 그와 유사한 학년제를 취한 영국의 퍼블릭스쿨을 모방해 교풍을 만들려는 곳도 있었다. 예컨대 세케고등학교는 이튼이나 럭비 등 영국의 유명 퍼블릭스쿨처럼 전교 직원과 학생 800여 명이 한곳에 모여 식사를 할 수 있는 대식당을 갖추기도 했다.

지금까지 구제고교의 스쿨컬러를 간단히 살펴보았는데, 그러한 이른바 학교 나름의 '개성'보다도 실은 더욱 중요했던 것은 구제고교생들이 공유하고 있던 공통문화 또는 '정체성'이었다고 할 수 있다. 그

것을 단적으로 보여주는 것이 바로 구
제고교생만이 쓰고 다닐 수 있었던 이
른바 '백선모白線帽'였다. 모자 가운데
학교의 상징인 모표가 있고 모자의 테
두리가 흰 선으로 둘러쳐진 모자, 즉
'백선모'는 무엇보다도 제대생의 '각
모'와 함께 장래의 엘리트가 될 사람임
을 보여주는 표식이었다. 백선모를 쓸
수 있는 사람들만이 가질 수 있는 일종
의 '공속감정共屬感情'이 구제고교생의
학생문화의 바탕을 이루었다.

〈그림 6〉제일고의 백선모(도쿄대학
고마바박물관)

〈그림 7〉제국대학의 각모
(간사이대학 연사편찬실)

그렇다면 백선모를 쓸 수 있었던 사
람들은 어느 정도로 선별된 소수 집단
이었을까. 다케우치 요竹內洋는 구제고교생이 얼마나 선별적인 집단
이었는가를 다음과 같은 수치를 들어 예시하고 있다.[11] 예컨대 구제고
교생은 1893년에 20세 남자 인구 758명당 1명꼴이었다고 한다. 구
제고교의 수가 늘어나면서 학생 수도 증가했지만 그럼에도 해당 연
령 남자 인구 100명에 1명꼴을 넘지는 못했다. 같은 연령 집단에서 1
퍼센트 안에 든다는 뜻이다. 이를 예컨대 서구의 엘리트 중등학교 학
생들의 구성비와 비교해보면 구제고교생이 얼마나 선별적인 집단인
지 알 수 있다. 19세기 영국의 퍼블릭스쿨 학생의 비율은 1퍼센트 정

도였고, 독일의 아비투어Abitur(대학입학 자격시험) 합격자, 즉 김나지움 졸업자의 비율은 1870년에 0.8퍼센트였으며 1926년이 되어도 1.7퍼센트 정도였다고 하니 구제고교생은 유럽에서 옥스퍼드·케임브리지 등을 거쳐 엘리트로서의 미래가 약속되어 있는 사람들과 거의 비슷한 비율이었다. '백선모'를 쓸 수 있는 사람들에게만 공유되어 있던 독특한 감정, 즉 자신들이 선택받은 소수라고 하는 '공속감정'이 생겨날 만한 조건이었다고도 하겠다.

'백선모'와 같은 공통된 표식 외에도 구제고교의 공통된 교풍이 만들어질 만한 요인이 또 있었다. 그것은 구제고교의 교사들이 빚어내는 공통의 문화였다. 대부분 제국대학 특히 문학부 출신의 구제고교 교사들은 고교 간을 교류했다. 이들이 제국대학에서 내면화한 습성과 문화가 그들의 교육을 통해 학생들에게 전해졌고 그것이 구제고교에 공통된 문화를 만들어낸 것이다. 또 한편으로는 앞서 언급한 '고센대회'와 같은 정기적인 운동경기나 고교간 순회강연 등의 문화행사를 통해 고교들 간의 교류가 활발하게 이루어진 것도 공통 문화를 만들어내는 데 기여했다.

그렇다면 이제는 구제고교생들의 학생문화 속으로 들어가보자.

2

구제고교의
학생문화

1945년까지 일본제국 전체에서 38개교에 달했던 구제고교 및 제국대학 예과의 학생들은 어떻게 공부하고, 무슨 책을 읽고 어떤 생활을 하며, 어떤 인간으로 성장해갔을까. 그들은 자신의 삶과 그것을 둘러싼 세상을 어떻게 보았을까. 지금부터는 구제고교생의 생생한 생활과 문화 속으로 한 걸음 더 들어갈 것이다. 그런데 생활과 문화라 할지라도 그것은 삶의 전 영역을 포괄하는 넓은 것인 만큼 몇 가지 부면 또는 주제를 선택해 그것에 렌즈를 들이대는 방식으로 접근해 들어갈 수밖에 없다.

이 책에서 구제고교의 학생문화 중 초점을 맞추어 조명한 것은 다음과 같은 네 가지 부면 또는 주제다. 즉 학력 경쟁의 문화, 정체성 형성의 문화, 교양 형성의 문화, 저항의 문화 등이다. 이하에서 각기 독립된 항으로 설정해 좀 더 구체적으로 접근해보자.

학력 경쟁의 문화

제국대학에 진학이 보장되는 구제고교는 자연히 입학하기 매우 어려운 곳이 되었다. 다만 그 입학 여부는 신분이나 배경으로 결정되지 않고 시험으로 결정되었으며, 그 시험에서 평가되는 것은 학력이었다. 그리고 그 학력의 우수함이 입증되어 일단 입학하고 무사히 졸업하기만 하면 제국대학으로의 진학이 실질적으로 보장되었다. 따라서 구제고교생들은 학교에 다니는 3년의 기간에는 치열한 학력 경쟁에 매달릴 필요가 없었다. 달리 말해 학력 경쟁의 면에서 구제고교의 3년은 일종의 유예기간이었다. 바로 이러한 유예기간이 구제고교의 독특한 학생문화가 만들어지게 한 중요한 기본 조건이 되었다고도 할 수 있다. 구제고교생에게 학력 경쟁은 '입학하기 전에' 펼치는 수험 경쟁 과정과 구제고교를 '졸업한 후에' 제국대학에 진학해 전개하는 학력 경쟁 과정으로 양분할 수 있다. 경쟁이 더욱 치열할 뿐 아니라 사회적인 영향 및 파급정도에서 중요성을 지닌 것은 물론 전자이며, 따라서 여기서도 주로 그것에 초점을 맞추어 학생문화를 다룰 것이다. 그런데 그 전에 제국대학 단계에서 전개되는 학력 경쟁의 양상을 먼저 잠시 다루어보자.

　유유자적했던 구제고교와는 달리 일단 제국대학 본과에 들어가면 시험 성적을 다투는 비교적 엄격한 경쟁이 전개되었다. 그것을 보여주는 재미있는 말이 도쿄제국대학 학생 사이에서 유행했었다. "소나무는 은시계조銀時計組, 벗꽃은 급제조及第組, 연꽃은 낙제조落第組"[12]라는 말이었다. 당시는 가을에 새 학기가 시작되었고 이듬해 여름에 학년말시험이 치러졌다. 이 말은 학년말시험에

〈그림 8〉 어사시계(일명 은시계)

서 어떤 성적을 거두는가와 관련해 만들어진 도쿄제대생들 간의 은어였다. 여기서 소나무는 1월 1일 새해에 일본인들이 문 앞에 장식하는 소나무門松를 말한다. 즉 새해 첫날부터 시험 준비를 시작한 사람을 가리키는데, 그들은 '은시계조'가 될 가능성이 크다. 여기서 '은시계'란 제국대학·학습원·상선학교商船學校·육군사관학교 등의 각 학부 성적 우수자, 즉 수석과 차석에게 천황이 졸업식에서 표창으로 수여했던 시계를 가리키는 말이었다. 공식 명칭은 '어사시계御賜時計'인데 이는 우수한 두뇌의 상징으로 간주되었다〈그림 8〉 참조). 다음은 벗꽃이다. 3~4월 봄이 되어 벗나무에 꽃봉오리가 부풀어 오르기 시작할 무렵에 공책을 펼쳐 시험 공부를 시작한 학생은 '은시계조'는 되지 못해도 '급제조'는 될 수 있다. 그럭저럭 낙제하지 않고 무사히 졸업할 수는 있다는 뜻이다. 마지막으로 연꽃이다. 이들은 초여름이 되어 우에노공원上野公園의 연못에 연꽃이 필 무렵에 시험 준비를 시작한

학생들인데 그들은 결국 '낙제조'가 된다는 뜻이었다.

이러한 말이 유행할 만큼 제국대학에서 시험 성적이 중요했다. 그렇다면 당시 제국대학에서 시험은 어떤 분위기로 치러졌고 그것은 어떤 의미를 지녔을까. 1902년 당시 도쿄제대 시험 상황은 다음과 같았다.

대학시험은 매우 엄중했다. 답안지는 대학에서 고안해 특별한 표시를 한 것이었고 매시간 답안지가 달라지게 세심한 주의를 기울였다. 사무원 외에도 사환 등이 답안지 배포를 거들었고 줄 사이를 순회하며 감시하는 등 매우 엄중했다. 그렇게 엄중한 이유가 있었다. 당시는 졸업시험 점수에 따라 대장성大藏省으로 갈지 내무성으로 갈지가 결정되었고, 어떤 관직은 75점 이상이 아니면 절대로 채용될 수 없었기 때문이다. 실업계도 점수로 채용 여부를 결정했다. 학생들은 평소 자기에게 친절했던 교수에게 취직을 부탁하러 갈 때 자기 명함 위에 점수를 써서 갔는데, 어떤 교수는 70점 이하의 학생은 '면회해도 소용없다'며 만나주지도 않는다는 소문까지 나돌았다. 한 점 차이가 장래의 명운을 결정했기 때문에 시험은 극히 엄중했다. 따라서 학생들은 눈에 핏발이 설 정도로 필사적으로 시험에 몰두했다. 구술시험을 치를 때 번갈아 수돗가에 가서 얼굴을 씻거나 얼음으로 머리를 식히는 모습은 보기에도 딱할 정도였다.[13]

시험 성적 몇 점 차이에 따라 대장성이냐 내무성이냐 명운이 달라졌고 취직 추천도 달라질 수밖에 없었다는 것이며, 그런 만큼 대학도 엄격하게 시험 관리를 했다는 것이다. 그렇다면 성적에 따라 어떻게 장래의 명운이 달라졌다는 것일까. 제일고를 거쳐 도쿄제대 법학과에 들어갔고 후에 저명한 경제인이 된 이시자카 다이조石坂泰三(1886~1975)는 이렇게 회고했다.

도쿄제대를 졸업하면 당시는 관리가 되는 것이 보통의 인생 코스였고 부모가 특별히 실업 방면에 관여하는 경우는 그쪽으로 가기도 했지만, 보통은 대학이 관리 양성소 같은 곳이어서 관리가 되는 것이 일반 코스였다. (…) 대학생이 되면 대학 교수가 되는 것을 최고의 명예로 생각했다. 그러나 사실 은시계라도 받은 이나 일등 이등이 아니면 대학에 남을 수가 없다. 그런 사람만이 대학에 남았다. 그 다음은 관리인데, 문관시험이라도 치러 관리가 되는 것이 보통의 일반 코스였다. (…) 대장성이나 내무성에 들어가는 것도 성적순이었다. 그 시절은 번호 자체가 줄곧 점수에 따라 매겨질 정도였으니 (…) 역시 수재가 아니면 들어갈 수 없었다.[14]

이렇게 졸업 후 취직을 놓고 성적을 다툴 수밖에 없었던 제대생들은 구제고교생과 다를 수밖에 없었다. 구제고교생은 '백선모'를 썼지만 제대생은 '각모'를 썼기 때문에 모자만 보아도 구제고교생인지 제대생인지 알 수 있었다. 그런데 구제고교생은 후술하듯이 백선모를 일부러 넝마처럼 찢어서 쓰고 다닌 반면, 제대생은 각모를 그렇게 함부로 다루지 않았다. 구제고교생이 제대생이 되면 찢어진 백선모가 반듯한 각모로 바뀌고 복장도 말쑥한 신사풍으로 바뀌며 봉두난발은 깍듯한 머리 모양으로 바뀌는 것이다. 학습 스타일도 바뀌어 구제고교 시절에는 닥치는 대로 남독濫讀, 다독多讀했지만, 제대 시절이 되면 교수가 될까, 관리가 될까를 헤아리며 정월 초하루부터 공책을 꺼내 시험 공부를 하게 되는 것이다.

그렇지만 제대생의 학력 경쟁은 그래도 구제고교 입학을 준비하는 사람 사이에서 펼쳐진 학력 경쟁에 비하면 여유가 있었다고 보아야 한다. 그것은 '은시계조'가 되어 모교 교수가 될지 아니면 '급제조' 중에서도 좋은 성적을 거두어 대장성에 들어갈지 하는 차이를 둘러싼 경쟁이었기 때문이다. 그러나 구제고교생이 되기 위한 입학 경쟁은 그 정도나 양상이 크게 달랐다. 지금부터는 구제고교생들이 어떤 분위기 속에서 어떤 공부를 하고 어떻게 시험 준비를 하여 승리한 끝에 백선모를 쓸 수 있었는가를 살펴보자. 그것을 이해하기 위해서는 먼저 근대 일본에서 '학력'을 둘러싼 경쟁이 강화되어 온 역사적 경위를 살펴볼 필요가 있다. 교육역사사회학자 다케우치 요의 대표적인 연구[15]를 참조해 학력 경쟁의 문화를 개괄하면 다음과 같다.

'입신출세'와 '면강'

근대 일본의 학력 경쟁 문화를 상징하는 개념은 '입신출세立身出世'라는 말이다. 근대 이전의 '입신양명立身揚名'이라는 말에서 계승된 '입신'이라는 말, 그리고 불교에 어원을 갖는 '출세'라는 말이 에도 시대에는 별개로 사용되었다. 무엇보다도 에도 시대는 신분사회였기 때문에 사무라이건 서민이건 불문하고 모두에게 요구되었던 사회규범은 자신의 분을 알고 그에 안주하는 것, 즉 '안분지족安分知足'이었다. 자신의 분을 넘어서서 다른 삶을 욕망하거나 추구하는 것은 오히려 부도덕한 것이었다. 따라서 '입신출세'는 근대에 접어들어 탄생한 일종의 신조어였다.

메이지유신 이후에는 앞서 본 학제의 서문 〈피앙출서〉에서 확인했듯이 국가가 나서서 '학문은 입신의 재본이다'라고 선언하며 노골적으로 교육을 통한 지위의 변화와 상승을 부채질했다. 학문은 민에게도 좋은 일이고 무엇보다 국가의 부강에 바탕을 이루는 것이라고 고메이지 정부는 힘주어 말했다. 이러한 설득에 민간은 열렬히 호응했다. 그것을 보여주는 것이 입신출세의 욕망을 자극하는 주장과 저작이 우후죽순처럼 등장해 공전의 인기를 누렸다는 사실이다. 앞서 언급한 《학문의 권장》 외에도 영국인 새뮤얼 스마일스Samuel Smiles (1812~1904)의 《Self-help》(1859)를 나카무라 마사나오中村正直(1832~1891)가 번역한 《서국입지편西國立志編》(1871)은 입신출세론을 주장하는 당시의 대표적인 저작이었고 곧 대단한 베스트셀러가 되었다. 《서국입지편》은 영어 원제목을 따라 《자조론自助論》이라는 부제를 달고 있었는데 후쿠자와 유키치의 《서양사정西洋事情》(1866, 1868, 1870), 우치다 마사오內田正雄(1839~1876)의 지리서 《여지지략輿地誌略》(1870)과 함

께 메이지 3대서의 하나로 일
컬어졌고,《서국입지편》에서도
저 유명한 말, "하늘은 스스로
돕는 자를 돕는다Heaven helps
those who help themselves"라는
경구가 사람들 사이에 널리 회
자되었다.

그런데 메이지 초기에 사람
들이《학문의 권장》이나《서국
입지편》을 널리 읽으면서 교육
을 통한 입신출세의 욕망을 불
태웠다 해도 그것이 근대 일본

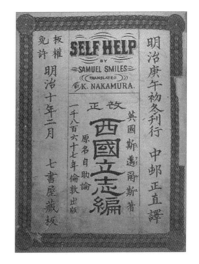

〈그림 9〉《서국입지편》, 1871(일본
국립국회도서관)

의 독특한 학력 경쟁 문화로 이어지기 위해서는 '입신출세'와 함께 또
하나의 새로운 개념이 탄생해야만 했다. 입신이 목적이라면 그 목적
을 달성하기 위한 방법이 또한 동시에 제시되어야 했다. 그 방법이란
에도 시대 한코藩校 또는 데라코야寺子屋에서 학습하는 방법과는 다른
성격의 학습 방법이었다. 그것은 바로 '면강勉强'였다.

우리 사회에서의 '공부'에 해당하는 말이 일본어에서는 '면강'였다.
우리 부모는 자식에게 '공부하라'고 말한다면 일본의 부모는 자식에
게 '면강하라勉强しろ'고 말한다. 그런데 면강는 학습을 뜻하는 것이라
기보다 '근면' 또는 '열심'에 가까운 뜻이다. 전통적으로 일본어에서

면강는 바로 그런 의미를 지닌 말이었다. 그런데 이 말이 근대에 들어와 점차 학습을 의미하는 말로 진화되었다. '면강'의 그러한 의미 변화는 것은 일영사전의 내용 변화를 통해 확인할 수 있다. 1872년 발행된 《화영어림집성和英語林集成》에서 면강은 영어로 다음과 같이 해설되었다. "BEN-KYO 勉强 (tsutome) Industrious, diligent, active-suru, to be industrious." 근대 이전의 용법처럼 면강이 '근면'의 의미로 풀이되어 있는 것이다. 그런데 1886년의 《화영어림집성》 3판에는 새롭게 'to be studious', 즉 '열심히 공부한다'는 뜻이 추가되었던 것이다.

이러한 면강의 의미 진화에 기여한 요인 중 하나가 잡지였다. 일본은 흔히 잡지의 나라라고 평가되는데 1870년대 말에 일찍이 베스트셀러 잡지들이 등장해 유포되었다. 예컨대 1877년에 창간된 소년들의 투고 잡지 《영재신지穎才新誌》는 매주 1만 부 가량을 발행했다고 하는데, 게재된 작문의 상당수가 '입신출세'와 '면강입신'에 관한 것이었다. '면강입신'이란 요컨대 '면강'하면 '입신'할 수 있다는 것, 즉 부지런히 학교에 가서 공부하고, 공부할 때는 끈기 있고 근면하게 '각고면려刻苦勉勵'하면 입신할 수 있다는 논리였다.

복음처럼 유포된 '면강입신설'에 자극을 받아 '입신'을 위해 '면강'하러 도쿄로 몰려든 사람들을 위한 가이드북까지 출현했다. 면강하러 상경한 사람들을 위해 도쿄에서의 학업과 생활에 관한 정보를 제공하는 책과 잡지가 그것이다. 이러한 책자의 효시는 《도쿄유학안내東京留

學案內》(1885)였지만, 가장 인기가 있었던 것은 1890년부터 매년 1~2회 발행된 《도쿄유학안내東京遊學案內》였다. 이들 안내서는 도쿄에 소재한 학교 소개 및 입학 정보와 기출 입시문제에 관한 정보를 제공했을 뿐만 아니라 도쿄에서의 학비와 생활비는 어느 정도 필요한지, 도쿄에서 생활할 때 주의할 점은 무엇인지, 무작정 상경할 경우 어떤 낭패를 보게 되는지 등 실제적이고 유용한 정보가 담겨 있었다.

메이지 초기에 '입신출세'는 학문을 하면 '참의'도 될 수 있고 '대신'도 될 수 있다고 하는 다소간 거창한 사회이동을 의미하는 것으로 사람들에게 받아들여지는 경향이 있었다. 그런데 '입신'이 '면강'과 결합해 '면강입신'으로 변화하면서 그것은 '입신'은 특정 학교의 입학을 위한 시험 공부로 점차 왜소화된다. 바꿔 말해 면강은 천하를 위한 공부에서 자기 이익을 위한 공부, 이른바 '아리면我利勉'으로 전화해갔다. 이렇게 공부의 왜소화 과정에서 탄생한 새로운 범주가 곧 '수험생'이다.[16]

수험생의 탄생

구제고교의 전신인 고등중학교 입학은 초기인 1880년대에는 그다지 어렵지 않았다. 그런데 〈고등학교령〉이 발포된 1895년 이후부터 입시 경쟁이 고조되기 시작한다. '입신출세'를 꿈꾸며 도쿄로 상경하는 젊은이들을 위한 안내서가 잡지 형태로 출현했듯이 구제고교 입시 경쟁이 격화되자 그에 대응하여 입시 준비를 하는 수험생들에게 유용한 입시 정보를 제공하는 잡지도 출현하게 된다.

일본 최초의 수험전문잡지는 1907년의 《최신수험계最近受驗界》였다. 이를 비롯한 여러 수험잡지가 구제고교를 포함한 각 학교의 입시 문제나 합격·실패 체험담, 참고서 소개, 학교 안내 등에 관한 정보를 제공하며 인기를 끌었다. 또 구제고교 입시를 위한 준비교육기관으로 이른바 '예비교'가 우후죽순처럼 등장했다. 이들 예비교는 1900년대 초에 주오대학이나 도요東洋대학 등 사립 고등교육기관에 연이어 부설되었다. 사립학교들이 예비교를 부설한 것은 무엇보다도 경영 재원을 확보하려는 경제적 동기 때문이었다. 사립학교에 대한 국가의 지원이 거의 없었기 때문에 사립학교 경영을 위한 자구책으로 구제고교와 같은 관립학교 지망자를 대상으로 수험준비교육 서비스를 제공하기 시작한 것이다. 이 예비교가 다름 아닌 오늘날의 일본, 한국, 타이완 등의 입시전문학원의 역사적 기원을 이룬다.

1900년 중반에 구제고교 입학 준비를 위한 예비교의 상황을 알아보기 위해 와쓰지 데쓰로和辻哲郎(1889~1960)의 회고를 보자. 당시 중학교 졸업은 3월이었고, 고등학교 입학시험은 7월이었으므로 그 사이에 4개월간의 공백이 있었다. 이 기간을 이용해 미리 도쿄로 상경해 예비교에서 수험 준비를 하는 고교 입시생이 적지 않았다. 와쓰지도 1906년에 히메지姬路중학교를 졸업하고 제일고 입학을 위해 도쿄로 상경했다.

그래서 도쿄에 온 후에 바로 고른 것이 주오대학에 부설된 예비교다. (…) 예비교에는 작년 9월부터 다니던 사람들과 올해 4월에 새롭게 모집된 사람들이 있었고 나는 후자에 속했다. 물론 입학시험 등은 없었다. (…) 수업방식은 농촌에서 상상하던 '수험준비'와 크게 달랐다. 우리는 수험준비 하면 무언가 경쟁시험을 위한 특수한 훈련 같은 것일 거라 기대했다. 우리가 그런 기대를 한 것도 당시 빈번하게 간행된 영어 난구집難句集이나 수학시험 문제집 같은 소책자의 영향 때문이었는지도 모르겠다.[17]

1900년대가 되면 제일고에 합격하기 위해서 중학교 교육만으로는 부족해 예비교에서 특별한 사교육을 받아야 하고, 그뿐만 아니라 수험용 특별 교재 같은 것을 추가적으로 '면강'해야만 하는 경쟁 상황이 되었음을 알 수 있다. 이 시기에 탄생한 예비교는 이후 꾸준한 발전의 길을 밟았으며 현재 일본에서 전국 가맹점을 거느린 대기업으로서 발전한 것도 있다. 이른바 3대 예비교 중 하나인 순다이駿臺예비학교는 1918년에 창립되어 역사가 100년에 달한다.[18]

왕년에 '대신'과 '참의'를 꿈꾸던 '서생' 대신에 이제는 '제국대학' 및 '구제고교' 입학을 꿈꾸는 '수험생'이라는 말이 회자되었다. 그렇다면 수험생이란 어떠한 존재였을까.

다케우치 요는 다양한 사료를 활용해 1907년 7월 9일부터 12일까지 4일간 치러진 고등학교 입학시험의 양상 및 한 수험생의 생활을 다음과 같이 소설적으로 재현했다. 조금 길지만 그대로 인용해보자.

숙모님이 깨워주셔서 오전 3시에 기상했다. 램프를 켜고는 바로 책상에 앉았다. 마쓰무라 데쓰지松村定次의 《대수학난문해의代數學難問解義》를 꺼내 문제를 풀었다. 3월에 중학교를 졸업하고 도쿄로 온 지 100일 정도 되었다. 4월에는 6시, 5월 이후에는 5시에 일어났다. 오전에는 독학을 하고 오후에는 세소쿠正則영어학교에 다녔다. 영어만 배운 이유는 나처럼 농촌에서 중학을 나온 사람은 영어를 특별히 보충할 필요가 있었기 때문이다. 내가 다닌 중학교에 영어 선생이 세 사람 있었지만 그중 두 사람은 너무 형편없었다. decision을 딧션, great를 그리토, rather를 레자로 발음하는 식이었다. 발음이 그런 정도였으니 번역이나 작문은 말할 것도 없었다. 그래서 세소쿠에서 수업을 들을 때 쩔쩔맸다. 사이토 히데사부로斎藤秀三郎 씨의 수업을 열심히 듣고 난니치 간타로南日恒太郎의 난구집을 다섯 번 정도 읽고 나니 이제는 영어에 상당히 자신이 생겼다. 그러나 수학은 불안하다. 《대수학난문해의》에는 451개 문제와 해법이 실려 있는데 손을 댄 것은 결국 100문제 정도. 좀 더 수학을 공부했더라면 좋았을 텐데 하는 아쉬움이 든다. 5시가 되었다. 아침을 먹었다. 도구를 챙기고 수험표를 확실히 지니고 집을 나선다. (…) 고등학교가 보였다. 시계탑을 보니 6시 25분. 구내에는 벌써 수백 명이 모여 있다. (…) 곧 종이 울린다. 수험생들이 교실로 들어간다. (…) 내 자리에 가 앉는다. 잠시 후 안경을 쓴 노인이 들어온다. 서기 아니면 사무원이겠지. 종이를 나눠주기 시작한다. 테두리가 붉게 칠해진 서양지 7~8매 정도의 답안지다. 다음으로 문제를 배부한다. (…) 시계를 꺼내 보니 벌써 8시 20분. 3시간 중 절반이 지났다. (…) "남은 시간 10

분!" 시험관이 외쳤다. 여덟 문제 중에 세 문제나 풀었을까. 어쩌면 더 풀었을지도 모른다. 주위를 둘러본다. 모두 열심이다. 과목별 배점은 수학, 영어, 국어·한문 등이 각기 200점. 다른 세 과목(물리·화학·역사)이 200점 합계 800점 만점이다. 어쨌든 제일고는 70퍼센트 이상을 득점해야만 들어갈 수 있을 것이다. 차라리 시간이 더 빨리 흘러 모두가 다 풀지 못한다면 좋을 텐데 하는 생각까지 든다. 무언가 죄어오는 느낌이 들어 힘들다. 빨리 여기서 나가고 싶다는 생각이 들었을 때 종이 울렸다. 나는 시험 첫날 이미 실패한 것 같다. (…) 내일 국어·한문에서 만회할 수 있을까. 나비가 되어 내일 시험문제를 미리 훔쳐볼 수 있다면 얼마나 좋을까.[19]

지금으로부터 110여 년 전 일본의 제일고 수험장면에 대한 이 묘사는 오늘날 동아시아 사회의 학력 경쟁 세계를 구성하는 것들 즉 치열하고 불안한 입시경쟁, 사설학원, 시험문제집 등이 근대 일본에 역사적 기원을 갖고 있음을 보여준다.

수험생 문화의 내부를 좀 더 구체적으로 들여다보자. 위의 묘사에 등장하는 수험생이 당시에 풀어야 했던 수학문제 중에는 예컨대 "원에 내접하는 사변형의 대각선이 직각으로 교차할 때 이 교차점을 지나고 한 변에 수직을 이루는 직선은 그 맞은변의 중점을 지난다는 것을 증명하라"는 것도 있었고, 또 영어독해 문제 중에는 "Never, perhaps, have triumph and lamentation been so strangely intermingled. Astonishment and admiration at the splendid victory, with sorrow for the loss of the gallant victor(General Wolfe), filled every breast. Throughout all the land were illuminations and public rejoicings, except in the little village of Westerham, where Wolfe was born, and where his widowed mother now mourned her only child" 같은 것도 있었다.[20] 생소한 서구의 지식을 접한 지 얼마 되지 않았을 당시 일본의 중학교 졸업생에게 이러한 수준의 문제는 쉬웠을 리가 없다. 그런 문제를 70퍼센트 이상 풀어야 구제고교에 들어갈 수 있었다고 하니 중학교에서 이루어지는 교과서 수업만으로는 충분치 않았을 것이다. 그래서 예비교와 같은 입시학원이 탄생했고, 난문을 담은 문제집이 유통되었을 것이다. 무엇보다도 이러한 입학시험제도를 통과하기 위해서는 풍부하고 실제적인 정보와 조언 등 수험의 노우하우가 요구되었다.

그렇게 해서 탄생한 것이 '수험잡지'였다. 일본에서 본격적인 수험잡지는 1913년에 최초로 탄생했다. 《수험세계受驗世界》가 그것이다. 다이쇼기(1912~1925)에는 그밖에도 《수험계受驗界》·《수험과 학생受驗と學生》·《수험등受驗燈》 등 많은 종합 수험잡지가 등장했고, 여기에 영어와 수학 등의 과목 중심 수험잡지를 더하면 모두 30종이나 되었다고 한다. 이들 수험잡지는 매년도 입학시험의 기출문제나 진학 및 수험에 관련된 정보를 제공했을 뿐 아니라, 수험생의 공부법, 수험에 도움을 주는 생활습관, 참고서 및 문제집 소개 등 폭넓은 정보와 지식을 제공했다. 수험잡지는 심지어 1930년대에 들어서서 전국 수험생을 대상으로 통신을 통한 '첨삭지도' 서비스까지 제공했다.

수험잡지에 실린 수험생들의 다양한 체험수기는 그것을 읽는 수험생들이 따라야 할 이상적 모델 또는 삼가야 할 부정적 모델로 받아들여졌을 것이다. 수험잡지라는 매체를 매개로 하여 근대 일본에서 수험생이라는 사회적 존재와 그들이 공유하는 수험생문화가 탄생했던 것이다. 수험생문화는 문학적으로 형상화되기도 했다. 대표적인 것이 구메 마사오久米正雄(1891~1952)의 단편 소설《수험생의 수기受驗生の手記》(1918)다. 제일고 시험에 응시했다 떨어져 이른바 낭인浪人, 즉 재수생이 되었고 재응시했으나 또 떨어진 나머지 실의에 빠져 결국 자살에 이르는 수험생의 이야기인데, 당시 널리 애독되었다고 한다.

그렇다면 구제고교의 학생 선발은 어떤 방식으로 이루어졌을까. 전전 일본에서 전개된 입시를 둘러싼 수험생의 학력 경쟁에서 단연 으뜸은 구제고교 입학을 둘러싼 경쟁이었다고 할 수 있다. 1895년 최초의 구제고교가 출범할 당시에 중학교 졸업자 수는 1170명에 불과했다. 그러나 시간이 흐르며 중학교가 증설돼 졸업자 수가 급격히 증가했다. 1905년에는 9927명, 20년 후인 1915년에는 2만 852명으로 늘어났다. 그리고 이러한 중학교 졸업생의 격증은 고교입시를 격화하는 압력이 됐다. 같은 중등교육기관이라 해도 실업학교나 사범학교 교육을 통해서는 구제고교 진학의 욕망이 가열되기는 어려웠다고 할 수 있다. 교육과정 자체가 사실상의 종결교육을 지향하는 것이었기 때문이다. 그러나 중학교의 교육과정은 졸업 후의 취업에 필요한 내용으로 구성되어 있지 않았다. 국어·한문, 외국어, 역사·지리, 수학, 물리·화학, 박물학 등으로 되어 있었다. 따라서 중학교가 증설될수록 구제고교 입학을 둘러싼 경쟁이 가열될 수밖에 없었다. 경쟁의 고조와 함께 구제고교 입학생 중에서 '낭인'의 비율도 점차 늘어났다.

문부성은 점점 치열해지는 고교 입학경쟁에 대응하기 위해 몇 차례에 걸쳐 고교입시 방법의 개혁을 시도했다. 개별 고교가 단독 시험을 통해 학생을 선발하는 방법도 있었고, 전체 고교가 단일한 평가를 통해 종합선발을 하는 방식도 있었다. 이 두 방법은 각기 장단점이 있었다. 어느 고교를 나와도 제국대학 입학이 보장되기 때문에 전자의 방법을 취했을 때 우수한 학생이 제일고를 응시했다 떨어지는 반면 그보다 못한 학생이 지방의 고교에 합격해 결과적으로 '아카몬'에 입성하는 일이 일어날 수 있다. 그런 이유로 전국 공통의 시험을 치르고 1지망, 2지망, 3지망 순서로 학생들을 배정했을 경우에는 원하지 않는 학교에 배정된 학생들의 불만스러운 분위기 또는 교풍이 흐려진다는 지적이 등장한다. 그래서 구제고교의 입시방식 자체가 오락가락했다. 1902년에서 1928년까지 26년간 고교선발 방식이 총 6차례 바뀌었다. 구제고교 입시에서 시험과목은 중학교 필수과목 중에서 문부성이 매년 고시로 지정했지만, 약간의 예외를 제외하면 국어·한문, 외국어(주로 영어), 수학 등 이른바 국한·영·수 세 과목이 고정 과목으로 결정되어 있었고, 거기에 한 과목(예컨대 문과에 역사, 이과에 물리)을 더

하는 것이 일반적이었다. 1928년도부터는 ① 입학 전의 학업성적과 필답고사 성적, ② 중학교장 조사서(내신)를 참고한 구두시험(이차시험), ③ 입시과목의 축소(세 과목), ④ 각 학교의 독자적 입시문제 작성, ⑤ 공사립고교 입시에도 준용 등의 방식을 시도했지만, 사실상 필답고사 중시가 일관적으로 유지되었다.

어쨌건 구제고교생은 지금까지 본 것과 같은 '수험생'의 단계를 성공적으로 관통해 고등학생이 되는 경로를 밟았다. 그 단계를 관통하는 과정이 힘겹고 혹독한 것일수록 그들이 가지는 자긍심과 우월감은 그만큼 강화될 가능성이 컸고, 그에서 비롯되는 선민의식과 공속감정은 구제고교에서 그들만이 향유하는 생활과 관행 등으로 더욱 강화되었다. 다음 절에서는 구제고교의 내부로 들어가 그들이 어떤 과정을 통해 '정체성'을 형성해갔는가를 보자.

정체성 형성의 문화

1968년에 일본 최초로 노벨문학상을 수상한 가와바타 야스나리川端康成(1899~1972)는 구제고교를 거쳐 도쿄제대 문학부에 진학한 엘리트였다. 그는 1917년에 제일고에 입학했고 3년 후에는 도쿄제대 문학부로 진학했다. 그의 경험을 바탕으로 쓴 단편소설《이즈의 무희伊豆の踊子》(1927)에 묘사된 구제고교생의 이미지는 다케우치 요가 말한 '학력귀족'으로서의 구제고교생을 가장 선명하게 보여주는 예다. 소설 속

<図鮒淵、津川の最高顔合わせ詩情みなぎる青春文芸作！>

伊豆の踊子

〈그림 10〉 영화 〈이즈의 무희〉(1960)

에서는 '백선모'를 쓴 제일고생 가와시마가 이즈 반도를 여행하다 만
난 14살의 무희 가오루와의 애틋한 연정이 그려져 있다. 이 소설에서
주인공 고교생을 일반 사람들은 '나으리旦那さま'라고 부른다.

　그렇다면 대체 구제고교생은 어떤 존재였고 또 어떠한 자의식을
가지고 있었을까. 여기서 구제고교생의 내면으로 잠시 들어가보자.
다음은 제일고를 거쳐 도쿄제대 문학부로 진학한 독문학자 데즈카 도
미오手塚富雄(1903~1983)가 1921년 무렵 제일고생일 때의 자의식을 보

여주는 문장이다.

고교생이 된 이상은 늘 머리를 높게 세우고 확고한 걸음을 취해야 한다. 철화鐵火의 격렬함과 엄격함을 자타에 부과하고, 부드러운 마음이기보다는 가능하면 중우衆愚를 밟고 서서 꾸준히 상승일로를 걷는 초인 도덕의 소유자여야 한다. (…) 학교에서도 수재로 불리는 자 대다수는 확실히 그런 태도를 지니고 있었다. (…) 어느 때인가 며칠간의 휴가 후 나는 고향 마을에서 밤 기차를 타던 순간을 나의 초인적인 생활의 출발점으로 삼았고 이후 한 걸음도 그 길에서 벗어나서는 안 되겠다는 결의를 굳혔다. 어깨를 펴고 객차에 들어서자 탁한 공기 속에서 가득 찬 승객들은 대부분 잠들어 있었다. 나는 이들 동정할 것도 없는 중우들에게 엄격한 시선을 보내며 그들을 외면한 채 빈자리를 찾아 앉은 후 얼굴을 든 채로 눈을 감고 인생의 일대 문제에 대한 사색에 몰두했다.[21]

여기서 떠오르는 것은 보통 사람들을 '동정할 것도 없는 중우'로 경멸하며 초인 도덕의 세계로 침잠해 오만하게 눈을 감고 사색에 몰두하던 고고한 제일고생의 모습이다. 그런데 그러한 정신의 고고함은 제일고생이 자신을 '중우'와 구별지을 수 있는 중요한 요인이기는 해도 눈에 보이지 않는다는 약점이 있었다. 구별짓기를 위한 좀 더 가시적이고 식별이 쉬운 장치들이 요구되었다. 그러한 장치의 하나가 구제고교생의 기이한 복장, 즉 '폐의파모'였다.

폐의파모

구제고교생의 복장은 우아하고 고상한 것과는 거리가 멀었다. 다시
데즈카의 회고로 돌아가보자.

(구제고교생이 - 인용자) 보통 사람들과 자신을 구별짓는 장치로는 모자에
붙은 휘장이나 백선 외에도 후박나무 게다와 허리춤에 찬 수건이 있었다. 이
것들은 가장 적은 비용으로 자신의 특수성을 보여주는 약속의 물품이었다.[22]

허리춤에 찬 수건이란 일부러 간장에 물들여 고약한 냄새가 나는
걸레에 가까웠고, 후박나무 게다는 신고 걸을 때 요란스런 소리가 났
다. 구제고교생은 옷을 일부러 넝마처럼 찢고 백선모에는 구멍을 내
는 이른바 '폐의파모'를 신분 표식으로 삼았다. 구제고교생의 그런 차
림은 이른바 '중우'들의 눈에도 쉽게 띄었다.

이 우스꽝스러운 차림새와 고고한 정신의 결합을 그들을 가르치는
교육자들도 관용적으로 수용했다. 1906년부터 7년간 제일고의 교장
으로 있었던 니토베 이나조新渡戶稻造(1862~1933)는 그의 저서《무사도
武士道》(1908)에서 그가 가르친 제일고 학생의 모습을 다음과 같이 묘
사했다.

빗질도 하지 않은 머리에 낡고 해진 옷을 걸치고 긴 지팡이나 책 한 권을
든 젊은이가 세속적인 일은 안중에도 없다는 듯이 거리를 활보하는 모습

을 본 적이 있는가? 그가 바로 학생이다. 그에게는 지구가 너무 좁고 하늘도 그리 높지만은 않다. 그는 우주와 인생에 대해 자기만의 이론을 가지고 있으며, 공중누각에 살며 영묘한 지혜의 말을 양식으로 삼는다. 그의 두 눈에는 야망의 불꽃이 번득이고, 그의 마음은 지식을 갈망한다. 빈곤은 그를 계속 전진하게 하는 자극제에 불과하며, 세속적인 재화는 그의 인격을 속박할 뿐이다. 그는 충성심과 애국심으로 가득 찬 믿을 수 있는 사람이며, 자진해서 국가명예의 수호자가 된다. 그가 지니고 있는 이 모든 미덕과 결점은 무사도의 마지막 잔재다.[23]

헝클어진 머리와 단정치 못한 낡은 옷을 입고 있으면서도 머릿속에서는 세속을 깔보며 우주를 생각하는 존재로서의 구제고교생이 그를 가르친 교육자에 의해 '충성심과 애국심으로 가득찬, 국가명예의 수호자'로도 상찬되었던 것이다. 그런만큼 구제고교생의 엘리트 의식은 하늘을 찔렀다. 1908년에 제일고를 졸업한 요시다 구마지吉田熊次는 자신을 '귀족'이라고 자칭했다.

이 고료向陵[24]는 매우 높은 곳에 세워져 있다. 그리고 나는 이곳에서도 가장 높은 3층에 있다. 100만 명의 도쿄인 위에 서 있는 것이다. 그래서 나는 이렇게 생각한다. 우리는 일본의 귀족이다. 다만 신분상의 귀족도 재산상의 귀족도 아니고 정신상의 귀족인 것이다.[25]

여기서 요시다는 자신을 포함한 구제고교생을 '신분'이나 '재산'이 아닌 '정신상의 귀족'이라고 자임한다. 그들은 엄격하고 가혹한 수험 경쟁의 최종 승자로 구제고교에 입학할 수 있었다. 그런데 단지 치열한 수험 경쟁에서 살아남았다는 것만으로는 '정신상의 귀족'이라는 자의식이 생기기는 어렵다. 수험 경쟁이라는 공통의 경험이 그러한 자의식을 배양하는 데 기반이 되는 것은 분명하지만, 고교 입학 이후에 3년간 그들이 같은 공간에서 함께 공유한 그들만의 공통 경험이 요구된다. 그 경험의 하나가 '폐의파모'하는 일종의 악희였으나 그것만으로도 역시 부족했다. 구제고교의 학생문화를 이해하기 위해서는 그들의 공통 경험의 내부로 좀 더 들어가 볼 필요가 있다.

그런데 구제고교생의 공통 경험은 구제고교의 교육목적이나 교육과정 또는 교육자의 의도적인 교육활동을 통해 만들어졌다고 하기는 어려웠다. 영문학자 나카노 요시오中野好夫(1903~1985)는 제삼고의 교육에 대해 다음과 같이 기억했다.

시마자키 도손島崎藤村(1872~1943)이 메이지학원 시대의 추억을 쓰면서 무엇보다도 교육해주지 않은 것이 고마웠다고 썼던 것 같은데, 제삼고도 교육해주지 않는 학교여서 나는 그것이 더 없이 기뻤다. 어떤 고정된 교육의 틀도 강요하지 않았다. 그렇기 때문에 어설픈 점도 분명 있었겠지만, 그럼에도 선생님들은 끝까지 우리의 어설픈 점을 후원해주셨다. 그 분들은 우리 머리 위에 서려고 하지 않았다. 특별히 수신도덕을 역설하는 교사들도 없었다. (…) 그럼에도 인간으로서의 넓이랄까 크기랄까 그런 것이 우리가 모든 것을 스스로 찾고 스스로 인간을 형성해가게 가르쳐 주었다고 생각한다.[26]

'교육해주지 않는 학교', '학생들의 머리 위에 서지 않으려 하는 교사들'이 구제고교의 특징이고 그것이 역설적으로 교육적 힘의 원천이었다는 의미다. 구제고교에 대한 기억에서 공통적으로 확인되는 특징 중의 하나는 구제고교에서 가졌던 교우관계, 즉 같은 학생 간의 상호작용을 통한 감화와 영향이 교사가 주는 의도적인 교육적 영향보다도 더 선명하고 강력한 것으로 기억된다는 점이다. 위의 인용문에서도 필자는 제삼고 학생들이 '스스로 형성'해나간 것으로 기억하고 있다.

이런 경험은 심지어 제국대학보다도 더욱 강력하게 그들의 정체성 형성에 영향을 미쳤다고 기억될 정도였다. 1910년에 도쿄제대를 졸업한 이시자카 다이조의 구제고교에 대한 다음 회고를 보자.

나는 대학교육을 받았지만, 돌이켜 생각해보면 대학에서 배운 것은 별로 쓸모가 없었다. 뭐라 해도 고등학교 삼년간이 내게 힘을 준 것 같다. 그 당시에는 가장 쓸모없다고 생각했던 것이 가장 쓸모가 있었다. 그런 의미에서 고등학교가 없어진 것을 나는 참으로 유감스럽게 생각한다. (…) 고등학교가 아니었다면 내가 평생 접할 수 없었을 것들이 거기에 있었다. 예를 들어《고사기古事記》나《풍토기風土記》,《만엽집萬葉集》같은 책은 고등학교

가 없었다면 내 일생 만날 수 없었을 것이다.[27]

이시자카가 고교에서 가질 수 있었던 이와 같은 풍부한 문화적 체험은 의도적인 교육과정의 산물이라기보다는 자율적인 분위기에서 스스로 추구한 것이었고, 그것은 구제고교의 프로그램이 정밀하고 체계적으로 조직되고 운영된 결과라기보다는 오히려 여유롭고 느슨한 비경쟁적인 분위기에서 가능했다. 그 자신이 구제고교의 교양주의의 맹주이기도 했던 가와이 에지로河合榮治郎는 제일고의 경험을 다음과 같이 그리워했다.

제일고의 3년간은 내게 수확이 많은 생활이었다. 3년이라는 짧은 시간에 이 정도로 풍요로운 생활은 지금까지의 생애에서 외국생활을 제외하면 유례가 없다.[28]

여기서 회상된 구제고교에서의 '풍요로운' 3년의 시간은 말하자면 엘리트 청년들에게 허락된 '청춘의 유예기'에 가까웠다. 졸업 후에 제국대학으로의 진학이 보장되었기 때문에 구제고교에 입학하기까지 겪었던 '각고면려'의 학력 경쟁을 지속할 필요는 없었다. 물론 제국대학으로 진학한 후에는 또 다른 학력 경쟁의 국면이 시작될 터였지만 적어도 3년간은 그것에서 자유로울 수 있었다. 구제고교생이 그 청춘의 유예기를 얼마나 소중한 것으로 기억하는지는 후루마쓰 데이치

古松貞一(1902~1978) 교수의 다음 회고에서 생생하게 느껴진다. 그는 1923년 졸업 당시를 이렇게 회고했다.

> 우리 때는 제삼고를 졸업해 떠날 때 참으로 눈물을 흘리며 청춘이 떠나가는 것을 슬퍼했다. 젊음은 제삼고에서 끝났다는 느낌이 가슴 아팠다. 그 때문에 일부러 낙제를 할 정도였다. 3년은 너무 짧다. 그러나 5년은 너무 길다. 4년이 적당하다고 믿어버리는 사람이 많이 있었다. 그 증거로 그 당시는 낙제한 쪽이 오히려 뽐냈다.[29]

학교를 졸업하며 젊음이 끝났다는 느낌에 가슴이 아파 눈물을 흘릴 정도였다는 것은 구제고교에서의 공통 경험이 그들의 정체성에 얼마나 강력하고 심도 있는 영향을 미쳤는가를 절절하게 보여주는 데 부족함이 없다. 심지어 3년의 유예기가 끝나는 것이 너무 아쉬워 일부러 낙제하는 학생들까지 있었다고 한다. 물론 그런 자발적 낙제생도 졸업 후에 제국대학 진학 보장이라는 보험이 전제가 되었기 때문에 나타날 수 있었던 것이지만, 동시에 구제고교에서의 생활이 낙제를 통해 연장하고 싶을 정도로 풍요로운 것이었음을 의미하기도 한다. 그리고 그 풍요로움이 펼쳐지는 가장 중요한 무대는 구제고교의 기숙사였다.

전료제와 농성주의

구제고교 최초의 기숙사는 1890년 제일고 초대 교장 기노시타 히로지가 기숙사 '고료'를 개관하면서 시작되었다. 기숙사 이름은 도쿄도 분쿄구文京區의 무코가오카向丘라는 언덕에 자리 잡았다 하여 '고료'가 되었다. 이 '고료'는 앞서 언급한바 요시다 구마지가 '정신상의 귀족'으로 표현한 자의식의 모태가 된 기숙사, 언덕 위에서 100만 명의 '중우'들이 사는 도쿄 시내를 내려다볼 수 있었던 바로 그 기숙사를 말한다. 기노시타는 기숙사 설치의 취지를 다음과 같은 밝혔다.

우리 학교에 기숙사를 설치한 것은 단지 통학의 편의를 도모하기 위해서도 아니고 일을 벌이기 좋아해서도 아니다. 오늘의 정세에 극히 필요하기 때문이다. 근래 우리나라의 풍속이 점차 이치에 어긋나고 예의가 땅에 추락했으며 서생 간에 덕의의 감정이 매우 희박해졌다. 하숙집 상황을 보면 방종함이 참을 수 없을 지경이다. 우리 학교는 이를 우려하고 이 광란의 기세에 저항해 덕의를 유지하기 위해 윤리과를 두어 강의를 했다. 그럼에도 이러한 어지러운 풍속 속에서 생활하고 방종한 서생들과 하숙을 함께한다면 덕을 닦는다는 것이 마치 연목구어緣木求魚와도 같아 결코 불가능할 것이다. 이러한 악풍에 물들지 않게 하려면 이 풍속에서 벗어나고 이들 서생과 교제를 끊어야 한다. 이런 목적을 달성하려면 농성의 각오가 있어야 한다. 우리 학교에 기숙사를 둔 이유는 이를 금성철벽으로 삼아 세간의 악풍오욕을 차단하고 순수한 덕의를 양성하는 데 있지 결코 통학의 편의

를 도모하는 데 있지 않다.[30]

일단 훈시의 문맥으로 보면 기숙사 설치의 일차 목적은 학생을 윤리적으로 통제하고 규율하는 것이었다. 세상의 방종하고 어지러운 악풍에서 학생들을 차단하고 보호한다는 목적으로 '전료

〈그림 11〉 제일고의 기숙사(도쿄대학 고마바박물관)

주의'를 취해 학생들을 기숙사에 '농성'하게 했다. 그러나 동시에 '세상의 악풍오욕을 차단'하는 '금성철벽'에 둘러싸인 기숙사의 농성주의를 구제고교생들은 '영화의 세상을 낮게 보는' 농성주의로 받아들였다.

한편 애초부터 구제고교의 농성주의는 '여인금제女人禁制'와 결합되었다. 여자는 입학이 허용되지 않았으므로 구제고교 자체가 남학생의 세계일 수밖에 없었지만, 기숙사 자체가 철저한 '여인금제'의 농성장이 되었다. 1년 내내 기숙사는 여성의 출입이 엄격히 금지되었다. 다만 1년에 단 한 번, 이른바 '기념제'가 열리는 날에만 여성에게 기숙사가 잠시 개방되었을 뿐이다.

1년에 한 번 기념제만은 참으로 제일고다운 천진하고 밝은 축제로서 도쿄

의 명물로 알려졌고 그날에 한해 여학생의 출입도 허용돼 참으로 명랑했다. 기념제 이브의 화톳불 속에서 울려 퍼지는 료가寮歌는 청춘의 가슴 속에서 서정적으로 들렸다.[31]

'여인금제'는 단지 기숙사 출입에 여성을 배제하는 차원에 그치지 않았다. 고교생들의 사생활에서도 여성과의 교제 자체가 금기였다. 농성주의를 모토로 삼아 탁한 저 세상을 깔보는 자의식을 가진 고교생들은 여성을 가까이하는 것을 타락으로 간주했다. 그리고 이를 어길 시에는 가혹한 폭력적 제재가 뒤따랐다. 바로 '철권제재'가 그것이다. 제일고 '고료'의 철권제재에 관한 다음 회고를 보자.

우리 때에는 철권제재라고 하는 지금 보면 매우 난폭한 제도도 있었다. 그것이 공공연히 행해졌다는 점이 놀라운 것이다. 밤 9시가 되면 때로 큰 종소리가 울린다. 철권제재를 알리는 것인데 모두 넓은 교정에 모인다. 어둠 속이라 서로의 얼굴도 보이지 않는다. 그러나 제재를 가하는 위원들, 제재를 당하는 문제의 사람은 중앙에 원을 이루고 거기에 등불이 켜져 있어 알아볼 수 있다. 고료 1000명의 학우 앞에서의 치욕은 참으로 참기 어려운 제재였다. 그리고 이런 제재가 대부분 부인 문제로 인한 것이었고, 심한 경우는 변소에 버려진 여자의 편지를 씻어서 결국 철권제재로 회부한 것도 있었으니 지금 생각해보면 말도 안 되는 난센스다.[32]

여성 교제를 빌미로 이루어지는 폭력적인 제재는 주로 2학년으로 구성된 상급생 단체가 집단적이고 의도적으로 가했다. 예컨대 제일고는 2학년을 중심으로 이른바 '중견회中堅會'라는 것이 조직돼 있었다. 1889년부터 시작된 중견회는 2학년 전원이 회원이었는데, 신입생에게 기본 규율을 가르치고 교풍을 유지할 목적이라고는 했어도 실제로는 금기를 어긴 학생들에게 '철권제재'라는 이름의 집단 폭력을 가하곤 했다.

그러나 구제고교의 기숙사 생활에는 폭력적인 요소도 있었지만, 전체적으로 보면 학생들의 자치가 허용되어 비교적 여유가 있었다. 물론 단체생활을 하는 기숙사인지라 시간별로 일과가 정해져 있었다. 기숙사 생활을 포함한 구제고교생의 하루 일과를 엿보자. 다음은 가나자와에 있던 제사고 지슈료時習寮의 학생 일과다.

활동　4~6월/10~3월

기상　오전 5시/오전 6시

조식　오전 5시 반~6시 반/오전 6시 반~7시 반

주식　정오~오후 1시

외출　수업 종료 후 오후 6시까지(토요일·공휴일 전일은 오후 9시까지)

석식　오후 5시~6시

자습　오후 7시~10시

입욕　오후 3시~6시

청소 조석 식전(매주 토요일 오후 대청소)

취침 오후 10시

점검 취침 시

소등 오후 10시 반[33]

이러한 일과를 보면 일과가 비교적 엄격하며 자유로운 시간은 수업 종료부터 오후 6시까지밖에 없는 것으로 보인다. 취침시간도 오후 10시로 정해져 있고, 그 30분 후에는 기숙사가 소등하는 것으로 돼 있다. 그런데 구제고교에서는 10시 반 소등 이후에도 이른바 '촛불공부蠟勉'라 하여 자습실이나 자기 침상 머리맡에 촛불을 켜놓고 책을 읽거나 공부하는 관행이 어느 정도 허락되었다. 이 촛불공부는 구제고교 기숙사 생활에서 낭만적인 추억의 일부를 이루었다.

기숙사 생활의 관용적 분위기를 보여주는 또 다른 예로 이른바 '만년상萬年床'이라는 것이 있었다. 만년상이란 '이부자리를 개거나 정돈하지 않고 그대로 놔두는 관행'을 말했다. 그와 관련한 제일고의 예를 보자.

만년상이란 침구를 깔아놓고 한 주고 두 주고 그대로 놔두는 것이다. 그 냄새는 참을 수 없었다. 그러나 선생들은 호걸 같다 하여 잔소리를 하지 않았다. 매일 아침 8시까지 그 냄새나는 이불을 뒤집어쓰고 있다가 시작종 소리에 부랴부랴 눈을 비비며 교실로 갔다. 이에 대해 기숙사 담당은 가능한 한 잔소리를 하지 않았다.
니토베 교장도 또한 '가급적
게다를 신고 교실에 들어오지
마라', '가급적 제복과 제모를
착용하라' 하는 식으로 매사
에 '가급적' 주의를 취했으므
로 (…) 만년상은 나날이 늘어
갔다.[34]

〈그림 12〉 제일고 기숙사의 촛불공부
(도쿄대학 고마바박물관)

자칫 불결하고 방종한 생활태도로 간주될 법한 '만년상'에 대해 니
토베 교장과 같은 교사들은 관용적이었으며 동시에 학생들도 그것을
기숙사 생활의 낭만으로 받아들였음을 보여준다.

이른바 '가급적' 주의로 상징되는 구제고교생에 대한 관용적 태도
는 심지어 고교 내에서의 군사훈련에서도 찾아볼 수 있었다. 배속 장
교의 군사훈련만큼 구제고교생들이 노골적으로 경멸하고 저항한 교
육과정은 없었다.

군사훈련이나 배속장교에 대한 저항은 상당히 치열했다. 행전을 차거나
구두를 신은 학생은 거의 없고 대부분 맨발이나 게다 차림으로 교련을 받
았다. 출석자도 매우 적어 대체로 일렬횡대 정도밖에 되지 않았다.[35]

일제가 파시즘으로 치달으며 군사훈련에 대한 구제고교생의 이러한 태업에 대해 점차 엄격한 태도로 바뀌어 갔지만, 그럼에도 구제고교의 분위기는 후에 검토할 사범학교에 비해 상대적으로 자유롭고 관용적이었던 것이 사실이다.

'촛불공부'나 '만년상' 외에도 구제고교생의 공속감정과 정체성 형성에 기여하는 유명한 관행들로 료우寮雨, 황금문학黃金文學, 마카나이 정벌賄い征伐 등이 있었다. 당시 대부분의 구제고교 기숙사는 2층이나 3층 건물로 되어 있었고 1층은 자습실 및 식당, 2층 및 3층은 침실이었다. 그런데 화장실은 1층에 있거나 기숙사 건물 밖에 있는 경우가 많았다. 자연히 기숙사생들이 야간에 용변을 보는 데 번거로움이 있었다. 그래서 빚어진 치기 어린 작은 악희가 료우였다. 료우는 바로 2~3층 창문에 서서 밖으로 소변을 보는 것이었다.

한편 기숙사 화장실을 무대로 펼쳐지는 또 다른 악희로 '황금문학'이 있었다. 이는 '뒷간문학雪隱文學'이라고도 했는데, 곧 화장실 벽에 낙서를 써놓는 악희였다. 그것이 '문학'으로 불린 이유는 구제고교생의 낙서 중에 외설적인 것은 거의 없었고 오히려 뛰어난 시나 풍자적인 경구가 대부분이었기 때문이다. 때로는 극히 어려운 기하학 문제가 쓰여 있기도 했는데 그때마다 바로 명쾌한 해답이 달렸다고도 한다. '황금문학'에 대해 학교 당국은 관용적이어서 여름 방학마다 한 번씩 깨끗하게 도장을 했고, 그러면 가을부터 다시 새로운 낙서가 시작되곤 했다.

한편 기숙사에서의 공동식사에서 빚어지는 악희도 있었는데, 그것이 바로 '마카나이 정벌'이었다. 마카나이란 기숙사에서 식사를 제공하는 사람을 가리키는데, 학생들은 가끔 식사에 대한 불만으로 학교 당국에 항의하기 위해 작은 파업을 일으켰다. 1889년 제이고 메젠료明善寮의 마카나이 정벌을 보자.

오늘은 마카나이 정벌을 하자고 누군가가 아침에 영어로 통지하면 점심 무렵부터는 분위기가 불온해지며 점점 심해집니다. 그것을 일러바친 사람은 모포로 뒤집어 싸 두들겨 패기도 했습니다. 식사는 6명이 한 상에 앉아서 먹습니다만, 마지막 마카나이가 식당으로 들어오면 한 사람이 '때가 되었다' 하고 외치며 밥통을 천정으로 던지고 그것을 신호로 모두 일어납니다. 문을 확실히 걸어 잠근 후에 식탁을 두들기고 밥공기를 던지면서 난리를 피우면 마카나이는 창문으로 부리나케 도망갑니다. (…) 후에 마카나이와 학생 대표가 사감에게 불려가 혼나지요. 학생들은 마카나이가 제공하는 밥이 부족하다고 항의하고, 마카나이 쪽에서는 계란을 두 개씩 늘려줄 터이니 파업은 중지해달라는 식으로 이야기해 결말이 납니다.[36]

이러한 치기 어린 소동은 학교 당국이 일탈 행위로 제재하고 처벌의 대상으로 삼기보다는 고교생에게 허락되는 자유의 하나로 관용하는 분위기였으며, 고교생들은 이러한 공통 경험을 통해 자신들을 특별한 존재로 간주하는 자의식을 강화했다.

스톰과 기념제

구제고교생의 공속감정과 정체성 형성에 크게 기여한 장치로 이른바 '스톰'과 '기념제'가 있다. 일군의 학생이 갑자기 일으키는 광란의 소동을 가리키는 이 '스톰'은 영어의 'storm'에서 유래했다.

스톰의 구체적인 모습을 1910년 당시 홋카이도제대 예과 기숙사의 사례에서 보자.

사카무라 데쓰坂村徹라는 학생이 있었다. 이름은 체격을 보여주듯 외자 데쓰. 목말을 타고 스톰에 나서는 패기 없는 이들을 무시하면서 "스톰은 이런 식으로 하는 거야, 잘 봐" 하며 훈도시褌 하나만 찬 나체가 된다. 붉은 수건을 꺼내 머리부터 뒤집어쓰고 여기저기 묶으니 마치 가냘픈 달마에 수족이 달린 모습이다. 한 손에는 세면기, 다른 한 손에는 몽둥이를 쥐고 튀어나오니 구경하는 무리가 뒤를 따른다. 데쓰 군은 어느 실 앞에 서서 문을 두드린다. "네-"라는 답을 듣자마자 바로 뛰어들어 세면기를 두드리며 춤추고 돌아다닌다. 실의 무리가 이 이상한 침입자에게 놀라 "앗" 하는 비명을 지르며 입을 다물지 못하는 사이, 춤추던 데쓰 군은 유유히 빠져나오고 실 사람들은 그제서야 안심하며 "와아" 하고 함성을 지른다. 복도에서 구경하던 사람들도 이를 듣고는 "와아" 하고 함성을 지른다.[37]

우스꽝스러운 장난에 가까운 이 스톰은 일종의 관행이 되어 선배에서 후배에게 계승되었으며 기숙사 생활에서 빠뜨릴 수 없는 추억이

〈그림 13〉 제삼고의 스톰(1921)

되었다. 스톰은 이렇게 간헐적으로 열리는 악희에 그치지 않고 매년 열리는 학생 축제인 '기념제' 또는 '료제'의 절정을 이루는 광란의 황홀경으로 이어졌다. 기념제 또는 료제의 절정은 바로 파이어스톰, 즉 불을 피우며 일으키는 스톰이었다. 이는 소각제로도 불렸다. 다음은 제사고에서 있었던 파이어스톰의 모습이다.

교정 중앙에 산처럼 쌓아놓은 장식들, 인형, 옷, 종이, 대나무, 짚, 나무, 테이프, 깃발 (…) 등 해체된 장식물 유해에 기름을 부어 불을 붙여 거대한 불

기둥을 만든다. 몇 주
동안 애써 만든 장식
들이 한 덩어리의 재
로 변해가는 불을 둘
러싸고 서로 어깨를
맞잡고 원형으로 춤
을 추며, 춤이 멈추면
네 되짜리 술독에서
주걱으로 차가운 술

〈그림 14〉 제일고의 기념제, 1935(도쿄대학 고마바박물관)

을 퍼내 마시고, 료가를 부르며 불기둥 주위를 몇 번이고 돌며 밤늦게까지
춤추고 노래한다. 소각제야말로 실로 청춘의 나날의 감격을 여기에 응집
해 승화하는 기념제날 마지막의 도취경이다.[38]

기념제에서의 스톰, 불기둥을 둘러싸고 술에 취해 료가를 부르며
춤을 추며 하나가 되는 경험을 통해 그들은 나름의 정체성을 강화해
나갔다고 할 수 있다. 그것은 밖에서 보기에는 유치한 악희처럼 보이
지만 안에서 보면, 구제고교생만이 가질 수 있는 공통의 기억이 되고,
자신과 일반 사람들을 가르는 '구별짓기'의 경험이 됐다.

그런데 구제고교생들의 구별짓기 장치로서 다양한 악희와 관행은
비록 그들의 독자적인 정체성 형성에 기여하는 요소들이었음이 분명
하지만, 구제고교생이 '중우'와는 다른 '정신상의 귀족'으로서 자의식

을 가지게 할 만한 충분한 의미를 지녔다고 평가하기에는 미흡한 점이 있다. 훈도시 차림으로 그릇을 두들기며 괴성을 지르거나 술에 취해 불기둥 주위를 춤추며 돌아가는 고교생의 모습에서 우아하고 지적으로 고귀함을 풍기는 문화적 향취를 맡기는 어렵기 때문이다. 달리말해 구제고교생을 '정신상의 귀족'으로 만들기 위해서는 이른바 '고급스러운'-아니면 적어도 '고급'으로 간주될 만한-문화적 내용이 갖추어질 필요가 있었다.

교양 형성의 문화

구제고교생들은 자신들을 중우와 구별하기 위한 고급스러운 무언가가 필요했다. 그것을 여기서는 '교양'이라는 개념으로 포착해 규명한다.

경파와 연파

앞에서 본 구제고교생의 '폐의파모'나 '스톰' 등의 복장과 행동거지 등은 당시에 '방카라蛮カラ'로 불렸다. 구제고교생은 이른바 '하이카라high collar'에 대립되는 '방카라'를 프라이드의 원천으로 표방했다. 하이카라는 상의 옷깃이 위로 솟아 있는 서양식 상의에서 유래한 말로 서양식의 옷차림이나 행동거지, 생활양식을 가리키는 것이었다면, 그것에 대한 반감으로 찢어지고 냄새나는 옷을 입고 모자에 구멍을 내고 시끄럽게 게다를 끌고 다니며 허리춤에 걸레 같은 수건을 늘어뜨

리는 이른바 '폐의파모'를 내세우는 구제고교생들이 스스로의 생활양식을 '방카라'로 불렀던 것이다. 따라서 여기에는 반골정신과 함께 긍지와 자부가 뒤섞여 있었다. 이러한 구제고교의 거칠고 질박한 분위기는 앞서 언급한 메이지 직후의 '공진생' 문화, 나아가 에도 시대 번교 학생의 문화를 계승한 것이기도 했다. 다이쇼기까지 구제고교의 문화는 '사무라이풍'에 가까웠다.

'교양'은 거칠고 마초적인 '방카라' 문화 속에서는 성장하기 어려웠다. 구제고교생들의 교양 문화가 성장하기 위해서는 방카라 중심의 이른바 '경파硬派'와 달리, 학생문화의 중심이 육체적인 것에서 정신적인 것으로 이동하는 과정이 요구되었다. 그 과정을 좀 더 살펴보기로 하자.

구제고교생의 정체성 형성에는 비단 기숙사 생활만이 아니라 학생들의 자발적인 교과 외 활동도 중요한 부분을 점했다. 그런 점에서 고교생의 문화에서 '교우회' 중심의 부 활동은 중요한 의미를 지닌다. 제일고에 교우회가 처음으로 만들어진 것은 1890년이었다. 그런데 초기에 교우회의 주된 활동은 주로 스포츠였다. 스포츠 중에서도 남성적인 것들이 선호되었다. 예컨대 '정구부'는 제일고 교우회 결성 시에는 포함되어 있었지만 '여성스럽다'는 이유로 1894년에 폐지되었다고 한다. 교우회의 주역은 유도부·검도부·야구부·조정부 등 운동부였다. 이들 운동부는 고교대항 정기전을 통해 동창 간의 단결을 강화했다. 고교대항 정기전에는 운동부만 아니라 전교생이 응원단으로 참여했고, 응원 모습에도 여지없이 '스톰'과 '방카라'는 등장했다. 교우회 내에 문예부가 포함되어 있기는 했으나 그것은 문예의 가치를 인정했기 때문이 아니라 정기적으로 발간되는 교우회 잡지의 편집발행 업무를 맡기기 위해서였을 뿐이다.

그런데 '방카라'를 특징으로 하는 제일고의 거친 '경파' 교풍에 대한 도전이 서서히 일어났다. 그 도전은 몇몇 인물들의 반항을 계기로 하여 점차 파장을 일으키게 된다. 그중 한 사람이 1904년에 제일고에 입학한 우오즈미 가게오魚住影雄(1883~1910)다. 문학과 예술을 좋아하고 집단주의적 문화에 대한 반감이 강했던 그는 제일고의 교풍에 대해서도 매우 비판적이었다. 방카라와 스톰으로 황폐하고 거칠었던 기숙사 생활에 거부감을 느낀 그는 예외적으로 기숙사를 퇴사해 통학생이 되기도 했다. 그는 1학년 때 교우회 잡지에 예술에 관한 글을 기고하기도 했고 소설을 발표한 적도 있었다. 그가 3학년 때 기고한 〈개인주의 견지에서 현금의 교풍 문제를 해석하며 나아가 전원기숙제도의 폐지를 논한다〉는 제목의 글은 교내에 적지 않은 파장을 불러일으켰다.

글의 요지는 다음과 같았다. 제일고는 지금까지 '근검상무勤儉尙武'와 '폐의파모'를 자랑해 왔지만 최근에는 문학과 종교·철학이 유행하고 있다. 그런데 이러한 풍조가 개인주의로 비난받고 있다. 이를 비난하는 이들은 서양 윤리나 문예와 종교에 무지하고 그것이 두려워 구사상에 집착하는 자들에 불과하다. 농성주의를 고집하는 학생들은 야생아에 불과하며 그들의 취미라고는 교과서와 숙제와 료가 밖에 없다. 교실 강의를 속기하고 암송하기만 하는 자들은 미숙하다. 인생이나 사회문제에 좀 더 눈을 떠야 하지 않겠는가.

이 글은 제일고 학생들, 이른바 '경파'의 지배적인 '방카라'적 문화에 대한 정면 도전이었고 그것이 빌미가 되어 결국 우오즈미는 '철권제재'의 대상으로 회부되기도 했다. 그러나 구제고교생의 문화는 서서히 우오즈미 쪽으로 기울고 있었다. 그가 글을 발표하기 한 해 전에 제일고 학생 후지무라 미사오藤村操(1886~1903)의 저 유명한 자살 사건이 일어났다. 16세의 제일고 학생이 1903년 5월 22일 닛코日光의 폭포 게곤노타키華嚴の滝에서 소나무 껍질에 유서를 새기고는 투신자살했다. '암두지감巖頭之感'이라는 제목의 유서 내용은 다음과 같았다.

유유하도다 하늘과 땅, 요요하도다 예와 지금, 내 오 척의 작은 몸으로 그 크기를 재보련다. 호레이쇼의 철학에 무슨 오소리티Authority가 있단 말인가. 만유萬有의 진상은 단 한마디일 뿐. 가라사대, '불가해不可解'. 내 이 한을 품고 번민한 끝에 죽음을 각오했노라. 이미 폭포 바위에 서니 아무런 불안감도 없다. 비로소 깨달았다. 커다란 비관은 커다란 낙관과 일치한다는 것을.[39]

자살한 후지무라는 최연소로 제일고에 합격한 수재였고, 유서의 내용도 쉽게 이해할 수는 없는 난해한 개념들로 가득 차 있었다. 당시

〈그림 15〉 후지무라 미사오와 〈암두지감〉(1903)

언론은 이 사건을 선풍적으로 다루었고 심지어 '일본 최초의 철학적 자살'로 일컬었다. 이후 게곤노타키에서는 그를 모방하는 자살이 한동안 이어졌다고 한다.

이 사건을 계기로 제일고에서 철학 공부가 유행했고 도쿄제대 문학부 철학과 지망생이 늘어났다. 그중에는 일본 철학과 사상에서 큰 족적을 남긴 인물이 있었다. 이시하라 겐石原謙(1882~1976, 기독교 사학자), 아베 지로阿部次郎(1883~1959, 철학자·작가), 다나베 하지메田邊元(1885~1962, 철학자), 아베 요시시게安倍能成(1883~1966, 철학자), 다카하시 사토미高橋里美(1886~1964, 철학자), 이와나미 시게오岩波茂雄(1881~1946,

출판가), 그리고 우오즈미 가게오 등이다. 이들은 마침내 구제고교생의
교양주의의 영웅이 되었다.[40]

일본적 교양주의

후지무라 미사오의 '철학적' 자살과 우오즈미 가게오의 '문학적' 도전
이 구제고교 안에 교양의 불씨를 당긴 것은 사실이지만 교육하는 쪽
에서의 지원 또한 중요하게 작용했다. 니토베 이나조 교장의 후원이
그것이다. 그는 우오즈미 가게오가 도쿄제대에 진학한 해인 1906년
에 제일고 교장으로 부임했고 기존의 '방카라'적인 제일고 문화에 정
열적으로 변화를 일으키기 시작했다. 그는 영국 퍼블릭스쿨 개혁을
주도한 럭비스쿨의 전설적 교장, 토마스 아놀드Thomas Arnold(1795~
1842)를 모델로 삼았으며, 학생들이 문화 활동과 독서, 정신적인 수양
을 하게끔 이끌었다. 괴테, 칼라일, 밀턴, 에머슨 등의 책을 소개하고
직접 강연도 했다. 그의 가르침으로 구제고교생 가운데 '교양주의'를
이끄는 지도적 인물들이 연이어 배출되었다.

다이쇼기 구제고교생들의 교양주의는 주로 '독서'를 매개로 발전
했다. 당시 구제고교생의 교양주의 필독서 중 가장 대표는 아베 지로
의《산타로의 일기三太郎の日記》였다. 아베 지로는 제일고 출신으로 우
오즈미 가게오와 이와나미 시게오의 친구였다. 이 책 1권은 1914년
에 발행되었고 2권은 이와나미쇼텐岩波書店에서 발행되었다. 이 책은
결과적으로 1943년까지 무려 30쇄를 거듭한, 다이쇼기 교양주의의

〈그림 16〉 제일고 문예부와 니토베 이나조(1908)
앞줄 가운데가 니토베 이나조, 그 곁의 삭발한 인물이 우오즈미 가게오

대표적인 바이블이었다. 이 책의 한 대목은 당시 구제고교생의 교양
주의가 어떤 성격이었는지 잘 보여준다.

> 헤겔은 '미네르바의 부엉이는 해가 진 후에 난다'고 말했다고 한다. Für
> Sich는 An Sich를 잠식하고 함몰되게 한다는 말이 사실이라면, 그리고 이
> 사실을 평가하는 자가 나처럼 An Sich의 순수와 집중과 무의식을 숭배하
> 는 자라면 그 자의 철학은 마침내 Pessimismus이지 않을 수 없다. 적어도
> 자각과 본연의 모순에 대해 깊은 비애가 없을 수 없다. 나에게는 이 점에
> 대한 큰 의문이 있다. 내 마음은 이 의문의 살아 있는 Illustration이다.[41]

추상적인 개념 용어들이 연속되며 표현이 지극히 현학적이고 난해할 뿐만 아니라, 무엇보다도 독일어, 영어 등이 번역어가 아닌 원어 그대로 등장하고 있다. 이 책이 출판되었던 1910년대 중반의 일본에서 과연 이 책의 내용을 이해하기는커녕 그것을 더듬거리면서라도 읽을 수 있는 사람이 얼마나 되었을까. 그것은 독일어와 외국의 문인·철학자, 그리고 현학적인 사상적 개념들을 접할 수 있었던 구제고교생이나 제국대학생 외에는 접근할 수 없는 책이었다. 구제고교생은 바로 이런 책을 옆구리에 끼고 다니며 남들이 들어본 적도 없는 이름과 용어를 입에 달면서 스스로 '정신상의 귀족'으로 자처했다. 동시에 그들은 이 책의 세계와 무관하게 살아가는 사람들을 어리석은 '중우'로 간주했다. 이 책을 구제고교생의 교양주의 바이블로 만든 것은 요컨대 이 책의 기이할 정도의 난해함과 현학성이었다고 할 수 있다.

1910년대 중반 이후 교양주의가 태동하면서 구제고교생들에게 교양은 말하자면 필수 자격 요건이 되어버렸다. 문과와 이과, 전공을 불문하고 고교생이라면 당연히 읽어야 할 책이 있고 갖추어야 할 교양이 있다는 인식이 만들어졌다.

예컨대 제사고를 다녔던 오쿠마 히데오大隈秀夫(1922~)의 다음 회고를 보자.

(…) 나는 육상부였습니다. 육상하러 가서 날이 저물면 운동장을 다시 돌다가 밤하늘을 보면서 수다를 떨곤 했지요. 잔디밭에 누워 있으면 일행 중

의 어느 한 이과생이 이렇게 말하기도 했습니다. "자네 미키 기요시三木清 (1897~1945)[42] 읽어봤나" "아직 안 읽었는데 (…)" "읽어보게. 고등학교 학생이지 않은가." 그런 친구들 때문에 읽었지요.[43]

전공을 불문하고 고등학생이라면 당연히 읽어야 할 책들이 있었다는 의미다. 구제고교생 사이에는 말하자면 필독 도서 목록이 통용되었다. 예컨대 제일고의 필독 도서 목록에는 기히라 다다요시紀平正美(1874~1949)의《행의 철학行の哲學》(1923), 도모나가 산주로朝永三十郎(1871~1951)의《근세의 나의 자각사近世に於ける私の自覚史》(1916), 괴테의《젊은 베르테르의 슬픔》,《빌헬름 마이스터의 수업시대》,《파우스트》와 니체의《자라투스트라는 이렇게 말했다》등이 포함되어 있었다.[44]

이와 같은 필독 도서 목록은 공식 교육과정의 일부를 이루지도 않았고, 교육자들이 교육적 목적으로 정해 제시한 것도 아니었다. 그것은 아래로부터 구제고교생들이 만들어낸 것이었다. 그러나 이러한 구제고교생의 교양주의는 공식 교육활동의 영향을 받았다. 무엇보다도 구제고교 교사들이 풍기는 철학적·문학적인 분위기가 교양주의를 부채질했다. 제국대학 문학부 출신이 번역 소개한 서양서들이 구제고교에서 교양주의의 필독서가 되었는데, 구제고교 교사들의 절반 이상이 바로 제국대학의 문학부 졸업자들이었다. 강의 시간이나 일상적인 대화 속에서 교사들이 입에 올리는 동창이나 선배의 이름이 바로 고교생들이 읽는 책의 저자이거나 번역자였다.

구제고교 교양주의의 발전에는 교양서의 출판과 교양적인 종합잡지의 출현 같은 요인들도 필요했다. 전자와 관련해서는 이와나미쇼텐의 일련의 교양서 출판, 그중에서도 특히 '이와나미문고'의 출판을 들 수 있고, 후자와 관련해서는《중앙공론中央公論》(1887년 창간) 등의 종합지를 들 수 있다. 먼저 전자부터 살펴보자. 이와나미 시게오는 제일고를 나온 후 자신의 이름을 딴 출판사 이와나미쇼텐을 1913년에 창업했다. 이 출판사에서 그는 고교 인맥을 활용해 일련의 책을 출판했다. 우오즈미 가게오의 유고집인《세쓰로 유고摺蘆遺稿》(1914), 나쓰메 소세키의《마음こころ》(1914), 구라타 하쿠조倉田百三의《출가와 그의 제자出家とその弟子》(1917) 등 교양주의 필독서들이 그 대표적인 예다. 교양서의 출판은 니토베 이나조 교장이 제일고생들에게 추천한 독일의 교양서 레클람문고[45]를 모방해 이와나미쇼텐에서 만든 전설적인 문고, 즉 '이와나미문고'의 창간을 통해 전성기를 맞이했다.

또 한 가지 구제고교생의 교양주의 발전에 기여한 것은 종합잡지였다. 전전 일본에서 교양을 상징하는 대표 종합잡지로《중앙공론》,《문예춘추文藝春秋》(1923년 창간),《개조改造》(1919년 창간) 등이 있었다. 이들 잡지는 종합 문예·시사·학술 잡지의 성격을 골고루 갖추고 있었으며, 그 주된 독자들은 고등학생, 전문학교 학생, 제국대학생, 그리고 교수 등 지적인 중간계층이었다.

당시 종합잡지의 수준은 매우 높았다. 종합잡지는 구제고교생의 교양의 원천으로 기능했다. 다케우치 요에 따르면, "다이쇼기 이후 종합잡지는 이름 그대로 사회과학 논문에서 소설·영화·음악 등에 이르기까지 다양한 주제를 다루었다. 사람들은 종합잡지를 통해 교양주의자가 되었으며, 동시에 종합잡지의 구독을 통해 교양공동체를 형성했다. (…) 그야말로 종합잡지는 지식인의 공공권을 형성하는 매체였다."[46]

구제고교생들은 '정신상의 귀족'을 자처한 고도의 엘리트 의식을 가진 집단이었다. 혹독하고 치열한 학력 경쟁에서 승리해 구제고교에 입학한 그들은 일반 대중과의 차별성을 확보하고 과시하기 위한 다양한 장치를 구안해 구제고고생들의 집단 정체성과 공속감정을 강화했고, 구제고고생의 문화에 위신을 부여하기 위해 서구에서 수입되고 번역된 저작을 교양의 내용으로 삼았다.

저항의 문화

서론에서도 언급한바 구제고교의 학생들은 발달단계로 보면 '청소년기', 즉 '질풍노도Strum und Drang'의 시기에 해당한다. 그들은 육체적으로나 정신적으로 성인에 버금가는 성장을 이루었음에도 성인으로서의 책임 있는 역할이 아직 부여되지 않은 일종의 유예기에 해당하는 집단이었다. 더구나 그들이 정신상의 귀족으로서의 자의식까지 겸비하고 있다면 거기서 비롯되는 엘리트 의식이 기존 질서에 대한 저항으로 발현될 가능성이 더욱 커진다. 이 절에서 살펴볼 것은 구제고교의 저항문화다.

그런데 '저항'이라 할지라도 거기에는 다양한 변이가 있을 것이다. 사회운동에 참여하다 검거되어 학교에서 축출되고 심지어 투옥된 후 직업 혁명가로 나설 정도의 강렬하고 적극적인 저항이 있는가 하면, 학교에서 이루어지는 군사훈련 시간에 야유를 보내거나 교사를 조롱하고 수업을 빼지는 등의 덜 위험한 반항 행위에 이르기까지 학생들의 저항 행위의 스펙트럼은 넓다고 할 수 있다.

여기서 다루는 구제고교생의 학생문화 가운데 저항문화에서 주목한 것은 마르크스주의에 경도된 이른바 좌경학생의 저항문화다. 우선 먼저 근대 일본에서 마르크스주의는 어느 시기에 어떤 과정을 통해 등장했는지를 저항문화의 전사로 검토한다. 다음으로 그것이 구제고교의 학생문화에서 어떤 방식으로 수용되었는지, 마르크스주의의 세례를 받은 좌경학생은 어떤 자의식을 가지고 어떤 문화를 형성해갔는지 등을 살펴보자.

일본의 마르크스주의

근대 일본에서 마르크스주의가 최초로 도입된 시기는 19세기 말로 거슬러 올라간다. 고토쿠 슈스이幸德秋水(1871~1911), 사카이 도시히코堺利彦(1871~1933) 등이 마르크스주의를 선구적으로 소개하고 선전했으며, 또한 기노시타 나오에木下尙江(1869~1937)는 사회주의 계열의 소

설, 예컨대《불기둥火の柱》(1904) 등을 발
표하기도 했다. 청일전쟁 이후 자본주
의가 진행되면서 사회주의에 대한 관심
이 점차 고조되었지만, 이는 아직 일부
지식인의 관심 세계에 머물러 있었다.

당시의 정부 또한 사회주의에 대해
매우 신경질적인 반응을 보였다. 1890
년대 말에 출판사 마루젠丸善이 레스
터 워드Lester Frank Ward의《Dynamic
Sociology》라는 책을 수입하기 위해 당

〈그림 17〉고토쿠
슈스이(메이지가이드)

국에 허가를 요청했는데, 당국은 그것
을 '다이너마이트의 사회주의'라고 오해해 손사래를 치며 거부한 일
도 있었다고 한다.[47]

그런데 다이쇼기에 접어들어 구제고교생과 제국대학생, 전문학교
학생 사이에 교양주의가 확산되자 마르크스주의의 확산을 위한 토양
이 점차 성숙해갔다. 마르크스주의에 대한 학생들의 관심을 제고하는
데 도화선이 된 흥미로운 사건이 1910년에 발생했다. 도쿄제국대학
경제학부 조교수 모리토 다쓰오森戶辰男(1888~1984)가 학술지《경제학
연구經濟學研究》창간호에 〈크로폿킨의 사회사상 연구〉라는 논문을 발
표했다. 그런데 당국은 사회주의자, 엄밀히 말하자면 무정부주의자였
던 크로폿킨을 제국대학에서 다루었다는 이유로 문제시해 잡지를 회

〈그림 18〉 가와카미 하지메
(일본 국립국회도서관)

〈그림 19〉《가난이야기》
(일본 국립국회도서관)

수했고, 심지어 집필자인 모리토 다쓰오를 3개월 금고에 처했다. 이 사건은 제국대학 조교수의 '적화赤化'사건이라 하여 당시 신문과 잡지에 대대적으로 보도되었다.

그런데 이러한 보도는 역설적으로 일본사회 특히 고등교육의 학생층에서 마르크스주의의 인기를 일거에 높이는 의도하지 않은 결과를 낳았다. 이전까지 마르크스주의는 사회에서 성공을 거두지 못한 패배자들이나 이른바 '불한당'이 떠들어대는 것에 불과하다는 이미지가 지배적이었다. 그런데 그 마르크스주의가 바로 도쿄제국대학 교수가 이야기하는 고급스러운 사상이라는 이미지가 유포되기 시작한 것이다.[48]

1916년 요시노 사쿠조吉野作造(1878~1933)는《중앙공론》에서 데모크라시를 선전했고, 가와카미 하지메河上肇(1879~1946)는《가난이야기貧乏物語》(1917)를 써서 1919년에는 26판을 거듭할 정도가 되었으며, 학생운동은 1918년부터 본격적으로 발전했다. 그러한 파도 속에서 일본에 수입된 마르크스주의는 일본의 학생층을 사로잡았다.

1918년에 도쿄제국대학 법학부 학생들이 '신인회新人會'라는 학생운동 조직을 결성했다. 신인회는 애초에는 기관지의 이름을《데모크라시デモクラシー》라고 했듯이 반드시 마르크스주의적 지향을 지니지는 않았다. 사상 기조에는 이상주의·인도주의·평화주의·자유주의·민주주의 요소도 포함되어 있었다. 이 도쿄제대의 '신인회'에 이어 와세다대학에 '민인동맹회民人同盟會'가 생겼고, 또 제일고에는 '사회사상연구회'가 생겼다. 이후 각지의 대학·전문학교·고등학교 학생들이 사회과학연구회를 조직하기에 이르렀다. 그런데 이렇게 합법적인 수준에서 확산되던 학생운동은 1925년에 교토를 중심으로 검거가 진행되면서 비합법적 운동으로 전환됐고 그와 함께 운동 자체도 좌경화되었다. 이 과정과 병행해 신인회도 초기의 이상주의적 경향에서 벗어나 마르크스주의적 성격을 강화했다. 기관지도《데모크라시》에서 1920년 2월에《선구先驅》로 개명되었고 같은 해 10월에《동포同胞》로 개명되었으며, 1921년 6월부터는 아예 기관지 이름이《나로드ナロオド》로 바뀌었다. "일본의 사회주의운동 지도자를 많이 배출한 이 단체는 연구를 명목으로 했지만, 실제로는 노동운동과도 밀접한 관계를 맺었고 또 강권의 압박하에서 점차 비밀결사의 성격을 지닌 정치조직

의 모습을 드러냈다. 한때의 결과로 말하자면 공산당 지도자의 양성 기관이었다고 할 수 있다."[49]

　당국은 1928년의 3·15사건, 즉 일본공산당 검거사건을 계기로 사회주의적인 운동에 대해 전면적인 공세로 전환했다. 1929년에는 문부성에 학생운동에 대처하는 부서인 '학생부'를 신설했고, 1931년에는 '학생사상운동조사위원회'를 설치해 본격적으로 학생운동 및 사회주의운동에 대해 공세적 대응을 취했다. 이러한 당국의 탄압은 필연적으로 학생들의 반발을 초래해 1929년부터 1931년까지 전국의 구제고교 및 대학, 전문학교 등에서 지속적으로 동맹휴교 등의 저항이 전개되었다. 1929년의 제시고, 제오고, 홋카이도제대, 도호쿠제대 사건, 1930년 1월의 고치고교, 히로사키고교, 히메지고교 및 교토제대 사건, 3월의 야마가타고교, 미토고교, 후쿠오카고교, 제팔고 사건, 6월의 홋카이도제대, 마쓰야마고교, 니가타고교 사건, 9월의 마쓰모토고교, 나가사키의대 사건, 10월의 오타루고등상업, 제사고 사건, 12월의 히로시마고등사범 사건 등이 연이었다. 1931년에도 와세다대학, 게이오대학, 도쿄고교, 호세대학, 니혼대학, 히로사키고교, 야마구치고교, 고치고교, 야마가타고교, 제일고, 오사카상대, 오사카외대, 고베고등상업, 도쿄고등상업, 도쿄제대, 도쿄공대, 니혼대, 와세다대 등에서 학생운동이 빈발했다. 그러나 학생운동이 절정에 달했던 1932년을 고비로 결국 학생운동 및 마르크스주의운동은 점차 쇠퇴해 지하로 잠복하거나 대다수 참가자의 검거와 전향의 과정을 밟았다.

마르크스주의와 교양주의

그런데 왜 마르크스주의가 구제고교생 사이에서 그렇게 신속하게 확산될 수 있었을까. 다케우치 요는 그 이유를 근본적으로 마르크스주의가 앞에서 살펴본 구제고교의 교양주의의 연장선에 있었기 때문으로 본다. 마르크스주의는 구제고교생을 비롯한 일본의 학력엘리트를 사로잡을 만한 요소를 지닌 것으로 간주되었다. 기본적으로 근대 일본의 지식인들이 서구 중에서도 독일의 학문과 사상에 대한 숭배 경향이 있었고, 그뿐만 아니라 마르크스주의 자체가 영국의 고전경제학, 독일의 관념철학, 거기에 프랑스의 사회주의사상을 종합한 것으로 간주되었으며, 그런 점에서 서구의 학문과 사상을 바탕으로 하는 교양주의의 고급스러운 상급 버전으로 받아들여질 만한 측면이 있었다는 것이다.

그런데 마르크스주의에 대한 구제고교생들의 관심을 단지 '정신상의 귀족'들의 호사가적인 교양 취향의 변덕 탓으로만 돌릴 수는 없다. 여기에는 쇼와기의 일본 경제의 불황과 몰락, 그리고 거기에서 비롯된 고등교육 졸업자들의 취업난 등의 객관적 상황이 어느 정도 반영되었다고 보아야 한다. 일본 자본주의가 빚어낸 비참한 사회 현실을 목격한 젊은 학생들이 기존의 낭만적 교양주의를 무력한 것으로 보고 더욱 현실에 적합하고 강력한 사상을 갈망했던 측면도 있다. 이는 후쿠오카고교생의 다음 기억을 통해서도 엿볼 수 있다.

메이지·다이쇼기 저 도도하게 젊은 학생들의 마음을 움직인 로맨틱한 인격주의도 그들이 큰 관심을 가지고 목도한, 그들의 휴머니즘을 자극한 커다란 사회적 모순을 해결하기에는 너무도 무력했다. 제1차세계대전 당시 급격히 팽창한 일본의 산업계도 전후에 이어지는 불경기, 중소공업의 몰락 등의 경제계의 변동으로 필연적으로 부르주아와 프롤레타리아의 대립을 일으켰다. 비참과 처참이 극에 달한 이들 현실을 바라보는 그들의 눈이 얼마나 빛났는가는 상상하고도 남음이 있을 것이다. 이렇게 사상적으로 자신들이 품은 최고선이라는 이상이 너무나 무력하다는 것을 깨달은 그들의 눈에 신선하고도 강력한 실천력을 지닌 것이 찾아왔다. 그것은 유물론 철학이자 적화사상이었다.[50]

이렇게 구제고교생 사이에서 마르크스주의가 새로운 교양의 맹주로 부상하자 기존의 교양주의가 갑자기 조롱의 대상으로 전락하기도 했다. 아베 지로 식의 교양은 '부르주아지들에게 현상 유지의 구실'을 제공하는 심적 개조론에 불과하다는 비아냥 거리가 되어버렸다. 그런 상황에서 학생 사이에는 1920년대 중반에 "가장 머리가 좋은 학생은 사회과학을 연구하고, 그 다음 무리는 철학·종교에 몰두하며, 세 번째는 문학에 몰입하고, 최하위에 속하는 자가 반동학생"[51]이라는 이야기까지 회자되었다. 이를 반영해 언론 및 출판 시장도 마르크스주의로 도배되는 경향을 보였다. 잡지와 신문은 좌익적인 기사를 실을수록 매상이 올랐다. 신문 머리기사에도 '좌경'·'적화'·'극좌분자'·'적색' 등의 활자가 빈번히 등장했다.

이러한 마르크스주의적 교양주의의 고양은 다이쇼기 교양주의 자체가 지닌 인격주의적 성격과 무관하지 않을 것이다. 재학 중에 술 마시고 놀기만 하는 학생, 성적을 올려 제국대학의 인기있는 학부에 진학해 출세하는 데만 관심을 기울이는 실리적인 학생에 대한 경멸 속에서 다이쇼기의 교양주의에 기운 구제고교생은 그 교양주의가 자본주의의 모순 앞에서 무력함을 드러내는 것으로 보일 때, 프롤레타리아의 해방을 위한 헌신을 표방하는 마르크스주의로 넘어가기 쉬웠다.

또 한편으로 마르크스주의는 그것이 풍기는 교양의 분위기 때문에 수용되는 측면도 있었다. 마르크스주의에 경도되었다가 검거 후에 전향한 고등사범학교 학생의 다음 회고를 보자.

1928년 초인가 말 무렵 학교에서 돌아오면서 몇 곳의 서점에 들렀다가 눈에 띈 《무산대학총서無産大學叢書》를 샀다. 어려웠지만 열심히 읽었다. 생각지도 못했던 세계가 점차 전개되었다. (…) 새로운 세계를 발견한 나는 우쭐거렸다. 기분이 밝아지는 느낌이었다. 1929년 가을 내가 신뢰하는 ○○○ 씨와 알게 되어 그의 문학적 교양의 영향을 받아 극연구를 시작했다. 고등사범 2학년 1학기 레닌의 《유물론과 경험비판론》을 샀지만 어려워 20~30쪽만 읽었을 뿐이다. 여름방학에 오카자와 히데토라岡澤秀虎의 《프롤레타리아 문학이론プロレタリア文學理論》을 샀지만 이것도 삼분의 일 정도만 읽었을 뿐이다. 이 무렵 사회현상은 경제에 좌우된다고 하는 관념을 얻었

다. 10월 초 도쓰카의 로자서방에서《무산자정치교정無産者政治敎程》합본을 샀다. 이 책은 사회조직, 계급투쟁, 착취 등을 잘 이해하게 해주었다. 내 흥미는 고양되었다. 계급투쟁, 얼마나 멋진 역사인가. 혁명, 얼마나 강렬한 자극인가. 아이가 악대의 뒤를 쫓듯이 나의 온 정신은 꿈속으로 이끌려 들어갔다.[52]

'멋지고 강렬한 자극'의 맥락에서 마르크스주의 서적이 수용되었던 것이다. 바로 그런 만큼 구제고교생의 마르크스주의는 구체적인 사회적 현실에 뿌리를 내리고 성장해 가는 정치사상으로 발전해가기 어려운 근본적 한계가 있었다. 대학 졸업 후에도 안정적인 취업의 기회가 보장되기 점점 어려워지는 현실에 대한 불만에서건, 일본 프롤레타리아의 비참한 삶에 대한 도덕적인 책무감에서건, 기존의 다이쇼 교양주의에 대해 가지고 있던 은밀한 열등감에서 벗어나기 위해서건, 아니면 더 고급스러운 버전의 교양을 익힘으로써 일반 대중과의 차별화 전략을 더욱 강화하겠다는 의도에서건, 구제고교생들이 마르크스주의에 경도되는 동기는 각기 달랐을 수 있다. 그러나 적어도 그것이 구제고교생의 객관적 삶의 조건에는 매우 어울리지 않는 조합이라는 것만은 분명했다. 그들은 여전히 '정신상의 귀족'으로서의 자의식을 가지고 있었다. 하지만 마르크스주의는 본디 '귀족'의 이념으로 뿌리 내리고 성장해갈 수는 없는 이념이었다.

좌경학생

구제고교생의 마르크스주의적 교양주의가 확산되는 과정에서 '좌경학생'으로 불리는 범주의 사람들이 새롭게 출현했다. 이 좌경학생이라는 말은 '모보(모던 보이)'나 '모가(모던 걸)' 등 신조어를 만들어낸 당시 평론가 니 이타루新居格(1888~1951)가 다이쇼기에 만든 신조어다. '좌경'은 '적화'와 마찬가지로 마르크스주의 등 '좌'익사상에 '경'도되었다는 의미다.

마르크스주의에 물들었다고 하는 좌경학생은 구체적으로 어떤 모습을 하고 어떤 생활을 하는 사람으로 이미지화되었을까.

옷깃 단추를 풀어 헤친 학생이 하는 과격한 선동연설, 불꽃처럼 뿌려지는 여러 선전 전단, 폭풍과도 같은 학생대회의 함성, 광란 같은 데모 행진의 스크럼. 처음에는 잡지 《사회문제연구社會問題研究》를 애독하는 정도였던 사람이 이윽고 어슴푸레한 저녁에 하숙집 이층에서 열리는 독서회에 가입하게 되고 한밤중에 가리방을 긁으며 전단을 찍어내다가, 어느 때부터 오르그(조직이라는 의미 - 인용자)니 무슨 반의 캡틴이니 하는 감투를 달게 되고 학내 시위에서 일익을 맡게 되며 나아가 메이데이에 참여하고 공장과 연락을 취하는 식으로 나가는 것이 보통 개인들이 밟는 좌경 코스였다. (…) 학생만의 운동, 학내 문제 중심의 운동에서 출발해 점차 외부와 연락을 깊이 하면서 공산청년동맹 나아가 당의 일익을 이루는 운동으로 발전해나갔다.[53]

학내에서 열리는 학생시위에 자극받은 한 학생이 처음에는 호기심에 사회과학 잡지를 기웃거리다가 비밀스러운 독서회에 가입하고 시위 전단을 찍다가 학생운동 하위 조직의 간부가 되고 학내 시위를 지도하는 정도에 이른다. 그러다 결국은 사회운동에 참여하고 당에 가입하기도 하는 것이 좌경학생이 밟아나가는 과정이었다.

좌경학생은 여전히 '학생'이다. 그러나 마르크스주의에 대한 관심이 고급스러운 버전의 교양에 대한 지적 호기심의 수준을 넘어서서 독서회나 사회운동조직에 가입해 실천하는 방향으로 발전하면 단순한 '학생'의 차원을 넘어서서 '인텔리겐치아intelligentsia'가 된다. 다이쇼기 중반에 일본에서는 '인텔리겐치아'(흔히 '인텔리'로 줄여 불렀다)나 그 번역어인 '지식계급'이라는 사회적 유형이 등장했다. '인텔리겐치아'는 러시아에서 수입된 용어로서, '교육을 받았지만 현 질서에서 안정된 자리가 확보되지 못해 정치체제에 대해 불만과 반항적 정신을 가진 지식인'을 의미했는데, 이 용어가 1917년의 러시아혁명 발발 이후 인기를 끌어 일본에서도 '기존의 정치체제를 비판하는 교육받은 지식인'을 가리키는 말로 수용되었다.

'좌경학생'의 발전된 버전인 '인텔리겐치아'의 모습은 다음과 같았다. 야마가타고교를 졸업하고 도쿄제대 문학부에 입학했으나 1927년에 신인회 가입을 이유로 퇴학당한 가메이 가쓰이치로龜井勝一郎(1907~1966)는 자신이 경험했던 생활을 다음과 같이 회고했다.

방에는 마르크스와 레닌의 초상이 걸려 있고 적기赤旗가 드리워져 있었다. 벽에는 격렬한 포스터가 붙어 있고 엄격한 규칙과 일과표가 걸려 있었다. 매일 매일의 회합, 연구회, 선전 전단의 인쇄와 배포. 그런 동안에도 틈만 나면 책상 앞에 정좌해 금서를 탐독했다. 지금 떠올려 볼 때 흥미롭게 느껴지는 것은 젊은이들이 많이 모여 있음에도 여자 이야기를 하는 경우는 전혀 없었다는 것이다. 술을 마시는 것도 엄격히 금지되어 있었다. 그것은 혁명가가 되려는 사람의 조직적인 훈련상 불가결했고 그것을 범하는 것은 배반적인 죄악으로 간주되었다. 규율을 어긴 자는 사문위원회에 회부되어 추방되었다. 마치 엄격하고 금욕적인 수도원 생활을 방불케 하는 점이 있었다. 이는 무신론이라는 한 종교의 생활이었는지도 모르고, 아니면 혁명군의 군대생활이었는지도 모르겠다.[54]

사회주의적 직업혁명가의 생활을 떠올리게 하는 인텔리겐치아의 조직 생활은 수도사나 군인과도 같은 엄격하고 금욕적인 규율로 통제되었다. 제오고를 다닌 소설가 하야시 후사오林房雄(1903~1975)는 고교생 당시에 경험했던 조직 생활을 다음과 같이 회상했다.

제오고는 술을 좋아하는 학생들의 집산지로도 유명한데 나는 술을 마시지 않게 되었다. (…) 새로운 합숙을 만들고 그 한 방을 공산주의의 성당으로 삼았다. 벽에 마르크스와 레닌의 초상화를 걸고 '공산주의 혁명을 위해 온 생명을 바친다'는 맹세문을 붙였으며, 그 앞에서 젊은 사도처럼 경건하고 청정하고 격렬했다. 이 합숙을 방문하는 사람은 학생이건 노동자건 다소간의 차이는 있어도 '신성한 광기'에 감염되어 돌아갔다. 품에 단도를 숨기고 온 어느 국수파주의 학생도 '여러분의 진지함만은 인정한다'며 단도를 꺼내지 않은 채 돌아갔다.[55]

다이쇼기의 교양주의에서 출발해 마르크스주의적 교양주의로 선회한 구제고교생이 이렇게 본격적인 운동가로서의 조직 생활을 거치게 되면 그에게 남은 길은 직업혁명가로서의 삶, 그리고 투옥이었다. 마르크스주의운동을 했다는 이유로 검거되어 재판을 받은 학생 중에는 사회주의운동가로서의 자의식을 긍지를 가지고 드러내는 경우도 없지 않았다. 1925년 말 '학생사회과학연합회'의 결성에 대한 탄압으로 교토대학사건이 발발해 검거된 학생들의 재판 장면은 다음과 같았다.

법정에서 피고 학생들의 태도는 시종일관 훌륭했다. (…) 그들은 재판장이 '프롤레타리아'를 '프로테리아'로 부를 때에도 웃는 자 하나 없이 내내 성실하게 자신의 주장을 말하고 또 항의해야 할 것에 대해 항의했다. (…) "그렇습니다. 우리는 마르크스주의자들입니다. 아니 마르크스주의자가 되려고 노력하는 사람들이다 라고 하는 편이 정확할 것입니다. 우리는 지금 이 법정에서조차 마르크스주의자로서 행동하는 데 그르침이 없게 하려고 노력하고 있습니다."[56]

그런데 이러한 확신을 가진 좌경학생들도 있었는가 하면, 마르크스주의적 교양의 세례를 받아 좌경학생이 된 구제고교생 중 상당수는 검거와 투옥의 경험이 전향으로 이어지는 경우가 적지 않았다. 좌경학생의 전향에는 다양한 개인적 이유가 있을 터이지만 거기에는 아마도 마르크스주의적 교양주의의 근본적 취약성이 존재했을 것이다. 1920년대 말에 제사고에서 보낸 작가 스기모리 히사히데杉森久英(1912~1997)은 당시의 구제고교 분위기를 다음과 같이 회고했다.

프롤레타리아의 승리와 자본주의의 몰락―이는 이론의 여지가 없는 자명한 것으로 믿어졌다. 일반 사회에서는 어떤지 모르지만, 우리 고교에서 정원이 겨우 40명이었던 학급에서는 거의 대부분의 생도 사이에 이것이 상식이었고 조금이라도 그에 의문을 품거나 이의를 달거나 하면 "역사의 필연이라는 것을 모른다"거나 "머리가 나쁘다"는 등의 독기 어린 조소와 경멸로 일축되었다. 그런데 서로 어느 정도로 마르크스주의를 공부했을까. 고작해야 흔해 빠진 입문서를 몇 권 읽은 것에 불과했던 것이지만 말이다.[57]

구제고교의 좌경적 분위기 속에서 '역사의 필연을 모른다'거나 '머리가 나쁘다'는 식의 매도를 당하지 않기 위해 마르크스주의에 동조한 경우도 있었음을 알 수 있다. 그런 점에서 볼 때 구제고교생이 마르크스주의의 정착과 발전에 주된 견인차가 되기에는 애초부터 근본적인 한계가 있었다. 무엇보다도 구제고교생은 유예기로서의 구제고교를 마치고 제국대학에 진학하면 이후에는 엘리트로서의 미래가 실질적으로 보장되어 있었던 존재였다. 그들에게 마르크스주의는 '사회적 존재'와 유리된 '의식'의 차원을 벗어나기 어려웠다.

일본의 사범학교 및 고등여학교 학생문화

3

2
고등여학교의
학생문화

I

사범학교의
학생문화

지금까지 다룬 구제고교의 학생문화와는 별개로 사범학교의 학생문화를 다루는 이유를 먼저 밝힐 필요가 있을 것이다. 무엇보다도 근대 일본의 교육체제에서 사범학교는 다른 여타의 보통교육·실업교육 또는 고등교육의 세계와는 독립해서 존재하는 독자적인 세계로 구상되고 발전해갔다. 사범학교, 특히 소학교 교사를 양성하는 심상사범학교는 구제고교 문화의 영향력을 의도적으로 차단하고 다른 여타의 중등학교와는 다른 별개의 교풍과 학생문화를 구축해 그것을 통해 전혀 다른 성향과 특질의 인간형을 만들어내려는 국가의 의도가 전면적으로 관철된 공간이었다. 그 인간형이란 이른바 '사범형 인간'이며, 그런 인간을 만들어내기 위해 사범학교는 국가주의적·군국주의적인 공간으로 작동했다.

이처럼 사범학교에 독특한 교육과 학생문화가 존재했다는 사실에 주목할 필요가 있지만, 그렇다고 해서 구제고교에서 발견되는 학생문화의 모든 측면이 사범학교에서는 전혀 존재하지 않았다고 하기는 어렵다. 구제고교만큼 엘리트로서의 지위가 보장되는 학교는 아니었다 할지라도, 사범학교는 후술할 '급비제給費制'라는 일종의 장학제도가 갖추어져 있었기 때문에 가난하고 어려운 환경에서 성장했으나 학업 성적은 우수했던 이른바 '불우한 수재'들이 취했던 지위 획득 경로의 하나였다. 그들이 빚어낸 입학경쟁은 비록 그 강도가 구제고교만큼은 아니었다 할지라도 기본적으로 유사한 '학력 경쟁의 문화'를 내용으로 했다. 사범학교에 합격하기 위해 했던 '면강'은 그 질적인 성격에서 구제고교에 입학하기 위해 했던 그것과 다르지 않았다. 사범학교 입학을 준비하는 사람들도 '수험생'이었다. 구제고교에 비해 입신출세의 '크기'는 작았지만, 사범학교를 나오면 '고등관'은 아니라도 '판임관'이라는 관료의 지위는 보장되었다.

또한 사범학교 학생들에게도 그들의 정체성을 만들어내고 일종의 공속감정을 확보하기 위한 장치들은 존재했을 터이다. 그들 또한 운동부 등의 각종 과외활동을 통해 집단 정체성을 만들어나갔으며, 사범학교가 전문학교 수준으로 승격된 이후에는 사범학교 학생들은 이른바 '고센대회'에 참여해 다른 구제고교생 및 전문학교 학생들과 교류할 수 있었다. 또한 객관적인 여건과 기회가 구제고교생에 비해 적지 않게 불리했을지라도 사범학교 학생들도 '교양'에 대한 욕구는 있었다. 구제고교생이 읽는 잡지를 그들도 가능하면 옆구리에 끼고서 거리를 활보하고 싶어 했다. 또한 비록 그 빈도나 규모는 구제고교생과 현저한 차이가 있었지만 사범학교 학생 중에도 마르크스주의자들이 간혹 등장했고, 사범학교생의 동맹휴교도 전혀 없지는 않았다.

이와 같은 학생문화의 공통점을 인식하면서 먼저 전전 일본 사범학교의 특유한 풍토를 살펴보자. 사범학교의 풍토와 관련해 먼저 다루어야 할 것은 한 인물이다. 그는 바로 일본의 초대 문부대신 모리 아리노리다.

일본형 사범학교와 모리 아리노리

모리 아리노리는 에도 말기 사쓰마번의 사무라이로서 가이세조에서 양학을 공부한 적도 있었고 메이지유신 이전에 영국으로 밀항해 서구를 학습했으며, 미국 유학 시절에는 일본의 미래를 위한 교육개혁의 방향을 미국의 저명인사들에게 편지로 묻고 그 답신을 편집해 책으로 출판할 정도로 서구의 사정, 특히 교육 사정에 밝았던 개명한 인물이었다. 그는 일본의 혁명적 개혁을 위해 신앙·양심의 자유를 주장하는 '신교자유론信敎自由論'을 발표하고, 메이지유신 이후 최초로 '폐도론廢刀論'[1]을 주장했으며, 심지어 영어공용화론까지 전개한 바 있다. 그의 발의로 후쿠자와 유키치 등이 참여하는 진보적인 계몽 학술결사체 '메로쿠샤明六社'[2]가 결성되었다. 그야말로 그는 일본 근대의 지도적 인물이었다.

그런데 그는 1880년에 특별전권공사로 영국으로 건너갈 무렵부터 국가주의적인 방향으로 선회하기 시작한다. 비스마르크의 지도하에 독일제국이 형성되고 내셔널리즘이 본격적으로 발흥하던 당시의 독일 상황을 목격한 모리 아리노리는 국가주의 사상가로 변신한다. 바로 그 무렵 이토 히로부미伊藤博文(1841~1909)는 유럽을 순

〈그림 20〉 모리 아리노리
(일본 국립국회도서관)

방하는 길에 모리를 만나 일본 교육의 개혁 방안에 대해 이야기를 나누었다. 모리의 국가주의적 교육개혁론에 호응한 이토는 그에게 초대 문부대신의 지위를 제안한다. 〈제국헌법〉을 기초하고 나아가 초대 수상의 지위에 올랐던 이토 히로부미의 전격적인 지원으로 초대 문부대신에 오른 모리 아리노리는 자신이 꿈꾸었던바, 일본 근대교육을 천황제 이데올로기에 근거해 국가주의적·중앙집권적으로 재편하는 작업에 본격적으로 착수했다. 그 내용 중의 하나로 엘리트 양성을 위한 교육기관으로서 제국대학 및 그 예과로서의 고등중학교제도의 창설 과정을 앞에서 이미 살펴본 바 있다. 모리 아리노리 교육개혁의 또 다른 중요한 내용의 하나는 신민 양성을 위한 국민교육의 담당자를 길러내는 교육기관으로서 〈사범학교령〉(1886) 및 〈사범학교의 학과 및

정도〉(1886) 등의 발포를 통한 사범학교의 개혁이었다.

일본에서 사범학교는 1872년 〈학제〉 발포 직전에 만들어졌고, 메이지 초기에는 미국의 저명한 교육학자 매리언 스콧Marion McCarrell Scott(1843~1922)을 초빙해 미국의 교육학 및 교수법의 도입과 소개에 주력했다. 직관교수·실물교수를 핵심으로 하는 이른바 '페스탈로치주의 교수법'도 도쿄사범학교를 중심으로 일본 교육계에 도입되었다. 그런데 이러한 교육에서의 '구화주의歐化主義'에 제동을 걸고 일본 특유의 사범학교를 만들어내려 시도한 인물이 모리 아리노리다.

그의 사범학교 개혁정책 내용 중 학생문화와 관련해 중요한 것 몇 가지를 요약해보자. 먼저 그는 사범학교 입학자를 학력이 아닌 인물로 결정해야 한다는 논리를 내세우며 입학 시에 관료 추천입학제를 취하게 했다. 더욱 중요한 점은 그의 사범교육개혁 원리였다. 그는 사범학교 교육의 목적을 다음과 같은 세 가지, 즉 '위중威重(Dignity)', '신애信愛(Friendship)', '순량順良(Obedience)' 등으로 설정했다. 이러한 덕목을 갖춘 인간을 기르기 위한 교육 형식에서 그가 주목했던 것은 군대였다. 모리 아리노리는 군대 훈련 형식인 병식체조兵式體操를 사범학교에 도입했다. 군대식의 제식훈련이 학교 안으로 도입된 것은 이때부터다. 그리고 사범학교에 전료제, 즉 기숙사제도를 도입했다. 이 기숙사제도는 이름만 보면 구제고교의 기숙사제도와 유사한 듯 보인다. 그러나 후술하겠지만 구제고교의 기숙사와 사범학교의 그것은 전혀 달랐다. 후자는 그야말로 군대 막사를 방불케 할 만큼 전체주의

〈그림 21〉 기후현 심상사범학교의 병식체조, 1913(그림엽서자료관)

적·군국주의적 공간이었기 때문이다. 하사관 이상의 군인이 학생의 모든 생활을 지도하는 사감의 지위를 맡았다.

모리 아리노리는 기존의 도쿄사범학교를 도쿄고등사범학교로 개편하면서 초대 교장에 당시 육군성의 주요 인물이었던 육군대좌 야마카와 히로시山川浩(1845~1898)를 임명했다. 이 인사는 모리 아리노리의 사범학교관이 어떤 것이었는지를 단적으로 보여준다. 한편 급비제를 도입해 사범학교생의 학비는 물론 식료·의복·학용품 등을 국가가 지급하게 했다. 이렇게 지급되는 의복에는 상의·하의는 물론 모자·신발·양말까지 포함되었다. 교과서도 무상으로 대여되었으며, 매주 수당이 지급되었다.

그렇다면 모리 아리노리의 1886년 〈사범교육령〉 이후 사범학교 교육과 학생문화는 어떻게 변했을까. 다음 절에서 이를 구체적으로 살펴보자.

사범학교와 사범형 인간

모리 이전의 사범학교는 앞서 언급한 대로 미국의 교육학과 교수법을 일본 교육계에 소개하고 그에 걸맞는 초등교사를 양성하는 것을 주된 기능으로 했지만, 사범학교의 규율 자체는 비교적 느슨했던 것으로 보인다. 다음은 1881년 히로시마사범학교에 입학한 인물의 당시 교육에 대한 회고다.

> 당시는 모두 일본옷和服 차림이었고, 건물 밖으로 나갈 때는 하카마袴를 입는 규정이 있었고, 신발은 게다였다. 두발이 긴 사람, 짧은 사람 등 제각각이었고 아주 길게 늘어뜨린 사람도 있었다. 모자를 쓴 사람은 적었고 후에는 점차 늘어났다. 그 형태도 제멋대로 정했다. 선생들도 모두 일본 옷차림이었고 가끔 양복으로 출근하면 진기하게 보였다. 체조도 일본 옷차림으로 해 운동이 충분하지 않았으며, 후에는 다스키襷를 걸치고 했다.[3]

여기에서 엿볼 수 있는 것처럼 메이지 초기에 사범학교는 전근대와 근대의 과도적 분위기를 풍겼다. 그런데 그런 사범학교가 모리 아리노리의 사범학교 개혁 이후인 1889년이 되면 다음과 같이 일변한다. 조금 길지만 모리 이후에 사범학교가 어떻게 변했는지를 생생하게 보여주는 회고라 인용해 본다.

모리 문부대신이 사범학교제도를 대대적으로 개혁했다. 모든 것이 군대식이 되어 기숙사 침실에는 침대가 놓였으며, 이불은 담요로 바뀌었고, 일본 옷차림은 고쿠라小倉의 두꺼운 무명으로 만든 쓰메에리詰め襟로 바뀌었다. 옷들은 모두 일정한 형태로 정돈되어 있어야만 했다. 생도들은 엄격하게 경례를 해야만 했고 교사를 보면 6보 앞에서 정지해 거수해야 했다. 모든 점에서 규칙이 엄해서 교정으로 나갈 때 모자를 쓰지 않으면 꾸지람을 들었고, 한 주에 두 번 외출할 때 만약 1분이라도 지각하면 바로 문을 닫아 들어올 수 없게 했다. 견책 처벌을 받으면 '근신실'에 들어가야 했고, 식당에서도 벌석罰席에 앉아야 했으며 목욕도 가장 마지막에 해야만 했다. 세 사람이나 있었던 전임 사감이 가마우지 눈, 매 눈으로 한 치의 가차도 없이 감시했기 때문에 생도들은 위축되어 가능하면 사감 눈에 띄지 않으려 애썼다. 내 경우는 성적표에 기록된 처벌만도 재학 중에 9회나 되었다. 중한 경우는 감점, 그 다음은 외출금지, 가벼운 경우는 견책으로 처분했다. 또 생도들 간에도 계급이 까다로워 하급생은 실내 청소, 램프 청소는 물론 상급생의 침구 정리, 구두닦이까지 해야만 했다. 만약 마음에 들지 않는다거나 경례가 엉성하다거나 할 경우에는 바로 공판에 회부되어 소위 배나무 아래梨の下 재판에서 추궁당했고, 거기서 변명이라도 할라치면 건방지

다고 더 야단을 맞았기 때문에 어쩔 수 없이 오로지 머리를 조아리고 몸을 굽혀 사죄해야만 겨우 방면되었던 것이다.[4]

　이러한 사범학교의 모습은 그야말로 권위적이고 억압적인 군대 생활과 거의 다르지 않았다. 사범학교의 기숙사에서 구제고교 기숙사와 같은 한가로운 '만년상' 따위는 전혀 허용되지 않았다. 모리 아리노리가 내건 교육목적 '순량'은 제일고의 '자치'나 제삼고의 '자유'와 대극에 위치했다. '감시와 처벌'이 사범학교생의 모든 생활을 지배했다. 위에서 언급된 기숙사에 있던 세 사람의 사감은 모두 하사관 계급의 군인이었다. 그들은 경례에서 점호, 침구 정리에 이르기까지 군대식의 세세한 규율을 사범학생들에게 강제했다.

　이러한 군대식의 기숙사 생활만이 아니라, 사범학교 학생의 독서생활 등 정신세계에도 엄격한 제한이 가해졌다. 1889년에 미카게御影 사범학교를 졸업한 사람의 회고에 따르면 "당시는 과외 독서물에 대한 제한이 엄격했다. 따라서 교내에서 일간신문은 전혀 읽을 수 없었다. 교육에 관한 것으로는 《교육보지教育報知》와 《교육시론教育時論》 두 종류만 허용되었다."[5]

　비록 '급비제'에 의해 무상으로 의식주가 제공되기는 했으나 사범학교 기숙사는 음습하고 우울했다. 1910년대 이시카와石川 사범학교를 다닌 학생의 기억 속에서 기숙사는 다음과 같았다.

사범학교에 입학하면서는 어쩔 수 없이 기숙사라는 답답한 건물 안에 갇혀야만 한다. 이를 입사라고 한다. 입사라고 하면 듣기 좋은 말 같지만 말하자면 돼지우리 들어가기豚小屋入り다. 입사하기 전에는 돼지라는 더러운 명칭이 사범생의 대명사인 줄을 전혀 몰랐다. 돼지우리에 들어간다고 생각조차 못했다. 학생이라는 화려한 이름을 동경했고 명랑하고 유쾌한 공동생활이 시작될 것으로 꿈꾸었다. (…) 그런데 현실은 분명 돼지우리였고, 일체의 자유를 빼앗긴 일종의 통조림 생활이었다.[6]

구제고교생에게 기숙사는 긍지와 여유, 낭만의 원천으로 기억되었다. 그러나 여기서 기숙사 생활은 일체의 자유를 빼앗긴 '돼지우리'로 사범생들에게 기억되고 있다. 사범학교 기숙사 생활에 대한 이러한 우울한 기억은 쉽게 찾아볼 수 있다.

1900년 미카게사범학교를 졸업한 사람은 기숙사를 이렇게 기억했다.

지금 생각해도 소름이 돋는 우리 후반기 시대의 침실 (…) 가로가 한 칸 반, 세로가 네 칸, 천장 높이가 한 칸 반이 안 되고 그 양쪽에 의복, 잡품, 배낭, 검 등을 넣어놓는 관물대와 총가가 병영식으로 놓여 있었다. 일광도 통풍도 좋지 않았고, 전망도 없었고 장식은 전혀 없었다. 애초부터 전등 설비도 없었고 야간의 점등 용구라고는 촛불과 성냥뿐이었다. 이 좁고 음습한 방에 침대가 8~9개 틀어박혀 있던, 이것이 혈기왕성한 청년 시대의 우리가

하루의 피곤하기 이를 데 없는 심신을 쉴 수 있는 유일한 위안장.[7]

그러한 살풍경한 기숙사에서 '료우'나 '황금문학' 같은 치기 어린 악희, 또는 '마카나이 정벌'이나 '스톰' 등의 반항이 허용될 리가 없었다. 사범학교생의 일거수일투족이 감시와 통제의 대상이었다. 개인적인 시간이어야 할 자습 시간조차 엄격하게 통제되었다.

(…) 저녁 식사 후에 밤이 되면 묵학시간이라는 게 두 시간 부과된다. 이 시간에는 어떤 일이 있어도 자리를 이탈해서는 안 된다. 소리를 내는 것은 절대로 금지되었기 때문에 서랍을 열어 안에서 물건을 꺼내는 것도, 재채기나 기침을 하는 것도 할 수 없다. 때로는 사감이 몰래 돌아다니며 생도가 공부하는 모습을 일일이 순찰한다. 묵학시간 중에는 개인 편지를 쓰는 일도 허락되지 않는다. 오로지 전심으로 학과를 공부해야 한다.[8]

사사로운 편지를 쓰는 것도, 자리를 이탈하거나 서랍에서 물건을 꺼내는 것도, 심지어 재채기나 기침을 하는 것도 허락되지 않았던 자습시간이 끝나고 침상으로 들어온 후에도 편하게 쉴 수는 없었다. "(…) 밤중에 깊은 잠이 들 때에는 불시점호를 당하기도 했다. 나팔이 울리면 바로 일어나 어두운 침실에서 신속하게 복장을 갖추고 총검을 휴대해 교정에 정렬해야 한다. 가장 먼저 나오면 칭찬받고 뒤에 처진다거나 복장이 갖추어지지 않으면 야단맞았다. (…) 재미있는 것은 오늘 밤 불시점호가 있을 거라고 누군가가 말도 안 되는 예감을 말할라 치면 바지를 입고 행전을 차고 신발을 신은 채 잠자리에 드는 준비성 좋은 친구들도 있었다."[9] 구제고교생들이 이른바 '촛불공부'를 하거나 교양도서를 읽고, 창문 밖으로 호기롭게 '묘우'를 갈기던 그 시간에 사범학교생들은 행전을 차고 불시의 점호를 기다리며 불안에 떨었다.

이런 숨 막히는 사범학교 생활 속에서 "친구 몇 명은 얼마간의 돈으로 어느 민가를 빌려 외출 시간이 되면 그곳에 가서 자는 것을 낙으로 삼았다. 단지 잠자는 것이 즐거웠기 때문만은 아니었음은 말할 필요도 없다."[10] 심지어 여름이나 겨울에 방학이 되어도 고향으로 돌아가 편히 쉬기 어려웠다. 자칫 학교에서 기른 좋은 기풍이 불완전한 가정에서 파괴될 우려에서 귀향금지명령이 행해지기도 했다. 예컨대 이 귀향금지명령은 1888년 창립된 후쿠시마福島현 사범학교 여자부에서도 행해져 "50일의 하계 휴업에도 귀성할 수 있는 날은 20일 뿐이었다. 동기 휴업에는 전혀 귀성할 수 없었다. 기숙사에서 복습이나 재봉으로 날을 보냈다."[11]

모리 아리노리 이후 사범학교에 새롭게 도입된 제도 중에서 가장 악명이 높았던 것은 바로 '가입학제도'였다. 입학 시에 학생들을 가입학시켜 학교를 다니게 한 후에 일정 기간이 지나면 그중 3분의 1을 선정해 퇴교 처분하는 제도였다. 이 탈락자 선정은 기본적으로 성적에 근거해 이루어졌기 때문에, 신입생들의 학과 시험에 대한 부담과

긴장은 상상을 초월할 정도였다고 한다. 1905년 오카야마사범학교를 졸업한 사람의 다음 회고를 보자.

참으로 문자 그대로 전율의 생활을 보냈다. 학기시험에 대한 준비도 한 달 전부터 하면서 맹렬히 공부했기 때문에 1학기 시험 후에는 야맹증이 되어 석양에 운동장에서 놀 때에도 눈이 보이지 않아 곤란할 정도였다. 나도 퇴학이 무서워 무턱대고 교과서를 한 자도 빼놓지 않고 전부 암기해버렸다. 외출 시간에 친구와 (…) 자주 문제를 내서 시험 회답 연습을 한 적이 있었는데, 그런 때에도 그 문제는 오른쪽 페이지 몇 번째 줄에서 시작하고, 시작은 무슨 글자고, 다음 줄은 무슨 글자로 시작한다는 식으로 전문을 암송해 회답할 수 있었을 정도로 주입식, 암송제일주의로 죽어라 하고 공부했다. 시험은 언제나 공포스러웠고 답안을 확실하게 써도 낙제하는 게 아닐까 하며 성적이 발표될 때까지 밤에도 잠을 못자고 걱정했다.[12]

탈락하지 않기 위해 학과 시험에 대비하느라 교과서를 전부 암송하다 야맹증에 걸릴 정도가 되어버린 기억에 더하여 사범학생들은 더욱 끔찍한 기억들을 가지고 있었다. 탈락생 결정은 학과 성적만 아니라 교사의 생활 평가도 반영했기 때문이다. 예컨대 1897년 후쿠이福井 사범학교를 졸업한 학생의 다음 회고를 보자.

교실에 있어도 복도로 나가도 운동장에 나가도 시험생은 그지없이 위축되는 제도였다. 전등 청소가 나쁘다, 실의 정돈이 안 되어 있다, 식사하는 법, 말하는 법, 자는 법, 걷는 법 등 하나하나가 시어머니 앞의 며느리 꼴이었다. 그리고 4월 말에는 3분의 1은 퇴교 처분을 당한다. 이 비참하고 싫은 기분은 이루 말할 수 없었다. 무리하고 잔혹하다고 생각했다. 그리고 그 사이에 인간이 사범형으로 주조되어 간다. (…) 어째서 이런 괴로운 학교에 들어왔을까, 부모가 원망스럽다고들 했다.[13]

학과 공부만이 아니라 24시간 감시당하는 죄수처럼 모든 행동이 감시와 평가의 시선에 노출되어 있었다. 가입학한 학생들은 늘 타인의 시선을 의식할 수밖에 없었다. 더욱 심각한 것은 이러한 감시의 시선에 교사만이 아니라 상급생까지 포함되어 있었다는 점이다. 1906년 미카게사범학교 졸업생의 기억에 따르면, "당시 특히 4학년 십장의 위광은 상당했다. 주의인물은 십장 회의에서 가입학 해제에 처해지기 때문에 어쩔 수 없었다. 경례, 청소, 식사 당번, 침구 정리 등에서 문제가 일어나기 쉬웠으므로 상당히 긴장했다. 나는 상급생의 도화 숙제를 대신해주어 완화되었다."[14] 결국 이 가입학제도는 상급생의 하급생 착취와 억압을 유발하며 사범학생들을 부당한 권력에 비굴하게 굴종하게 만들었다.

또 한 가지 사범학교 학생을 비굴하게 만든 제도로 이른바 '사범생도 비밀충고법'이라는 것이 있었다. 이 비밀충고법이란 각 학년 학생 중에서 한 사람 또는 몇 사람을 일주일씩 교대로 충고 대상으로 선정하고 동급생이 이들에 대해 각기 생각한 바를 서면으로 충고하는 것이다. 이 서면을 월말에 교장이 모아서 충고 대상자 및 충고자의 인물 사정 자료로 삼는다. 교장은 이것을 갖고 학생의 인성을 판정하거나 학생이 졸업 후 근무처를 정할 때 도지사의 자문 요청에 반영하는 재료로 삼았다고 한다.[15]

사범학교 문화에서 악몽과도 같은 공포로 기억되는 것의 하나는 상급생의 억압과 통제였다. 사범학교에서 상급생이 얼마나 공포스러운 존재였는가는 회고 자료에서 매우 쉽게 발견할 수 있다. 노구치 엔타로野口援太郎의 회고로 돌아가보자.

상급생과 하급생의 관계도 바로 고참병과 신병의 관계와 같았다. 이전부터 기숙사에는 이불로 누르기蒲專押나 고문 같은 야만적 제도가 있었는데, 병영식으로 전화한 후에는 이 폐풍이 더욱 악화되었다. 1~2학년 학생들은 3~4학년 학생들의 하인이 되어버린다. 그들은 상급생의 침상을 정리하거나 심부름을 하거나 구두까지 닦아야 했다. 신입생은 식사 때에도 식당에 먼저 가서는 안 되었고, 좋은 자리를 모두 상급생들이 차지한 이후에야 식사를 할 수 있었다. 청소가 완전히 그들 차지였음은 물론이다. 게다가 조금이라도 상급생의 마음에 들지 않는 일이 있으면 어떤 구실을 달아서건 욕을 먹었다. 그것은 시어머니와 며느리 관계와 전혀 다르지 않았다. 다소간 건방진 풍이라도 있으면 욕먹고 잔소리를 당했지만 한을 삼키고 견디는 것 말고는 할 수 있는 일이 없었다. 단지 말로 욕먹는 정도가 아니라 주먹질을 당하는 경우도 자주 있었다. 임원들은 치밀하게 블랙리스트를 작성했고 그 제재 방법도 협의해서 했다.[16]

이러한 상황 속에서 상급생은 '신'에 가까웠다. "4학년의 세력은 실로 위대했다. 제왕처럼 느껴졌다. 참으로 무서웠다. (…) 상급생의 명령은 왕의 명령처럼 느껴졌다"거나 "이른바 4학년은 님おかた, 3학년은 사람人, 2학년은 자もの, 1학년은 꼬마がきども였다. 나도 이 꼬마에서 차츰 님까지 올라갔다"는 회고, "신입생에게 가장 무서운 것은 상급생의 권위다. 기숙사에 들어가면 상급생이 이른바 '헌법발포'라는 행사를 연다. 하나, 4학년은 하느님이다. 건드릴 수 없다. 하나, 3학년은 간부다. (…) 운운하는 이야기를 들으며 민머리에 소름까지 돋았던 기억이 있다"는 회고는 사범학생들이 공유하는 중요한 기억들이다.[17] 상급생의 이러한 횡포에 대한 하급생의 나름의 대응이래야, "상급생이 졸업할 때 별로 질이 좋지 않은 방식으로 복수하는 것이었다. 새 양복에 초산을 뿌린다거나 새로 산 구두를 찢어버린다거나 축하한답시고 헹가래를 쳐서 상처를 입히는 식이었다."[18]

결국 모리 아리노리가 황민교육의 담당자를 길러내기 위해 사범학교에 도입한 장치들, 병식체조나 전료제, 가입학제도, 비밀충고법 등은 사범학생들을 비굴하고 옹졸하며 소극적인 인간으로 만들어냈을 뿐이다. 유능하고 좋은 교사가 되기 위해 자발적이고 창의적으로 노력하기보다는 시키는 일이나 잘하고 정해진 규칙을 위반하지 않도록 조심하며, 교장이나 사감의 눈에 들려고 애쓰고 상급생의 비위나 맞추는 일에 신경을 쓰는 인간이 되어버렸던 것이다.

이런 과정의 결과로 이른바 '사범형 인간'이 길러졌다. 1901년에 후쿠오카사범학교를 졸업한 학생의 회고를 보자.

본 입학이 되어도 1년간은 아직 벌벌 떠는 지경을 좀처럼 벗어나지 못했다. 전통이었는지 1학년 훈련은 4학년이 맡는 식이어서 상급생의 감시가 특히 신경 쓰여 여유롭지 못했고 2학년을 허망하게 부러워하기도 했다. 그러는 동안 내성적인 사람은 비굴해졌고 밝은 사람은 기가 눌려 소위 사범형으로 주조되었다.[19]

이 회고에 등장하는 '사범형'이란 어떤 인간을 말하는 것이었을까. 다음의 회고는 그 부정적인 모습을 좀 더 구체적으로 말해준다.

공포스러운 생활은 인간을 위축되게 하고, 옹색하게 만든다. 상급생의 비위를 맞추고 요령 좋게 처신한다거나 특히 사나운 자들에 대응해 요령 좋게 처신하는 인간을 만든다. 자신의 창의 공부는 금지되고, 형식적인 틀에 박혀 생각대로 자유롭게 행동하지 못하며, 위축되어 청년다운 포부나 희망도 충분히 채울 수 없다. 우리가 생득적·본능적으로 구비하고 있다고 해야 할, 자유롭고 발랄한 자기형성에의 길은 사범학교 생활에서는 닫혀 있었다. 인간 형성에서 가장 중요한 성장기라 할 수 있는 청년 시대의 몇 년을 이러한 생활로 보내게 만드는 것은 융통성이 없고 창의성이 결여되고 규격화된, 그럼에도 높아지고 싶어 '선생님 선생님' 하는 말만으로 추켜지는 것에 우월감을 느끼는 사범형 인간의 형성에 큰 작용을 한 것은 아닐까 하고 생각한다.[20]

이처럼 판에 박히고 창의성이 결여되고 융통성도 없지만 동시에 위선적인 이중성을 지닌 인간으로 묘사되는 '사범형 인간'이 과연 모리 아리노리가 양성하고자 한 일본 교육의 이상적 담당자에 부합하는 것이었는지를 분명히 단언하기는 어려울 것이다. 그러나 적어도 자유민권운동과 같은 정치에서 교사를 분리하고 그들에게서 지식인의 비판의식을 거세하는 것이 모리 아리노리의 의도였다고 한다면 그 의도는 상당히 성공적으로 관철되었다고 보아야 한다.

사범학교의 생활이 오로지 군사훈련, 권위주의적인 통제로만 점철되지는 않았다. 거기에도 학생들의 자치적인 부 활동은 존재했다. 검술·유술·기계체조·테니스·야구·조정端艇·축구 등의 스포츠 활동만 아니라 음악부·변론부 등도 있었고, 구제고교와 마찬가지로 교우회 잡지 발간을 위한 문예부 활동도 이루어졌다. 교우회의 구성이나 활동 내용을 보면 구제고교와 유사한 요소도 있고 이러한 교우회의 운동부 등을 통해 사범학생들이 나름의 정체성을 만들어나갔을 것으로 볼 수 있다.

그러나 사범학교 기숙사에는 스톰이나 기념제 등의 광란적 측면은 존재하기 어려웠고, 또 구제고교와 같은 교양주의도 싹트기 어려웠다. 하물며 마르크스주의적 교양주의의 발아 가능성도 매우 희박했다. 물론 저항의 측면이 전혀 없지는 않아 쇼와 초기에는 마르크스주의의 파도가 사범학교에도 미치는 경우가 있었다. 예컨대 도쿄부 도시마豊島사범학교에서 1930년 12월에 학생 몇 명이 야마시타 도쿠지山下德治[21]를 지도자로 하여 'T. N. 독서회'를 조직해 마르크스주의 문헌을 교재로 독서회를 연 것을 빌미로 처분을 받은 사건도 있었다. 그러나 이러한 저항은 사범학교 전체로 보면 오히려 예외에 가까웠다. 급비생 제도에 묶여 있고, 군대식의 기숙사 생활을 통해 나날의 일상이 감시되며, 또 사범학교의 몇 년을 견디기만 하면 비록 상급 관료는 아니더라도 '판임관'으로서의 안정적인 미래가 보장되어 있는 사범학교 학생들이 혁명적인 저항운동에 적극적으로 참여할 이유는 희박했다.

결국 이러한 사범학교의 학생문화는 1945년 8월 패전으로 결정적인 변화의 계기를 맞았다. 종전 이후 미군정이 시행한 일본의 교육개혁 과정에서 사범학교제도는 일본의 군국주의화를 초래한 교육적 요인의 하나로 간주되어 결국 폐지되고 일반대학으로 재편되는 길을 밟았다. 그 이유는 요컨대 지금까지 검토한 것과 같은 사범학교 학생문화가 지닌 '사범형 인간' 주조라는 특질과 관련되어 있었다. 미군정하에서 일본의 민주적 교육개혁을 구상하기 위해 초청된 '미국교육사절단(the United States Education Mission to Japan)'은 1946년 3월에 작성한 보고서에서 교사는 다음과 같은 조건에서 일해야 한다고 제언했다.

교사이건 교육행정가이건 불문하고 교육자들이 하는 일에 대해 교훈으로 삼을 것이 있다. 교사의 최선의 역량은 오로지 자유의 공기 속에서만 충분히 발현된다. 이 공기를 만들어내는 것이 행정가의 일이며, 그 반대의 공기를 만들어내서는 안 된다. 아동들이 가진 헤아릴 수 없는 자질은 오로지 자유주의라는 햇빛 아래에서만 풍요로운 결실을 맺는다. 이 자유주의의 빛을 주는 것이 교사의 일이며, 그 반대의 것을 주어서는 안 된다.[22]

교사가 자유로운 공기 속에서 양성되고 일할 수 없다면 교육을 민주화할 수 없다고 사절단과 미군정은 판단했고 그것은 사범학교의 폐지 결정으로 이어졌다. 즉 교사는 모리 아리노리가 만든 사범학교에서 길러지기보다는 일반 대학의 자유로운 분위기 속에서 길러져야 한다는 뜻이었다. 본격적으로 사범학교제도가 폐지되는 1948년까지 3년간의 일시적인 유예기에 사범학교 기숙사에서는 료제나 기념제가 열리고, 스톰이 등장하는 등 구제고교의 기숙사와 유사한 학생문화가 등장한 적이 있었다. 무엇보다도 이 짧은 시기에 기숙사에 '자치'적 분위기가 허용되었다. 그 짧은 기간은 말하자면 구제고교의 학생문화와 사범학교의 학생문화가 잠시 동안 하나로 수렴될 수 있었던 일장춘몽과 같은 장면이었다.[23]

2

고등여학교의
학생문화

앞 장에서 살펴본 사범학교의 학생문화는 단지 구제고교 학생문화의 아류 정도로 파악할 수 없는 독자적인 특질이 있었다. 마찬가지로 구제고교의 학생문화와 독립된 별개의 영역 또는 주제로 설정되어야 할 것이 있다. 그것은 바로 '여학생' 문화다. 이후 구체적으로 밝히겠지만, 고등여학교의 여학생문화는 구제고교 학생문화의 '희석판'이 아니었다. 그것은 그와 다른 별종의 것이었다. '여학생'이라는 용어가 '학생'이라는 용어와 별개로 하나의 범주를 이루어 통용되었다고 하는 사실이 이를 강력히 암시한다. '여학생'은 학생을 구성하는 두 성 중의 한 성을 가진 존재를 가리키는 용어가 아니었다. 전전 일본에서 '남학생'이라는 용어는 거의 통용되지 않았다. '학생'은 기본적으로 남자 '학생'을 가리켰다. 그런 일반적인 남자 '학생'과 '다른' 또는 '달라야 하는' 존재로 기대되고 양성되었던 별개의 존재가 '여학생'이었다. 이 장에서는 전전 일본의 중등교육기관 중에서 여자를 대상으로 한 대표적 교육기관인 고등여학교에 다닌 학생들을 중심으로 그들의 학생문화가 어떤 내용으로 구성되었으며 그 특질은 무엇인지를 밝히고자 한다.

먼저 메이지유신 전후로 초기의 여성교육이 어떠했는지를 간단히 살펴보는 것으로 논의를 시작해보자. 메이지유신 이전의 전근대에는 의도적이고 체계적인 인간 영위로서의 여성교육이라는 범주 자체가 실제로 존재하지 않았다고 할 수 있다. 물론 초등 수준의 교육기관으로 평민, 특히 상인의 자식들에게 초보적인 읽고 쓰기와 셈하기 등을 가르친 '데라코야寺子屋'가 광범하게 확산되어 있었고 데라코야에 여아도 일부 취학하기는 했지만, 그 수준 이상으로 여자를 의도적인 학교교육의 대상으로 간주하지는 않았다.

이러한 상황은 메이지유신 이후로 일변한다. 유신이 발발한 지 3년째인 1871년 12월에 메이지 정부는 사절단 46명, 수행원 18명, 유학생 43명으로 구성된 대규모 사절단, 이른바 이와쿠라 사절단岩倉使節團[24]을 미국 등 서구에 파견한다. 이 사절단의 표면적인 목적은 미국을 비롯한 주요 서구 제국과 에도 막부가 맺었던 불평등조약을 개정한다는 것이었지만 그에 못지않은 주요한 목적은 서구의 정치·경제·사회·문화·제도 및 교육에 관한 정보를 수집해 일본의 근대화를 촉진한다는 것이었다. 이 사절단의 구성 면면을 보면 메이지 정부의 주요 요인 중 상당수가 포함되어 있었고, 사절단의 활동 기간도 거의 1년 반에 달했으며, 방문지도 미국을 포함해 유럽의 주요 국가 총 12개국이었다. 메이지 정부의 인사 거의 절반 가까이가 이 사절단을 구성했다.

이 사절단에는 놀랍게도 다섯 명의 소녀가 포함되어 있었다. 쓰다 우메코津田梅子(6세), 나가이 시게코永井繁子(10세), 야마카와 스테마쓰山川捨松(11세), 요사마스 료코吉益亮子(14세), 우에다 데이코上田悌子(16세) 등이다. 그 출신은 모두 막부 말 유신의 전쟁에서 적군이었던 막신幕臣이나 막번 가신의 자녀들이었다. 애초에 메이지 정부는 여자 유학생을 공모를 통해 모집하려 했었으나 관군 쪽 가문에서는 한 사람의 응모자도 없었기 때문이다. 다섯 소녀가 미국으로 건너간 후 두 사람은 병 때문에 1년도 채우지 못하고 귀국했지만 나머지 세 사람은 당초 예정대로 10년간 유학을 마치고 귀국한다.[25] 그중에서도 일본의 여성교육에 가장 큰 영향을 미친 인물은 가장 어렸던 당시 6살의 쓰다 우메코(1864~1929)였다. 그가 품고 있던 보따리에는 아버지가 건네준 《영어입문서英語入門書》와 《영화소사전英和小辭典》 외에 그림책과 인형까지 있었다고 한다. 이 최연소 유학생 쓰다 우메코는 이후 일본의 대표적인 여성 고등교육기관 쓰다주쿠津田塾의 창시자가 되어 일본 여성교육사에 매우 뛰어난 발자취를 남겼다.

이와쿠라 사절단에 어린 여자 유학생들을 포함할 정도로 메이지 정부는 예민하게 근대적인 여자교육에 대해 의식하고 있었고, 또 일

〈그림 22〉이와쿠라 사절단
여자유학생(쓰다주쿠대학)

〈그림 23〉여자영학숙英學塾 개교 당시
쓰다 우메코, 1901(쓰다주쿠대학)

찍이 1872년의 〈학제〉 발포를 통해 여자도 국민만들기 장치로서의
의무교육의 대상으로 포착했지만 처음부터 여자를 중등 이상 교육의
중요한 대상으로 설정하지는 않았다. 메이지유신 직후 한동안 여자
대상 중등교육은 정부보다는 민간이, 특히 외국 선교사들이 선구적으
로 시도했다. 대표적인 예를 보자.

　1870년에 설립된 A로쿠반六番여학교는 일본 최초의 근대 여자중
등교육기관이다. 이 학교의 명칭은 도쿄의 주된 외국인 거류지 쓰
키치築地의 한 주소인 아카시초明石町 A로쿠반에서 비롯되었다. 그
해 미국장로교회 부인전도국에서 파견된 줄리아 캐러서스Julia Sarah
Carrothers 부인이 몇 사람의 여아를 모아 기초영어를 가르치기 시작

하면서 이 학교가 시작되었다. 그런데 여기에 흥미로운 일화가 있다. 1869년 크리스토퍼 캐러서스Christopher Carrothers(캐러서스 부인의 남편)에게 배우던 학생 중에 한 사람의 여자가 있었다. 그는 매일 남자로 변장하고 통학했는데 선교사들이 여자도 교육한다는 이야기를 듣고는 어느 날 용기를 내어 대담하게 그의 앞에서 칠판에 "I am a girl"이라고 써 보이며 자신이 여자임을 밝혔다고 한다. 이에 감동한 그는 그토록 여자들의 호학심이 강하다면 새로이 학교를 열어도 되겠다고 판단해 아내에게 학교 설립을 권고했다는 것이다.[26]

이를 비롯해 초기에 선교사들이 설립한 학교는 설비 면에서나 교풍·교수법 등에서 매우 근대적이어서 화제를 모으기도 했다. 예컨대 페리스フェリス여학교는 1870년에 미국의 개혁파기독교회 외국전도국이 파견한 여자 선교사 메리 키더Mary E. Kidder(1834~1910)가 창립한 여학교가 근간이 되어 발전한 것인데, 1892년 당시에 학교에는 스팀 설비가 갖추어져 있었고 수도에서 온수가 공급되었으며 서양식 책걸상을 비롯해 피아노까지 갖추고 있었다고 한다. 그러나 19세기 말까지는 여자중등교육이 본격적으로 전개되지 못했다. 초등교육이 의무화되었다고는 해도 여전히 여자 취학률은 남자에 훨씬 미치지 못했기 때문에 여자중등교육의 발전은 아직 요원했다.

일본인이 주도한 여자고등교육은 현재의 오차노미즈여자대학, 즉 당시 여자사범학교에서 시작했다. 여자사범학교의 창설은 1876년, 고등사범학교 여자부가 된 것은 1885년이었다. 그러나 초기에는 학생 모집에 어려움을 겪었다. 이러한 난점은 주로 여자교육에 대한 사회적 편견에서 비롯되었다. 다음은 1879년 창립된 지바千葉여자사범학교 개교 당시의 일화다.

어느 마을의 한 부호에게 딸이 하나 있었다. 학문을 좋아하고 소학교 성적도 좋았다. 15~16세가 되자 훗날의 결혼 준비를 위해 양친은 샤미센을 가르치기도 했지만 딸은 좋아하지 않았다. 그러나 부모의 명령 때문에 하는 수 없이 다니던 도중 스승의 집 근처에 살던 친구를 사귀었다. 친구의 부친은 가숙을 열어 가르치고 있었다. 딸은 샤미센 스승에게 가지 않고 친구 집에 가서 공부를 하고 돌아오곤 했다. 바로 그때 여자사범학교에서 입학생을 모집했고 딸의 부친을 잘 알던 관리가 부친에게 딸을 꼭 여자사범에 입학시키도록 권했다. 부친은 그 관리에게 때마침 신세진 일도 있어 따르지 않을 도리가 없었다. 그러나 한편으로 딸을 여자사범에 보내는 것은 선조에게 참으로 면목이 없는 일이었다. 처와도 상담했지만 처도 당혹해 했고 이렇게 학문을 좋아하는 딸을 낳은 게 자신이라며 미안해 했다. 결국 친족회의를 열어 친척들에게 지혜를 빌리고자 했다. 모친의 조부가 중재 안을 냈다. 관리의 명을 거스르지도 않고, 또 그렇게 학문을 좋아하는 딸 때문에 가명이 손상되지도 않는 방법으로 조부가 제시한 안은 딸을 자기 집의 양녀로 입양해 모친의 성을 단 후에 여자사범에 입학시키는 것이었다.[27]

이 재미있는 일화에서 메이지 초기까지 일본인들은 딸을 시집보내

〈그림 24〉 쇼와 8년(1933)의 고등여학생

지 않고 공부시키는 것 자체를 가문의 수치로 여길 정도로 여자교육에 대해 부정적 인식이 강했다는 것을 읽을 수 있다. 심지어 당시에는 여자사범학교에 들어가 공부하는 여자는 시집을 가지 못할 만큼 용모가 추하거나 가난하거나 하는 식의 모종의 결함이 있는 사람으로 간주되기조차 했다고 한다.

　소학교 취학률이 90퍼센트를 넘어서는 1900년대 후반이 되면 그에 상응해 여자중등교육, 특히 고등여학교를 중심으로 중등학교 취학자가 늘기 시작한다. 심상소학교를 졸업한 후 여자의 진학 경로로 고등여학교 이외에도 농업·공업·상업 등의 직업·기술교육을 행하는 실업학교 등이 있었다. 그러나 그중에서도 고등여학교가 인기가 있었다. 그와 함께 '여학생'이라는 새로운 사회적 범주가 출현한다.

여학교와 여학생

고등여학교는 여러 가지 점에서 중학교와 성격이 다른 교육기관이었다. 남학생과 여학생이 서로 다른 격리된 공간에서 교육을 받게 한다는 의미 이상으로 서로 다른 체제와 교육과정 등을 마련해 다른 인간을 길러내려 했다. 중학교와 고등여학교의 차이는 우선 그 명칭에서 확연히 드러난다. 남자를 대상으로 한 중등교육기관의 명칭이 '중학교'라는 것은 중학교가 이른바 소-중-대의 가운데이자 그 이후의 교육기관 즉 '대학교'로의 진학을 위한 '중간' 단계의 교육기관이라는 점을 함의하는 것이다. 반면에 여자를 대상으로 한 중등교육기관의 명칭이 '고등여학교'인 것은 이후의 상급 교육기관으로의 진학을 전제로 하지 않고 보통교육의 수준을 '고등'으로 좀 더 높여 가르치는 종결교육기관으로 삼겠다는 것을 함의한 것이었다. 다음에서 좀 더 구체적으로 중학교와 고등여학교의 차이를 살펴보자.

　첫째 수업연한을 보면 중학교는 5년인데, 그에 반해 고등여학교는 4년이 원칙이어서 양자 간에 1년의 차이가 있었다. 둘째 고등여학교에는 중학교에 존재하지 않는 전공과專攻科(1899년부터)와 고등과高等科(1920년부터)가 부설 과정으로 설치되어 있었다. 여자고등교육기관이 정비되지 않은 상황에서 그 대체 역할을 담당하는 과정이 필요했기 때문이다. 남자에게는 정식 고등교육기관이 마련되어 있었다. 셋째 교육과정의 차이를 보면 고등여학교의 '국어'·'이과'·'음악'이라는 학과목은 중학교에서는 '국어 및 한문'·'박물'·'물리 및 화학'·'창가'로 되어 있었다. 또 고등여학교에만 개설되는 과목으로 '가사'와 '재봉'이 있는 반면, 중학교에만 개설되는 과목으로는 '법제 및 경제'가 있었다. 과목의 종류만이 아니라 수업시수에서도 차이가 있었다. 고등여학교는 중학교의 약 3분의 2에 불과했으며, 고등여학교에서는 '가사'와 '재봉'이 '국어' 다음으로 많은 시수를 점했다. 또한 고등여학교의 '외국어'·'수학'·'이과'의 수업시수는 중학교의 3분의 1에서 2분의 1 정도에 불과했고 '외국어'는 전혀 없었거나 선택과목에 불과했다.[28]

이와 같은 제도적 차이 외에도 중학교와 고등여학교의 교육 성격의 차이를 보여주는 것 중 흥미로운 점은 학교가 성적을 강조하는 방식이 달랐다는 것이다. 고등여학교에서는 학교 성적을 학생이나 보호자에게 알려줄 것인가와 관련된 논의가 전개된 적이 있었다. 19세기 말부터 성별심리학이 일본에도 소개되기 시작해 남녀의 차이, 예를 들어 신체 차이에서 비롯되는 여성의 정신적인 취약함이 과학적인 주장처럼 유포되었다. 여성의 경우 공포·걱정·허영심·질투 등이 강하므로 시험의 폐해가 한층 심하다는 주장이 제기되었고, 문부성은 1900년 3월 26일에 〈훈령 6호〉를 발해 여학생의 심신이 발육하는 시

점에 정기시험을 실시하는 것에 난색을 보였다. 즉 "고등여학교에 재학하는 시기는 심신의 발달에서 매우 주의를 요하는 시기이며 따라서 여학교 학업성적은 평소에 편의를 봐서 조사해야 하며, 시기를 정해 일시에 전 학과목의 시험을 시행하는 것은 삼가야 한다"[29]라고 했다.

그렇다면 고등여학교에는 어떤 학생들이 취학했을까. 고등여학교 취학자들은 매우 제한되어 있었다. 무엇보다도 학교 수가 매우 적었다. 1935년에도 전국에 공사립을 합해 약 800개교밖에 없었다. 또한 여학교의 교육비가 매우 고가였으므로 경제적으로 여유 있는 가정의 자녀가 아니고는 입학할 수 없었다. 이는 달리 말하자면 여학생이라는 것 자체가 풍요로운 가정환경에서 성장했을 뿐만 아니라 지성 면에서도 우수하다는 것을 증명한다는 뜻이기도 하다. 바로 그런 이유에서 근대 일본에서 여학생은 자신이 여학생이라는 것에 긍지를 가졌고 또 다른 사람들에게서 동경의 시선을 받았다.[30]

고등여학교와 문학소녀

'여학생'은 전전 일본에서 주로 고등여학교 등 중등교육기관이나 여자전문학교 등 고등교육기관에 다니는 학생을 총칭하는 말이었다. 또 '여성'의 '학생'만을 의미하지 않고 이른바 여성 '교양층'을 가리키는 말이기도 했다. 그들은 근대 가정을 합리적으로 운영할 수 있는 지식을 갖춘 장래의 '양처현모'로 기대되는 존재이면서 동시에 소학교로 교육을 마치는 다른 보통의 여자들과는 달리 문학이나 연극·음악 등에 익숙한 '모던'한 여성을 의미하기도 했으며, 또한 낭만적인 감성을 지닌 '소녀'의 이미지도 겹쳐 있었다. 이러한 다양하고 애매한 이미지의 '여학생'이 본격적으로 등장한 것은 고등여학교가 제도화되어 진학률이 상승하기 시작한 1910년 무렵이었다. 그리고 그들의 독특한 '여학생문화'가 사회적으로 두드러지기 시작한 것은 1920~1930년대였다.

1905년에는 5퍼센트에도 미치지 못했던 고등여학교 진학률은 심상소학교의 여자 취학률이 거의 100퍼센트가 되는 1910년 무렵부터 서서히 높아져 1920년에는 9퍼센트, 1925년에는 15퍼센트 가까이까지 상승했다. 1920년대에 고등여학교는 말하자면 대중화 단계에 접어들었다. 학교 수와 학생 수로 보면 1910년에는 193개교였던 고등여학교 수가 1920년에는 두 배 가까이 증가했고 학생 수도 1910년부터 1925년까지 다섯 배 가까이 늘어났다. 이 수치는 당시의 남자 중학교 학생 수를 상회할 정도였다.[31]

1908년에 일본에서 유행했던 노래 중에 〈하이칼라 노래ハイカラ節〉가 있었다. 그 가사는 다음과 같다.

금테 안경의 하이칼라는 수도 서쪽의ゴ―ルド眼鏡のハイカラは 都の西の

메지로다이 걸유니버시티의 여학생目白臺 ガールユニバーシテイの女學生

한 손에는 바이런과 괴테의 시片手に バイロン ゲ―テの詩

입으로는 자연주의를 노래하네口には唱える 自然主義

와세다의 벼 이삭이 사각사각早稲田の稲穂が サーラサラ

마풍연풍이 산들산들魔風恋風 そよそよと³²

위의 노래에서 메지로다이의 걸유니버시티란 1900년에 설립된 사학 최초의 여자고등교육기관으로서 도쿄의 메지로다이에서 개교한 니혼여자대학을 가리킨다. 창립자 나루세 진조成瀬仁藏(1858~1919)는 '신념철저 자발창생 공동봉사'를 교육방침으로 내걸면서 진보적 여성의 양성을 추구했다. 위의 노래에도 등장하는 '마풍연풍'은 1903년에 발행된 고스기 덴가이小杉天外(1865~1952)의 인기 소설 제목이기도 했는데, 그 표지에는 큰 리본을 머리에 묶고 긴 소매를 펄럭이며 적갈색 하카마를 입고 씩씩하게 자전거를 타고 바람을 가르며 달리는 여학생의 모습이 그려져 있었다.

이전에는 남자만이 입었던 하카마를 입은 여학생이 머리칼을 흩날리며 당시에는 진기했을 자전거를 타고 등교하는 모습은 신선한 충격을 줄 수밖에 없었다. 실제로 그 모델이기도 했던 인물이 있었다. 일본 최초의 국제 오페라 가수 미우라 다마키三浦環(1884~1946)는 자전거로 도쿄음악학교를 통학했었다. 이전에는 여학생이 자전거를 타리라고는 생각지도 못했다. 사람들을 놀라게 한 미우라 타마키의 자전거 통학이 가능했던 것은 메이지의 제복혁명, 즉 '여자 하카마'의 착용 때문이었다. 여자 하카마란 기모노 위에 착용할 수 있게 치마처럼 폭을 넓게 만든 하카마였다. 이 하카마는 여학생의 행동양식을 크게 바꾸었다. 안의 기모노를 짧게 입으면 다리 움직임이 훨씬 좋아져 활발하게 행동할 수 있었다. 이전의 여학생은 일본식으로 머리를 묶고 기모노를 입은 채 조심조심 걷는 모습이었다.[33]

〈그림 25〉《마풍연풍》, 1904(일본 국립국회도서관)

여학생들이 만들어낸 학생문화의 내용으로 들어가기 전에 먼저 전전 일본에서 고등여학교를 다닌 여학생들의 일상생활을 재현해보자. 거기에서 여학생문화의 특질로 이어지는 몇 가지 중요한 단서를 읽어낼 수 있기 때문이다. 다음은 여학교와 여학생에 관한 전문 연구자 이나가키 교코稻垣恭子가 1935년 교토의 모 공립고등여학교에 입학한 학생의 여학교시대 일기를 바탕으로 재구성한 여학생 생활의 모습이다.

그는 평일에는 대체로 7시에 기상해 세수하고 아침을 먹고 8시 무렵 등교한다. 학교에서 8시 반부터 점심때까지 수업이다. 그가 좋아하는 시간은 '국어', 싫어하는 시간은 '재봉'이다. 국어시간이 좋은 이유는 문학 작품을 접하고 작가들의 이야기를 들을 수 있기 때문이다. 재봉시간이 지루했던 그는 가끔 편지를 몰래 쓰거나 공책 한 쪽을 떼어 내 쪽지를 써서 친구에게 건네 방과 후에 만날 장소를 약속하기도 한다. 재봉시간에는 과제물을 내야 하는데 이는 어머니가 대신해주기도 한다. 점심시간이 되면 매일 집에서 어머니가 도시락을 가져다준다. 그것이 창피해 매점에서 빵을 사먹고 싶을 때가 많다.

오후 수업이 끝나도 바로 집으로 돌아가지 않는다. 친구와 학교에 있을 때가 즐거워 이런저런 구실로 저녁까지 학교에 있을 때가 많다. 과외활동을 하거나 교실에서 친구와 숙제를 하거나 교정에서 수다를 떨다 오후 5시 반쯤 귀가한다. 하지만 일주일에 한 번쯤 피아노 교습이 있는 날에는 수업이 끝나고 바로 집으로 온다. 가끔 친구들과 시내로 나가는데 주로 들르는 곳은 문방구점이다. 문방구점에는 예쁜 편지지나 브로마이드를 사러 간다. 책은 닥치는 대로 읽지만, 역시 다른 친구들에게도 인기가 있는 요시야 노부코吉屋信子(1896~1973)의 소녀 소설이나 이즈미 교카泉鏡花(1873~1939)의 소설을 먼저 읽는다. 그밖에 매달 우송되는 월간지 《소녀의 벗少女の友》도 빼놓지 않고 읽는다.

일요일에는 늦게 일어나도 되고, 오전에는 공부나 독서를 하며 보낸다. 오후가 되면 어머니 지시로 다도·꽃꽂이·금琴 등을 연습하는 경우가 많다. 피아노만큼 재미있지는 않아도 어머니 지시라 어쩔 수 없다. 가끔 시내의 백화점에 쇼핑하러 가지만, 역시 문구점에 들러 나카하라 준이치中原淳一(1913~1983)의 삽화가 들어간 편지지나 공책을 구경하는 게 즐겁다. 매일같이 친구에게 편지를 쓰니 편지지와 봉투

고르는 게 습관이 되었다.[34]

이처럼 이나가키 교코가 재현한 고등여학교 여학생의 생활에서 '입신출세'를 위한 각고면려의 '면강'도 볼 수 없고, 자신들이 선별된 엘리트라고 하는 자의식도 엿볼 수 없다. 반드시 읽어야만 할, 따라서 그것을 읽지 못하면 열등감에 빠질 수도 있는 교양서·필독서라는 것도 존재하지 않는다. 여학생들에게 인기있는 책이 없지는 않으나 그 것은 구제고교생들이 읽었던 이른바 '고전'의 위광을 자랑하는 것이기보다는 이른바 '하이틴 소설'과 같은 대중문학에 가깝다. 물론 여학생들이 공유하는 생활의 유형이라는 것이 존재한다. 그들에게 관행화된 편지쓰기 같은 행위도 있고, 구독하는 잡지도 있으며, 선호하는 소비행위의 유형도 있다. 그런데 그것들은 구제고교생의 문화처럼 엘리트주의를 지향한 것은 아닐지라도, 비교적 여유를 지닌 특정 계층의 소비 문화에 접근해 있다고 하는 특징을 보인다. 전전 일본에서 피아노 교습은 결코 서민 문화는 아니었으며, 주말에 백화점 거리로 쇼핑하러 나가 예쁜 문양의 편지지와 봉투를 사거나 매일 도시락이 배달되는 것도 일반 서민들의 생활은 아니었다. 그들은 구제고교생 '정신상의 귀족'은 아니었지만 그렇다고 해서 서민이지도 않았다.

그렇다면 그들이 형성한 '여학생문화'의 내용과 특질이 어떠했으며 그에 대한 일반 대중의 시선은 어땠을까. 1920년대 이후 여자중등교육이 팽창하면서 갑자기 늘어난 여학생은 남학생의 문화와는 또 다른 독특한 '하위문화'를 형성했다. 그들만의 하위문화의 존재를 보여

주는 재미있는 예는 바로 고등여학교에서 통용된 다양하고 해학적인 '은어들'의 존재다. 예를 들어 여학생들은 고등여학교의 교사를 다음 과 같은 별명으로 불렀다고 한다. 종이 울리면 바로 교실에 나타나는 교사는 '증기펌프蒸氣ポンプ' 또는 '소방자동차', 완고한 교사는 '콘크 리트', 자신들이 동경하는 교사는 '프린스', 부드럽게 대해주는 교사 는 '사카린', 위세를 부리는 교사는 '타이란트タイラント', 벌레를 기피 하는 교사는 '나프탈렌' 하는 식이다.[35]

또 여학생들은 앞에서도 보았듯이 '편지 주고받기'라는 행위양식 을 통해 자신들끼리의 공속감정과 동질적인 정체성을 형성하려는 경 향이 있었다. 편지는 여학생 생활과 뗄 수 없었다. 여름방학 등 한동 안 만나지 못할 때나 병으로 쉴 때뿐만 아니라 학교에서 만나 이야기 를 나누었음에도 집에 돌아간 후에 읽은 책 감상을 써서 보내기도 했 다. 동급생만이 아니라 상급생이나 하급생과도 빈번하게 편지를 주고 받는다거나, 집에서 쓴 편지를 우편으로 보내거나 다음날 아침 친구 의 신장에 넣어놓는다거나, 학교에서 쓴 편지를 수업 도중에 전달하 거나 하교 시에 신장에 넣어놓는 등 다양한 방식이 있었다.

편지는 당시 유행하던 문양이 그려진 편지지와 봉투를 통해 오고 갔다. 편지 주고받기 관행은 여학생 사이에 이른바 's언니/s동생'이라 는 독특한 관계를 만드는 장치로 작동했다. 's'는 sisterhood의 첫 글 자에서 유래한 것으로서 상급생과 하급생의 자매 같은 관계를 말하는 경우가 많았다. 반드시 한쪽이 보호자인 '언니お姉さま'가 되고 다른

한쪽이 보호를 받는 '동생妹'이 되며 일대일 관계가 기본이었다. 때로는 젊은 여교사와 학생의 조합도 있었다고 한다.[36]

고등여학교에서 공식 교육과정을 통해 만들고자 했던 인간상과는 다른 차원에서 여학생들이 다양한 과외활동과 그들끼리의 상호작용 등을 통해 구축한 여학생문화의 바탕에 깔려 있는 인간상은 '모던한 교양'(피아노 교습이 이를 대표한다)과 '전통적인 취미'(꽃꽂이가 이를 대표한다)를 아울러 갖춘 '교양 있는 예비신부'라는 것이다. 그 교양은 중등학교에 진학할 수 없었던 또래 여자들에게는 동경과 선망의 대상이었겠지만, 동시에 그것은 구제고교생의 '깊이 있는 교양'과는 다른 '얕고 넓은 교양', '결혼을 위해 필요한 교양'으로 폄하되는 측면도 있었다.

여학생들의 '얕고 넓은 교양'은 그들의 독서 경향과 관련된 것으로 인식되었다. 오자키 고요의 《곤지키야샤》(《요미우리신문》에 1897년부터 1902년까지 연재된 소설), 고스기 덴가이의 《마풍연풍》(《요미우리신문》에 1903년부터 1904년까지 연재된 소설), 오구리 후요小栗風葉(1875~1926)의 《청춘》(《요미우리신문》에 1905년부터 1906년까지 연재된 소설) 등 이른바 대중 연애소설이 인기를 끌었고, 여학생은 그러한 소설들을 읽는 존재로 간주되었다.

고등여학생들의 얕고 넓은 독서가 처음부터 허용되지는 않았다. 1900년대까지 고등여학교는 학과 공부 이외의 독서는 금했다. 그러나 1910년대에 접어들며 소녀잡지나 부인잡지 등이 발간되고 여학생

의 독서열이 높아지자 고등여학교의 교육 방침도 독서의 전면 금지에
서 독서교육으로 방향이 전환되었다. 교과서에도 문학작품이 본격적
으로 실렸다. 도쿠토미 로카德富蘆花의《두견不如歸》(1898),《추억기思出
の記》(1900),《기생목寄生木》(1909) 등의 작품이 여학생들에게서 인기를
끌었다.

여학생들의 독서물에서 가장 중요한 비중을 점한 것은 문학작품이
었다. 정치나 사회문제를 다룬 소설들, 시사잡지 등을 읽는 여학생은
매우 드물었다. 나쓰메 소세키의《도련님坊っちゃん》(1906),《나는 고양
이로소이다吾輩は猫である》(1905), 히구치 이치요樋口一葉의《키 재기たけ
くらべ》(1895), 시마자키 도손의《동트기 전夜明け前》(1929), 요시야 노부
코의《꽃이야기花物語》(1920),《물망초忘れな草》(1932), 가와바타 야스나
리의《소녀의 항구乙女の港》(1937), 그리고 서양 소설의 번역서《레미제
라블》,《소공자》,《바람과 함께 사라지다》,《부활》,《좁은 문》,《여자의
일생》등을 많이 읽었다고 한다.

구제고교의 교양주의를 구성한 독서물 중에《중앙공론》등의 종합
시사교양지가 핵심 영향을 미친 것처럼, 여학생들의 생활 세계에서도
월간 잡지는 매우 중요한 공속감정을 만들어냈다.《소녀계少女界》(1902
년 창간),《소녀세계少女世界》(1906년 창간),《소녀의 벗》(1908년 창간),《소
녀화보少女畫報》(1911년 창간),《소녀구락부少女俱樂部》(1923년 창간) 등이
대표적이었다. 이러한 소녀잡지는 독자투고 등을 매개로 여학생들의
관계 형성에 기여했을 뿐 아니라 그들만이 공유하는 공통의 감정세계

를 만들어내는 데 결정적인 역할을 수행했다. 이들 잡지에는 사진이나 훈화, 역사물, 가극 관련 기사, 여학교 방문기, 입학시험문제와 그 대책 등이 실렸지만, 가장 인기가 있었던 것은 거기에 연재된 소녀소설이었다.

대표적인 것으로 앞의 여학생 생활 재현에서도 등장한 요시야 노부코의 가볍고 감미로운 소설 《꽃이야기》를 들 수 있다. 이 책은 당시 여학생들의 바이블과도 같았다. 도치키고등여학교 학생

〈그림 26〉《꽃이야기》, 1920(일본 국립국회도서관)
표지 그림은 나카하라 준이치의 작품이다.

이었던 요시야 노부코가 소녀잡지에 투고한 글이 편집자에게 발탁되어 연재가 시작되었는데, 각기 서로 다른 꽃 이름을 제목으로 하는 52편의 이야기가 《꽃이야기》로 편집되어 출판되었다. 아르누보풍의 꽃 그림 표지에 주인공은 이탈리아에서 돌아온 외교관의 딸이거나 했고, 프랑스풍의 창문이 있는 저택에서 살거나 했으며, 그것이 자아내는 이국풍의 분위기는 여학생들에게 압도적인 지지를 받았다.[37]

이러한 여학생 특유의 탈정치적이고 감상적인 독서 경향의 특징에 대해 1920년대 말에 도쿄부립제일고등여학교 교장 이치카와 겐조市

川源三는 다음과 같이 지적했다.

여학생들이 역시 가장 많이 읽은 것은 소설이지요. 여자의 독서 심리는 독서를 통해 단편적인 지식을 얻어 보고 싶다는 경우나 한 장면 한 장면에서 감상에 젖어 읽는 식이지요. 읽는 내용도 달콤한 것들이 으뜸이었고 좌경적인 문학에는 전혀 손을 대지 않았어요. 그렇기 때문에 그런 쪽의 염려는 전혀 없어요. 사상문제에 대해 논의를 해보아도 그것을 잘 알 수 있지요.[38]

이와 같은 독서 경향을 가진 '여학생'들은 바꿔 말하자면 '문학소녀'였다. 그들은 분명 하나의 독서계층을 구성했다. 그러나 그들의 '문학' 취향이란 지적이거나 사상적이지 않고 감상적이고 한 단계 저급한 것으로 간주되었다. '문학소녀'라는 호칭에는 그러한 경멸적인 평가가 전제되어 있었다. '전통'과 '모던', '고급문화'와 '대중문화'가 혼재된 '여학생문화'에 대해서는 늘 '천박', '허영심'이라는 비판이 가해졌다. 거기에는 '여학생'문화에 대한 동경과 경멸의 이중적 시선이 반영돼 있었다. 그러한 이중적 시선 중에서 경멸과 비난의 시선을 더욱 노골적으로 보여주는 명칭으로 '타락 여학생' 또는 '모가'라는 유행어가 있었다.

'타락 여학생'이란 교육을 위해 가정을 떠나 농촌에서 도시로 와 중등학교에 다니지만 곧바로 도시의 남학생에게 농락당하거나 도시의 유혹에 빠져 타락하는 여학생들을 가리키는 말로 신문이나 잡지 등에서 빈번히 통용되었다.

여자는 가장 엄격한 감독이 필요하다. (…) 무지한 부형들은 자기 자식을 화
려하게 살게 하려고 도쿄에 보낸다. 하지만 적당한 교육을 받은 친척도 없
고, 훌륭한 감독자도 없고, 또 가정교육도 불완전하고 여자에게 도덕사상을
적절히 고취하지도 못했기 때문에 도쿄로 간 여자는 바로 남학생에게 농락
당해 타락의 늪에 빠진다. 이 타락한 여학생은 갑의 학교를 퇴교하면 을의
학교로 옮기고, 을에서 병으로 옮기는 식으로 각 학교를 돌아다닌다.[39]

위의 글에 따르면 여학생이 타락하는 원인은 부형 등 성인들의 감
독이 부재하고 가정교육이 부재한 도시 속에 여학생들이 존재한다는
사실 자체였다. 실제로 기숙사 생활보다는 여학생의 독립적인 하숙
생활이 타락의 원인으로 회자되는 경우가 많았다. 도쿄부 여자사범학
교장의 다음과 같은 발언은 그것을 단적으로 보여준다.

사립학교 중에는 학생의 기분만 사려는 곳이 많기 때문에 기숙사를 엄격히
단속하는 곳도 적고 또 한 사람이라도 입학자를 늘리기 위해 하숙집에서
다녀도 상관하지 않는다는 식이어서 자연히 타락자도 나오는 것입니다.[40]

여학생에 대한 이러한 시선 속에는 여학생이 언제나 부형과 교육
자의 감독과 교도하에서 보호받고 지도받아야 하는 존재라는 것, 그

러한 감독이 부재할 때 곧바로 유혹과 농락의 제물로 희생되어 타락
한다는 것 등이 전제되어 있었다.

'모가' 또한 여학생에 대한 부정적인 호칭으로 통용된 신조어다.
모가는 모보와 대구를 이루는 말이다. 모보란 모던보이モダンボーイ
(modern boy), 모가란 모던가루モダンガール(modern girl)의 줄임말로서
원래 의미로 보면 현대 소년·소녀로 번역될 만한 것이다. 그러나 그
의미는 부정적이었다. 불량스러운 소년과 소녀의 별칭이었다. 모보와
모가는 근대적이고 합리적인 세계를 대표하는 세대가 아니라 기존의
좋은 전통을 무너뜨리고 문란하고 난잡한 생활을 하는 위험스럽고 무
책임한 존재를 의미했다. 1920년대에는 한때 '모던가루'가 백화점이
나 전화국 교환수 등 근대적인 직업여성을 가리키는 말로 통용된 적
도 있었으며, 모던가루의 단발과 블라우스 스타일이 도시여성을 상징
하는 것으로 받아들여진 때도 있었지만, 점차 '모가'라는 말에 경멸과
배척의 어감이 강해졌다.

여자중등교육의 기회가 확대되고 여학생의 출신 계층이 도시 중산
층으로 제한되지 않고 더 넓게 대중화되면서 그들에 대한 동경과 경
멸의 이중시선은 점차 약화된다. 그럼에도 여학생에게 사회의 엘리트
지위로의 진출 기회가 부여되지는 않았던 만큼, 그들의 문화에서 사
회적인 '구별짓기'의 기능을 발휘하는 엘리트적 요소가 생성되기는
어려웠다. 여학생문화는 구제고교의 엘리트주의적 학생문화 쪽으로
향하기보다는 대중적인 소비문화 쪽으로 이행해갔다고 할 수 있다.

.

식민지 타이완과
조선의
학생문화

1
타이완과 조선의
식민지교육체제

4

2
식민지
타이완과
조선의
학생문화

I

타이완과
조선의
식민지교육체제

타이완과 조선은 서로 15년간의 시차를 두고 일본제국의 식민지가
되었다. 타이완은 1895년 청일전쟁에서 패한 청이 일본제국에 할양
한 이후 1945년까지 50년간 식민지 통치가 강제되었다. 식민지 통치
이후에는 타이완인 일본어 통역자 양성을 위해 초등 수준의 '국어전
습소'가 신설되었고, 이를 모태로 1898년부터 본격적으로 초등 식민
지교육기관 '공학교'가 신설되기 시작했다. 한편으로는 식민지 교사
양성을 위해 '국어학교'가 설립 운영되었다. 그런데 중등 이상의 교육
은 극도로 제한되어 1915년에 최초의 중학교가 설립되는 데 그쳤다.
총독부의 교육정책은 표면적으로는 동화주의 방침을 취했지만, 실은
차별대우 및 격리정책을 지배 원리로 삼았으며, 1919년에 〈타이완교
육령〉이 반포되기 이전에 타이완총독부는 분명한 학제를 구축하지

않았고 다만 현실의 필요에 따라 임기응변한다는 이른바 '무방침주의'로 일관했을 뿐이다.

식민지에서 시행하는 중등교육 및 고등교육이 오히려 식민지 지배를 위태롭게 할 가능성이 크다고 하는 인식에 따라 교육정책의 초점은 공학교에 맞추어져 있었다. 그런데 공학교의 확충조차도 매우 더디게 진행되었다. 입학률은 장기간에 걸쳐 낮았으며 1915년에 이르러서도 여전히 10퍼센트에 미치지 못했다. 중도퇴학자도 1911년 이전에는 평균 3분의 1에 달했으며 그 후 매년 하강했지만 1918년에도 여전히 8분의 1을 점했다. 1899년부터 1918년까지 공학교 졸업생 수를 누계하면 5만 3401명으로 1919년 타이완인 총인구 353만 8681명의 1.5퍼센트를 점했을 뿐이다. 그리고 같은 시기에 중등 이상의 교육시설도 매우 부족했다. 중등 수준의 교육기관인 '국어학교'는 수업연한이 3~4년으로, 초등교육 교사와 '공사公私의 업무'에 나갈 인재를 육성하는 것으로 성격이 규정되어 있었다. 또 다른 중등교육기관은 의학교였는데, 이는 수업연한 5년으로 의료에 종사할 인재를 육성하는 것으로 되어 있었다. 그 밖에 수업연한이 반년~2년인 농사시험장 및 당업강습소, 그리고 수업연한 3년의 공업강습소가 설치되어 있었으며, 그것들은 직업교육기관으로서 하급 기능 인원을 훈련했다. 결국 1919년 이전까지 타이완에서 실질적인 최고 학부는 국어학교와 의학교뿐이었다고 할 수 있다. 그중에서도 사실상 고등교육기관으로 볼 수 있는 것은 의학교뿐이었다.[1]

그러나 1919년 〈타이완교육령〉이 공포되면서 비로소 식민지교육의 학제가 정립된다. 즉 초등 수준의 공학교 위에 중등교육기관으로서 4년제의 고등보통학교 1개교, 3년제의 여자고등보통학교 2개교, 5년제의 사범학교 2개교, 3년제의 공업·상업·농림학교 각 1개교, 그리고 고등교육기관으로서 6년제(예과 3년 및 본과 3년)의 농림전문학교 및 상업전문학교 각 1개교, 그리고 8년제(예과 4년, 본과 4년)의 의학전문학교 1개교로 이루어진 학제가 만들어졌다. 이로써 타이완에서의 식민지교육체제는 초등-중등-고등의 각 단계별 교육기관을 갖추었다. 그러나 이 체제는 당시의 제국 일본의 학제에 비해 수업연한이나 정도 등에서 모두 낮았다. 이에 대해 타이완인들이 격렬히 반발했고, 때마침 식민지 조선에 대해 이른바 '내지연장주의'로 정책을 바꾸면서 그에 따라 타이완에서도 교육제도를 적어도 형태상으로 일본과 동일하게 만드는 방향으로 향하지 않을 수 없었다. 그것이 1922년의 〈신타이완교육령〉 발포로 이어졌다.

중등 이상의 교육기관에서 타이완인과 일본인의 별학체제를 폐지하고 공학제로 전환했다. 이와 함께 중등 이상 교육기관의 교육연한을 일본과 동일하게 만들었다. 명칭도 고등보통학교에서 중학교로, 여자고등보통학교에서 고등여학교로 개칭했다. 이후 각지에서 점차 중학교, 고등여학교, 직업학교 및 직업보습학교 등이 증설되었다. 그리고 그에 더해 고등교육기관의 정비도 이루어졌다. 7년제 고등학교가 창설되는 동시에 각종 실업전문학교가 3년제의 고등농림, 고등상업 및 고등공업학교로, 의학교가 4년제 의학전문학교로 개편돼 중학교 졸업생을 수용했다. 그리고 1928년에는 타이페이제국대학을 설립했다. 타이페이제국대학의 출범으로 적어도 형태상으로는 타이완의 식민지학제가 완성되었지만, 후술할 실질적인 취학 규모에서 보았을 때 그것은 타이완인을 위한 학제였다기보다는 급속히 증가하는 타이완 재주 일본인을 위한 학제였다고 할 수 있다. 그 실체적 본질을 당시의 식민정책학자였던 야나이하라 다다오矢內原忠雄(1893~1961)조차 다음과 같이 비판했다.

이들의 결과는 당연히 고등 정도 여러 학교 학생의 대부분을 내지인이 차지하는 것으로 돌아갔다. 교육제도의 동화로 사실상 본도인本島人(타이완에서 일본인이 한인漢人들을 가리킨 당시 용어다-인용자)은 고등전문교육을 박탈당한 것이나 마찬가지다. 1922년까지는 본도인의 교육 정도를 낮게 함으로써 내지인을 지도자적인 지배자적 지위에 두려 했지만 이제는 본도인의 고등교육 참가 자체를 제도상 평등하게 함으로써 사실상 심각하게 제한하고 이를 통해 내지인의 지배자적 지위를 한층 확보했다.[2]

이와 같은 민족차별 교육체제는 식민지 말기까지 해소되지 않았다. 이상에서 간단히 개괄한 타이완의 식민지교육체제에서 이 책에서 다루는 '학생' 집단, 즉 미래의 엘리트가 될 것으로 기대되는 학생 집단을 배출한 교육기관은 1919년 이전에는 국어학교 및 의학교였

다고 할 수 있고, 1922년 이후에는 타이페이고등학교 및 타이페이제
국대학 예과였다고 할 수 있다. 특히 1919년 이전에 의학교가 타이완
의 엘리트 형성에서 발휘한 역할은 매우 컸다. 의학교 졸업자가 지닌
엘리트로서의 자의식은 다음 회고를 통해서도 여실히 엿볼 수 있다.
1917년에 의학교를 졸업한 리텅위에李騰嶽는 타이완 초기 의학교육
을 회고하면서 다음과 같이 말했다.

> 본교는 당시 본성의 최고학부로서 그 졸업생이라면 관공립 의원에 취직한
> 자나 스스로 개업한 자나 모두 사회인들에게 존중받으며 성공을 이루었
> 다. 그 때문에 아동이 있는 가정에서 남자는 모두 의학을 배우기를 희망하
> 고, 여자는 졸업한 의사에게 시집가기를 바랐다. 이 시기는 본성에서 의학
> 을 배운 자들의 황금시대라고 할 수 있을 것이다.[3]

의학교 출신의 타이완인 의사들이 사회인들에게 존중을 받는 엘리
트로 성장했다고 하는 이 회고는 심지어 식민지 시대를 '황금시대'로
회상하게 만들 정도였다. 의학교 출신자들은 단지 의학에 그치지 않
고 정계 등으로 진출하기도 했다. 사실상 의학교는 1919년 이전에 타
이완에서 유일한 엘리트 양성 기관으로 기능했다고 할 수 있다.

이렇게 타이완인들이 의학교로 몰려들고 그 출신자를 선망한 데에
는 식민지 상황이 반영되어 있었다. 그것은 무엇보다도 의학교가 유
일한 전문학교 수준의 학교였다고 하는 학제의 특질 이외에도, 관계

및 실업계가 식민 지배자들에게 완전히 장악된 상황에서 의사는 자유업으로서 그나마 식민 당국의 통제를 받지 않고 개업할 수 있는 몇 안되는 직업의 하나였다고 하는 것 등이 요인으로 작동했다. 한편 '국어학교'도 실질적으로 1919년 이전까지 엘리트 양성 기능을 담당했다. 의학교와 국어학교의 엘리트 양성에 대해서는 다음 회고를 통해 단적으로 알 수 있다.

> 만약 본도인이 종래 분명히 이 두 학교를 중심으로 하고 있다는 점에 대해서 말한다면, 예를 들어 각 지방에서 현재 사회의 중견적인 인물로 사회를 지배하는 힘을 가진 자는 대개 모두 이 두 학교 출신이다. 의학교는 타이완의 의료위생 방면을 독점했으며, 국어학교는 타이완의 교육 방면을 독점했다. 또 두 학교는 관계와 실업계에 많은 사람들을 배출했고, 사회에서는 문화적 계발에도 두 학교의 졸업생이 지도자가 되었다.[4]

그런데 1919년에서 1922년까지 1차 〈타이완교육령〉 시기라는 과도기를 거친 후에는 엘리트 양성과 배출의 본산이 바뀌었다. 타이페이고등학교에는 1922년에 먼저 수업연한 4년의 심상과(중등 수준의 과정)가 설치되었고, 1925년에 문과와 이과로 나뉘어 수업연한 3년의 고등과(제국대학 예과 수준의 과정)가 증설되었다. 학생은 졸업 후에 타이페이제국대학 또는 일본의 각 제국대학에 진학할 수 있었다. 이 학교는 타이완인을 위한 학교라기보다 일본인을 위한 학교였다고 보는 편이 옳다. 1928년부터 1945년까지 졸업생 수에서 타이완인 학생과 일본인 학생의 구성비를 보면 타이완인은 591명, 일본인은 2035명 이었다.

그리고 1928년 타이페이고등학교 1기 졸업생을 수용하는 기관으로 타이페이제국대학이 창설되었다. 최초에는 문정文政학부와 이농학부로 출발했으며 1936년에 의학부가 증설되었다. 1942년에는 이농학부가 이학부와 농학부로 분리되었고 다음 해에 공학부가 증설되었다. 한편 각 전문학교의 연혁은 다음과 같다. 1919년에 타이완인을 위한 전문학교로 타이완총독부 농림전문학교 및 타이난상업전문학교가 설립되었고, 일본인의 전문학교로 타이페이고등상업학교가 설립되었다. 그런데 1922년에 학제를 개혁해 공학을 실시한 이후 농림전문학교는 고등농림학교로 개편되었고, 1928년에 타이페이제국대학에 합병돼 대학의 부속 농림전문부가 되었다. 1943년에는 다시 타이중고등농림학교로 독립 개편되었고 다음 해 타이중농림전문학교로 개칭되었다. 타이난상업전문학교는 1926년에 폐교됐으며, 별도로 타이난고등상업학교가 설치되었는데 1929년에 타이페이고등상업학교로 합병되었으나 다음 해에 폐교되고 그 후 타이페이고등상업학교만 남았다. 1944년에는 타이페이경제전문학교로 개칭되었다. 또한 1931년에 타이난고등공업학교가 창설되었다. 이는 1944년에 타이난공업전문학교로 개칭되었다.

다음으로 조선의 식민지교육체제의 골격을 간단히 살펴보자. 조선 또한 타이완과 마찬가지로 일본제국이 식민지교육체제를 이식했고, 그 결과로 타이완과 적지 않은 공통점을 지녔다. 그에 대해 검토하기 이전에 먼저 타이완과의 차이점에 대해 약술할 필요가 있다. 아마도 가장 중요한 차이점은 조선총독부가 1910년 이전에 조선인이 주체적으로 전개해 온 근대교육의 시도와 대결하지 않을 수 없었지만, 타이완은 그렇지 않았다는 점이다. 즉 식민지교육체제는 갑오개혁 이후 설립되기 시작한 소학교와 선교사들이 세운 사립학교뿐만 아니라 1907년 이후 급증한 수천 사립학교와 각축하지 않을 수 없었다. 갑오개혁 이후에 설립된 관공사립소학교를 식민지교육기관으로서의 보통학교로 흡수·개편하고 사립학교를 견제 탄압하는 과정이 곧 초기에 식민지교육체제가 형성되는 과정이기도 했다는 뜻이다. 1911년 일찍이 〈조선교육령〉이 공포되어 조선인 대상의 초등교육기관으로서 보통학교, 중등교육기관으로서 고등보통학교 및 여자고등보통학교가 법제화되었다. 그리고 여기서도 고등교육을 위한 별도의 교육기구나 학제는 구상되지 않았을 뿐 아니라, 초등교육으로서의 보통학교도 4년제, 고등보통학교도 4년제 등으로 일본에 비해 교육연한이 짧았고 교육 정도도 저급했다. 그리고 재조선 일본인을 위해서는 소학교와 중학교 및 고등여학교가 별도로 설치되어 있었다.

1919년의 3·1운동을 계기로 식민지교육정책의 방향이 전환되어 이른바 '내지연장주의'에 입각해 일본의 학제와 조선의 학제 간에 연속성이 제도적·형식적으로 만들어졌다. 그것이 1922년 2차 〈조선교육령〉 발포를 통해 공식화되었다. 보통학교 중심의 초등교육 6년, 고등보통학교 중심의 중등교육 5년이 제도화된 것이다. 그러나 타이완과는 달리 일반 성격의 중등교육기관인 고등보통학교 및 여자고등보통학교는 민족별학체제를 유지했다. 재조선 일본인은 중학교 및 고등여학교에서 중등교육을 받았다. 이 체제는 1938년 3차 〈조선교육령〉 개정까지 계속되었으나 이후 학교 명칭의 통일이 이루어져 조선인 대상 초등학교가 소학교로, 인문계 중등학교가 중학교 또는 고등여학교로 개칭되었다. 그럼에도 여전히 민족별학체제는 기본적으로 유지되었다. 한편 타이완과 유사하게 최고 학부로서의 경성제국대학 예과가 1924년에 개교했고 1926년에 본과가 개교했다. 그러나 조선에는 타이완과는 달리 구제고교는 설립되지 않았다.

또 한 가지 타이완과 중요한 차이점은 서구의 선교사 등이 설립하고 유지한 중등교육 및 고등교육 부문에서의 사학의 존재와 역할이다. 이화여자전문학교나 연희전문학교, 세브란스의학전문학교 등으로 대표되는 고등 수준의 교육기관과 그보다 훨씬 큰 비중으로 전국으로 확산된 중등교육 단계의 선교 계통 사립학교의 존재는 식민지교육체제에서 매우 중요한 교육적 의미를 지녔다.

지금까지 타이완과 조선의 식민지교육 '체제'의 골격을 살펴보았다. 그렇다면 그러한 체제에 대해 피식민자였던 타이완인과 조선인은 어떠한 대응을 했는지, 학교 급별로 취학 규모는 어떠했으며 식민자 일본인의 취학 규모와 어떻게 달랐는지 등을 확인할 필요가 있다. 이 작업은 이른바 식민지 지배 당국이 표방한 '내지연장주의' 슬로건이 지닌 허구성을 드러내고 식민지교육체제가 지닌 차별적 성격을 확인하기 위해서도 필요한 작업일 뿐 아니라, 이 책에서 주제로 삼은 학생층의 사회적인 배경과 지위를 이해하기 위해서도 반드시 선결되어야 할 작업이기도 하다.

타이완과 조선의 학교 급별 취학 규모와 교육 팽창의 양상을 검토해보자. 여기서는 필자의 선행연구[5]에 근거해 두 식민지의 교육 팽창의 추이와 그 특질을 살펴본다.

첫째 초등교육 단계의 취학 규모다. 여기서는 타이완과 조선에서 식민지 거의 전 시기에 걸쳐 의무교육제가 실시되지 않았다는 점을 기억할 필요가 있다.[6] 〈표 2〉 및 〈그림 27〉은 타이완의 공학교와 소학교, 조선의 보통학교와 소학교에 각기 재학했던 타이완인, 재타이완 일본인, 조선인, 재조선 일본인 학생 수를 각기 해당 연도의 해당 인구 1만 명당 비율로 환산해 제시한 것이다.

1912년 인구 1만 명당 학생 수는 타이완이 156.4명, 조선이 28.5명이었으나 1941년에는 각기 1165.4명과 657.4명으로 늘어났다. 식민지에 거주하는 일본인 자녀의 거의 의무교육제 실현에 필적하는 완전취학에 비해 낮기는 하지만, 식민지기 특히 1920년대 이후에 초등 수준에서는 꾸준히 취학 규모가 신장되었음을 알 수 있다. 특히 타이완은 1940년대 초에 일본인에 거의 근접했다. 타이완과 조선을 비교해보면 타이완 쪽의 취학 규모가 조선을 상회하는 것이 사실인데, 이는

〈표 2〉 초등교육 조선·타이완 민족별 취학자 수

(단위: 명)

연도	초등교육 취학자 실수				인구 1만 명당 취학자 수			
	조선인	재조선 일본인	타이완인	재타이완 일본인	조선인	재조선 일본인	타이완인	재타이완 일본인
1912	41,509	21,882	51,540	8,920	28.5	897.8	156.4	726.4
1913	47,451	24,915	57,165	10,380	31.3	917.4	170.7	775.0
1914	53,019	28,173	63,520	11,600	33.9	967.4	187.2	817.9
1915	60,690	31,256	69,691	12,899	38.0	1,029.3	204.1	940.0
1916	67,628	34,100	79,679	14,098	41.5	1,062.5	232.0	989.7
1917	75,688	36,183	92,663	15,251	45.5	1,088.4	266.1	1,050.1
1918	80,113	38,447	112,742	16,607	48.0	1,141.3	322.1	1,115.8
1919	80,632	41,447	129,580	18,048	48.0	1,195.8	366.2	1,177.1
1920	107,365	44,007	155,856	19,740	63.5	1,265.1	437.0	1,184.7
1921	159,361	47,279	178,708	21,164	93.4	1,286.1	491.9	1,211.6
1922	238,058	50,322	201,147	21,895	138.3	1,302.0	544.0	1,230.4
1923	306,358	52,686	215,876	22,001	175.6	1,307.3	573.6	1,209.9
1924	374,347	56,478	220,341	22,861	212.5	1,372.2	575.7	1,247.1
1925	407,541	56,105	221,043	23,707	219.8	1,320.9	563.2	1,250.2
1926	441,872	56,987	217,430	24,733	237.4	1,288.3	542.2	1,263.4
1927	453,943	59,091	220,099	26,189	243.6	1,299.0	537.3	1,290.2
1928	465,314	62,130	224,514	28,308	249.3	1,324.6	536.3	1,340.3
1929	474,117	64,963	234,284	30,187	252.4	1,329.9	546.8	1,367.6
1930	492,613	68,253	249,341	32,568	250.2	1,360.0	566.7	1,402.0
1931	502,107	71,925	266,733	34,335	254.7	1,397.5	590.8	1,407.9
1932	517,091	76,052	282,811	35,895	258.1	1,452.9	609.6	1,449.9
1933	564,901	79,397	310,878	37,011	279.6	1,461.9	653.2	1,443.9
1934	640,140	81,523	336,357	38,175	312.1	1,452.2	688.9	1,451.7
1935	720,757	84,395	365,971	39,734	339.2	1,446.5	733.4	1,472.7
1936	802,976	86,775	399,855	39,660	375.7	1,424.9	782.7	1,406.3

식민지 타이완과
조선의 학생문화

1937	901,182	89,811	446,790	40,487	415.6	1,426.7	849.2	1,352.8
1938	1,050,371	92,991	501,660	41,270	478.5	1,468.3	930.2	1,336.3
1939	1,215,340	96,156	549,712	41,947	550.0	1,479.1	995.0	1,298.1
1940	1,385,944	97,794	622,348	46,088	603.8	1,417.7	1,095.3	1,329.5
1941	1,571,990	99,316	679,716	45,791	657.4	1,385.1	1,165.4	1,252.2

출전: 《조선총독부통계연보》, 《타이완총독부통계서》, 조선 보통학교 및 소학교, 타이완 공학교 및 소학교 자료.
비고: 일본인 소학교에 재학 중인 조선인 또는 타이완인, 보통학교에 재학 중인 일본인, 공학교에 재학 중인 일본인도 각 민족별 수치에 합산했음.

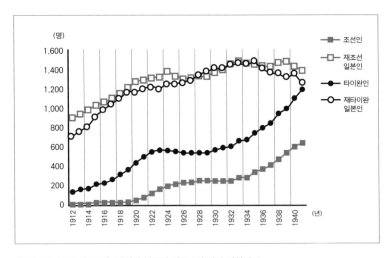

〈그림 27〉 초등교육 조선·타이완 민족별 인구 1만 명당 취학자 수

아마도 1895년부터의 식민지 지배와 1910년부터의 지배라고 하는 15년간의 지배기간 차이의 반영일 것이다.

둘째 중등교육 및 고등교육 단계의 취학 규모다. 〈표 3〉 및 〈그림

(단위: 명)

연도	중등교육 취학자 실수				인구 1만 명당 취학자 수			
	조선인	재조선 일본인	타이완인	재타이완 일본인	조선인	재조선 일본인	타이완인	재타이완 일본인
1922	14,337	8,394	3,898	3,705	8.3	217.2	10.5	208.2
1923	16,699	10,189	4,246	4,488	9.6	252.8	11.3	246.8
1924	17,935	12,650	4,917	5,385	10.2	307.3	12.8	293.8
1925	19,131	13,949	4,898	6,015	10.3	328.4	12.5	317.2
1926	21,469	15,354	5,509	6,791	11.5	347.1	13.7	346.9
1927	24,043	16,402	5,956	7,411	12.9	360.6	14.5	365.1
1928	26,444	16,998	6,096	7,774	14.2	362.4	14.6	368.1
1929	28,045	17,662	6,304	8,184	14.9	361.6	14.7	370.8
1930	30,023	18,708	6,692	8,698	15.3	372.8	15.2	374.4
1931	31,586	19,416	7,036	8,917	16.0	377.3	15.6	365.6
1932	32,591	20,215	7,284	9,362	16.3	386.2	15.7	378.2
1933	34,410	21,414	7,410	9,651	17.0	394.3	15.6	376.5
1934	35,653	22,172	7,438	10,235	17.4	395.0	15.2	389.2
1935	37,923	23,300	7,724	10,846	17.8	399.4	15.5	402.0
1936	41,625	24,864	8,445	11,686	19.5	408.3	16.5	414.4
1937	44,651	27,202	9,749	13,181	20.6	432.1	18.5	440.4
1938	51,786	29,353	11,851	15,256	23.6	463.5	22.0	494.0
1939	58,091	31,564	16,175	16,835	26.3	485.5	29.3	521.0
1940	68,308	33,075	20,002	18,070	29.8	479.5	35.2	521.3
1941	76,577	35,328	23,614	19,761	32.0	492.7	40.5	540.4

출전:《조선총독부통계연보》,《타이완총독부통계서》, 고등보통학교·여자고등보통학교·중학교·고등여
학교·실업학교·실업보습학교·사범학교 자료.

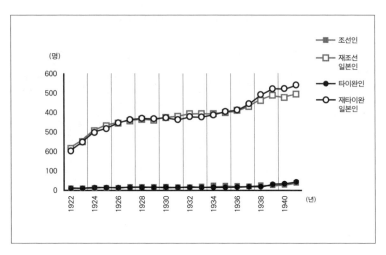

〈그림 28〉 중등교육 조선·타이완 민족별 인구 1만 명당 취학자 수

28〉은 타이완의 중학교·고등여학교·실업학교·실업보습학교, 그리고 조선의 고등보통학교·여자고등보통학교·중학교·고등여학교·실업학교·실업보습학교 등에 각기 재학했던 타이완인, 재타이완 일본인, 조선인, 재조선 일본인 학생 수를 각기 해당 연도의 해당 인구 1만 명당 비율로 환산해 제시한 것이다.

셋째 〈표 4〉 및 〈그림 29〉는 타이완의 고등학교, 제국대학 예과, 제국대학, 전문학교, 그리고 조선의 제국대학 예과, 제국대학, 전문학교 등에 각기 재학했던 타이완인, 재타이완 일본인, 조선인, 재조선 일본인 학생 수를 각기 해당 연도의 해당 인구 1만 명당 비율로 환산해 제시한 것이다.

(단위: 명)

연도	고등교육 취학자 실수				인구 1만 명당 취학자 수			
	조선인	재조선 일본인	타이완인	재타이완 일본인	조선인	재조선 일본인	타이완인	재타이완 일본인
1922	972	468	536	362	0.6	12.1	1.4	20.3
1923	925	566	358	443	0.5	14.0	1.0	24.4
1924	1,080	785	314	542	0.6	19.1	0.8	29.6
1925	1,144	921	317	671	0.6	21.7	0.8	35.4
1926	1,257	1,024	299	839	0.7	23.2	0.7	42.9
1927	1,358	1,144	323	1,011	0.7	25.1	0.8	49.8
1928	1,434	1,276	341	1,116	0.8	27.2	0.8	52.8
1929	1,564	1,553	341	1,146	0.8	31.8	0.8	51.9
1930	1,710	1,767	440	1,170	0.9	35.2	1.0	50.4
1931	1,827	1,823	359	1,144	0.9	35.4	0.8	46.9
1932	2,056	1,954	428	1,187	1.0	37.3	0.9	47.9
1933	2,347	2,365	462	1,211	1.2	43.5	1.0	47.2
1934	2,496	2,410	440	1,212	1.2	42.9	0.9	46.1
1935	3,044	2,441	449	1,131	1.4	41.8	0.9	41.9
1936	2,827	2,406	397	1,180	1.3	39.5	0.8	41.8
1937	2,846	2,382	369	1,210	1.3	37.8	0.7	40.4
1938	2,978	2,408	350	1,248	1.4	38.0	0.6	40.4
1939	3,441	2,572	332	1,363	1.6	39.6	0.6	42.2
1940	3,635	2,766	368	1,631	1.6	40.1	0.6	47.0
1941	4,146	3,124	386	1,582	1.7	43.6	0.7	43.3

출전: 《조선총독부통계연보》, 《타이완총독부통계서》, 제국대학, 제국대학 예과, 전문학교, 고등학교 자료.

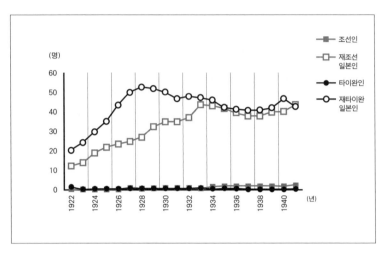

〈그림 29〉고등교육 조선·타이완 민족별 인구 1만 명당 취학자 수

 그림을 통해 확연하게 알 수 있듯이 피식민자였던 타이완인과 조
선인은 초등교육 단계와는 달리 중등교육 및 고등교육 단계에서는 교
육기회가 극도로 억압되고 제한되었다. 그리고 타이완과 조선 간에
인구 1만 명당 취학 규모에서 의미 있는 차이를 확인하기가 사실 어
려울 정도로 식민지에서 교육기회의 차별은 공통적이었다고 할 수 있
다. 재타이완 일본인과 재조선 일본인의 중등교육 및 고등교육의 기
회는 피식민자인 타이완인 및 조선인에 비해 월등히 개방되어 있었
다. 식민지 말기인 1941년 한 해만 놓고 보더라도 중등교육 단계에
서 인구 1만 명당 취학자 수는 타이완인 40.5명에 재타이완 일본인은
540.4명, 조선인 32명에 재조선 일본인은 492.7명으로 대비를 보였

다. 즉 식민지 말기까지 식민자와 피식민자 사이에 중등교육 취학기회에서 10배 이상의 격차가 존재했다. 고등교육은 그 차이가 더욱 심했다. 같은 해 타이완인은 인구 1만 명당 0.7명만이 고등교육에 취학할 수 있었으나 재타이완 일본인은 43.3명, 조선인은 인구 1만 명당 고등교육 취학자 수는 1.7명이나 재조선 일본인은 43.6명이었다. 식민자와 피식민자 간의 격차는 무려 20~30배에 달할 정도로 격심했다. 이는 식민자 일본인 자녀가 비교적 쉽게 중등교육 및 고등교육의 기회를 장악하고 그것을 발판으로 졸업 후에 지도적 지위와 역할을 선점한 반면, 피식민자 타이완인과 조선인 자녀들은 극히 제한된 중등교육 및 고등교육의 기회를 노리고 훨씬 격심한 입학 경쟁을 겪을 수밖에 없었음을 뚜렷이 보여준다. 이것은 어려운 사회과학적 현실 인식의 결과로 얻어진 발견이 아니라, 피식민자들이 일상생활 속에서 늘 경험한 차별이었고 동시에 그것은 식민지 지배집단이 내건 '일시동인一視同仁' 또는 '내선일체內鮮一體'의 통치 이데올로기가 얼마나 허구적인가를 입증해주는 무엇보다도 생생한 증거였다.

그런데 이 책의 주제인 학생문화와 관련해서 또 한 가지 부언할 점이 있다. 그것은 후기 중등교육 및 고등교육 단계에 진입할 수 있었던 피식민자 출신 학생이 극히 선별적이고 엄격한 선발 과정을 통과한 극소수의 엘리트 집단일 수밖에 없었다는 점이다. 더구나 그들은 앞서 언급한 것처럼 '공학共學'을 표방하면서도 일본인에게 유리하게 작동할 수밖에 없었던 사실상의 차별적 선발체제에서 그들을 훨씬 능가하는 학력을 입증해 보임으로써 교육기회를 비로소 확보할 수 있었던 사람들이었다. 앞서 살펴본 것처럼 학생 구성비에서 식민자와 피식민자 간에 중등교육에서는 10배 이상, 고등교육에서는 20배 내지 30배 이상의 차이가 존재한 만큼, 같은 제국대학 예과나 고등학교에 다닌 일본인 학생들의 상대적인 수준은 피식민자에 비해 낮았으며 그들을 바라보는 타이완인이나 조선인 학생의 시선은 한편으로는 자긍심, 또 한편으로는 울분이 어린 것일 수밖에 없었다. 2장에서 더 자세히 살펴보겠지만 학력 등의 능력과 관련된 그들의 자긍심은 대단했으며, 그에서 비롯된 엘리트로서의 자의식 또한 하늘을 찌를 만했다고 할 수 있다. 동시에 거기에는 식민지 지배 상황에서 피식민자가 벗어날 수 없었던 그늘 또한 짙게 드리워져 있었다. 피식민자의 운명 속에서 포부와 실제의 낙차, 이상과 현실의 낙차는 필연적으로 클 수밖에 없었으며, 그것이 그들의 의식과 문화에도 영향을 미칠 수밖에 없었기 때문이다.

이제 식민지의 학생 세계와 그들의 문화 속으로 들어가보자.

2

식민지 타이완과
조선의
학생문화

지금부터 일제의 식민지였던 타이완과 조선의 학생문화를 주로 타이
페이고등학교, 타이페이제대 예과, 경성제대 예과 등 세 교육기관에
재학했던 타이완인 및 조선인 학생들, 그리고 식민지기에 제국 일본
으로 유학했던 유학생들에 초점을 맞추어 살펴볼 것이다. 1절은 고교
및 제대 예과의 학생문화, 2절은 유학생의 학생문화를 다룬다.

식민지 고교 및 제대 예과의 학생문화

타이완의 타이페이고등학교와 타이페이제대 예과, 그리고 조선의 경
성제대 예과의 학생문화를 다루기 전에 먼저 짚고 넘어가야 할 것이
있다. 그것들은 애초에 피식민자의 고등교육을 목적으로 해서 만들어

〈그림 30〉 타이페이제국대학 (타이완대학교도서관)

〈그림 31〉 경성제국대학 (서울역사아카이브)

진 학교가 아니었을 뿐 아니라, 공학의 경우에도 식민자 자제가 상대적으로 더 많은 비중을 점했다. 예컨대 1925년 당시 타이페이고등학교 입학 경쟁을 보면 타이완인 33명 지원에 4명 합격(약 12퍼센트), 일본인은 212명 지원에 72명이 합격(약 34퍼센트)이라는 비율이었다.[7] 한편 1932년 경성제국대학 예과 입학 경쟁을 보면 조선인은 353명 지원에 45명 합격(약 12.7퍼센트), 일본인은 659명 지원에 103명 합격(약 15.6퍼센트)이라는 비율이었다.[8] 이들 비율로 보면 식민자와 피식민자 간에 차이가 있는 것은 분명하며 타이완 쪽이 그 차이가 더 심했다고 할 수 있다. 그런데 이 수치만으로 식민지 현실이 충실히 드러나지는 않는다. 중요한 것은 합격률 자체보다도 실제로 합격해 입학한 학생의 민족별 '점유율'에서 피식민자 대 식민자의 비율이 타이완의 경우 4명 대 72명, 조선의 경우는 45명 대 103명의 현저한 차이를 보였을 뿐 아니라 그것을 민족별 '배출률'의 맥락에서 비교할 경우에 더욱 엄청난 격차가 드러난다는 점이다. 즉 타이완인 학생 4명은 1925년 당시 타이완 전체 인구 중 97.5퍼센트를 차지한 타이완인 중에서 선발된 학생인 반면, 일본인 학생 72명은 전체 인구 중 2.5퍼센트에 불과한 재타이완 일본인 중에서 선발된 학생이었다. 그리고 조선의 경우도 마찬가지여서 조선인 제대 예과생 45명은 1932년 당시 조선 전체 인구 중 95.4퍼센트를 차지하는 조선인 중에서 선발된 학생인 반면, 일본인 학생 103명은 전체 인구 중 4.6퍼센트에 불과한 재조선 일본인 중에서 선발된 학생이었다.[9]

따라서 식민지였던 타이완과 조선의 학생 세계에서도 '학력 경쟁의 문화'가 전개될 수밖에 없었고, 그 주관적인 경쟁의 강도와 밀도는 제국의 그것보다도 더 강할 수밖에 없었다. 식민지의 경우에도 고교나 제대 예과의 학생들은 자신의 지적 능력과 '각고면려'의 노력을 통해 엄격한 학력 경쟁에서 승리해 학생이 된 사람들이었다. 학력 경쟁에서의 승리자라고 하는 이러한 측면은 특히 식민지 상황에서는 더욱 빛을 발했다고 할 수 있다. 무엇보다도 타이완이건 조선이건 식민지 상황에서는 이른바 일본제국의 '우민화'정책으로 중등 이상의 교육기회가 절대적으로 부족했다. 제국대학은 두 사회에서 각기 단 하나 뿐이었고, 구제고교는 조선에는 존재하지도 않았다. 하물며 중학교나 고등보통학교 등의 중등교육기관조차 절대적으로 부족해 1920년대 이후에는 만성적인 입학난이 심각한 사회문제였다. 그런 상황에서 과거 입시문제를 모아놓은 《입학시험문제집》을 푸는 것은 당시 중등학교 입시를 치르는 학생들에게 필수적인 공부법이었다. 식민지의 중등학교 졸업생은 일본에서와 마찬가지로 경쟁이 심한 고등학교 입시를 위해 입시문제집을 사서 과거 문제를 풀어 해답 방법을 익혔다.[10]

식민지의 학력 경쟁 상황을 보여주는 일화 하나를 소개해보자. 타이완대학 의학부장을 지낸 후앙보차오黃伯超는 다음과 같이 타이페이 고교 합격 당시의 일화를 전했다. "1939년 3월 19일 상지上池의원에서 라디오 방송이 흘러나올 때 나는 다음으로 응시할 가의嘉義중학의 수험 공부를 위해 망고밭을 지나 집으로 돌아가던 중이었습니다. 아버지는 라디오 앞에서 긴장한 나머지 주먹을 쥔 채로 아나운서가 합격자 명부를 읽어가는 것을 듣고 있었습니다. '아오야나기 ○○, 이자와 ○○, 이시카미 ○○, 이시바시 ○○, (⋯)' '(⋯) 하쿠伯超가 합격했다! 하쿠가 합격했다!' (⋯) 뒤돌아보니 언제나 사람들에게 존경받던 아버지가 신발도 신지 않은 채 병원에서 달려 나오는 것이 보였습니다. 아버지는 흥분한 모습으로 타이페이고교 심상과에 합격했다는 것을 가르쳐주셨습니다."[11] 병원 원장을 하던 아버지가 자식의 고교 합격 소식을 라디오에서 듣고는 실성한 사람처럼 맨발로 뛰어다니며 환성을 지르는 모습은 식민지의 학력 경쟁이 얼마나 격심했는가를 보여주는 장면이라 하지 않을 수 없다. 당시 타이페이고교 심상과 입학 정원은 매년 40명 정도였는데 타이완인은 평균 4명밖에 합격하지 않았다. 합격자는 수재 중의 수재로 불렸다.

그렇다면 공학제를 취한 학교에서 식민자 일본인과 함께 배우는 피식민자 학생들의 교육 경험은 어땠을까. 리영희(1929~2010)[12]의 다음 회고를 보자.

식민지 조선에서 일본인이 조선인을 '2등 국민'으로 취급하고 은연중에 민족 차별이 있었던 것은 사실이지. 그렇지만 우리처럼 내선공학에서는 그런 민족감정이 상시적으로 표출되거나, 이 때문에 서로 간에 이질감이 지배적이거나 그런 것은 아니었어. 은연중에 차별의식은 있었지만 일본인들이 감히 조선인 학생들을 업신여기지는 못했거든. 오히려 우리 조선인 학생들이 숫자는 한 4분의 1밖에 안 되었지만, 일본인 학생들을 윽박지르는 일이 흔히 있었다고. 입학할 때 일본인 학생들은 조선인 학생들에 비해서 쉬운 조건으로, 그리고 우리보다 못한 성적으로 입학했거든. 조선인 학생들은 들어가기도 까다롭고, 훨씬 우수한 성적이라야 입학할 수 있었단 말이에요. 재학 중의 성적도 늘 월등하고, 그러니까 조선인 학생들이 꿀리지를 않지. 오히려 당당했지.[13]

같은 학교 안에서 늘 마주치는 일본인 학생이 어떤 성적으로 들어올 수 있었는지, 그들의 능력은 어느 정도인지는 수업 시간이나 기숙사에서의 생활 등을 통해 쉽게 확인할 수 있는 것들이었다. 동시에 엘리트 양성을 목적으로 하는 고등교육기관에서 피식민자 출신의 학생들은 민족차별의 대상이라기보다는 오히려 협력 메커니즘 안으로 흡수해야 할 인력자원으로 간주되었을 것이다. 이러한 상황에서 제국 일본의 구제고교 문화가 식민지 학교의 문화 속으로 연속적으로 전파되어갔을 것으로 볼 수 있다.

또 한 가지 학제와 관련해 지적할 것은 구제고교의 한 변종으로 간주할 수 있는 제국대학 예과[14] 중에서도 타이페이제대 예과와 경성제대 예과 간에는 약간의 차이가 있었다는 점이다. 경성제대 예과의 경우는 조선에 거주하는 일본인 거류민과 조선인에게 입학 자격을 부여한 데 반해, 타이페이제대의 경우는 일본 본토의 일본인에게도 응시 자격을 부여했다. 이러한 차이는 두 제대의 설립 배경의 차이에서 기

〈그림 32〉 타이페이고교교생(타이완대학교도서관)

인한 것으로 보인다. 경성제대는 '민립대학설립운동'과 같은 조선인
의 민족교육운동에 대한 대응책의 일환으로 설립된 측면이 강한 반면
에, 타이페이제대는 식민지의 민족운동에 대한 대응책이라기보다 일
본 본토의 고등교육을 식민지로 확장한다는 취지에서 설립된 것이었
다. 따라서 일본인의 타이완 이주를 촉진하기 위해 본토의 일본인에
게도 입학 기회를 부여한 것이다.

다음에서는 1920년대 중반 이후의 타이페이고등학교 및 타이페이
제대 예과와 조선의 경성제대 예과의 학생문화에 대해 1편에서 살펴
본 구제고교의 학생문화와의 비교를 염두에 두면서 검토하기로 한다.

타이완의 연구자 청리링鄭麗玲은 타이페이고교와 타이페이제대 예과에 관한 한 연구에서 거기에 다닌 학생들, 특히 타이완인 학생들을 '최고 엘리트'를 의미하는 '천지교자天之驕子'라는 말로 표현했다. '천지교자'는 글자 그대로의 뜻으로는 '하늘 같은 교만한 존재'를 의미한다. "고교생에게는 제복이 있었으나 일반적으로는 여전히 평상복을 입었고, 자신을 내세우기 위해 고교생들은 고의로 옷을 찢고 머리를 길렀으며, 어깨까지 내려오는 봉두난발을 했고, 심지어는 모자를 찢어 머리카락이 밖으로 비져나오게 하는 식의 과감한 복장을 했다. 이른바 '폐의파모와 게다'로 일컬어지는 기이한 복장이었다."[15]

백선모를 찢어서 쓰고 다니는 타이페이고교생의 모습은 1940년에 입학한 왕위더王育德의 회고에도 생생하게 등장한다.

안테나(왕위더가 입학할 당시 선배 고교생 별명 - 인용자)는 내 새 모자를 들고는 빙글빙글 웃으며 만지작거리다 갑자기 "어이, 울면 곤란해" 하고 말했다. "예? 대체 무슨?" 그러자 궈郭가 "개봉, 개봉" 하며 장단을 맞추었다. 개봉이란 원래 동정을 깨는 것을 의미한다. 나는 붉은 얼굴이 더욱 붉어지는 것을 느꼈다. "정수리를 찢는 거야. 이걸 안 하면 제대로 된 고교생이라 할 수 없지" 나는 절반은 울상이 되면서도 수긍하지 않을 수 없었다. 안테나는 모자를 가슴 높이로 들고 욱 하고 양손에 힘을 넣었지만, 털이 조금 떨어졌을 뿐이다. "역시 순모군" 하고 웃고는 다시 한 번. 이번에는 찍 하고 몇 센티 찢어졌다. "어이, 해냈군. 그럼 나도 기념으로" 궈는 모자를 받아 들고 찢어진 틈새를 더욱 벌렸다. "그러면 나도" 나는 자포자기 상태가 되어 반대쪽을 찢었다. 눈을 들어보니 초밥집 주인이 이쪽을 보고 웃고 있었다. 이렇게 하여 차마 볼 수 없는 꼴이 된 모자를 뒤집어쓰고 나는 하숙으로 돌아왔다.[16]

일본 내지의 구제고교생들에게 계승되던 '폐의파모'가 식민지 타이완의 학생들에게도 거의 그대로 재현되었음을 알 수 있다.

이러한 폐의파모를 하는 학생의 모습은 조선의 경우도 마찬가지였다. 리영희의 다음 증언을 보자.

전문학교, 대학 예과, 일본의 고등학교에 들어가면 곧바로 학생들은 이른바 '데칸쇼'[17]가 됩니다. 그 친구들은 그때부터는 사실상 '구름 위의 존재'로 취급받았지. 그 친구들은 일부러 누더기 같은 옷을 입고, 뭐든지 누추하게, 뭐든지 비정상적인 행태를 하며 야생적으로, 마치 유아독존격으로 행세했습니다. 세상에 거리낌이 없는 호연지기의 표현이었지. 그리스를 발라서 번질번질해진 사각모자를 쓰고, 허리에는 간장이나 된장 통에서 꺼낸 것같이 때에 전 누런 수건을 차고, 그것을 땅바닥에 질질 끌다시피 하면서 맨발에 '게다'를 덜거덕 덜거덕거리며 경성 시내를 누비고 다녔어. 머리카락은 멋대로 자라서 흩어진 꼴인 데다, 옷이 남루하기 이를 데 없지. (…) 어떻든 그 시대는 호연지기가 청년학생들의 진면목으로 여겨졌던 시대였어요.[18]

맨발에 게다를 덜그럭거리며 끌고 다니고 간장에 절인 시커먼 수건을 차고 봉두난발에 남루한 옷을 걸친 타이페이고교생이나 경성제대 예과생의 모습은 구제고교생의 모습과 전혀 다를 바 없었다.

복장에서만 그랬던 것은 아니다. 학생들은 선민의식과 특권을 마음껏 누리며 사회적으로도 악희를 저지르고 난동을 부렸지만 그에 대한 당국과 사회의 시선은 상당히 관용적이었다. 타이페이고교생의 행태 및 그에 대한 타이완 식민지 당국의 시선과 태도를 보자.

또한 소위 '스톰'이라는 것이 있어, 타이페이고교생은 저녁에 술을 마시고는 친구들과 무리를 지어 교가를 부르고 큰소리를 지르며 태풍처럼 여러 기관이나 시장을 휩쓸고 지나가거나, 술을 마신 후에 타이완총독부 건물 지붕 위로 올라가는 일도 있었고, 심지어 술 마신 후에 경관을 폭행하기도 했다. 타이완총독부와 경찰은 식민지에서 숭고와 존엄의 상징이어서 일반인들은 감히 그들을 모욕할 수 없었다. 그러나 고등학생의 행위에 대해서 식민지 경찰은 극도로 자제했고 추궁하지 않았다. 기숙사에 거주했던 학생들의 회고에 따르면 밤에 이러한 스톰이 자주 있었으며, 어떤 학생들은 음주 이후에 각 침실로 뛰어 들어가 소란을 피우고, 책상 위로 올라가 물건 등을 내던지고, 기숙사 마당에서 춤추고 노래하기도 했다. 타이페이고등학교 고교생들의 이러한 행동은 자유롭고 독립적인 자아를 과시하는 것이었고, 당시의 보수적인 풍조에서 이러한 기이한 행동이 도리어 사회적으로 용인되었다.[19]

이러한 학생층의 교만함에 가까운 긍지와 자부심을 보여주는 사건 하나를 소개해보자. 이른바 타이페이의 미나미경찰서장의 '발도사건 拔刀事件'이 그것이다. 사건의 전모를 요약하면 다음과 같다. 1922년 2월 5일 야구경기를 관전한 후 타이완 학생 수십 명이 우측통행하다가 순사에게 지적을 받으며 충돌이 일어났다. 6일 순사가 학교를 방문해 학생들을 엄격히 감독할 것을 요청했다. 경찰이 학생을 체포하려 왔다는 소문에 모든 기숙사생이 모여들었고 이를 본 경관은 사감실로 숨었고 학생들은 방을 포위하며 큰소리로 항의하고 창문으로 투석했다. 문제가 커지자 다른 경찰들이 왔고 600여 명의 학생이 경찰과 대치하며 투석전을 벌였다. 타이페이의 미나미경찰서장이 3명의 특무 순사를 대동해 학생들을 강제 해산하며 교내로 진입했고 학생들이 돌을 던지자 서장은 칼을 빼어들고 전원을 감옥에 보내겠다고 위협하며 학생들과 대치했다. 이 사건으로 45명의 학생이 구류되어 심문을 받았지만, 심문하던 검찰관은 학생을 '제군'으로 부르는 등 관대하게 대했다. 모든 학생이 불기소처분을 받았으나 주동자 15명은 퇴학, 35명은 정학, 60명은 재교근신 처분을 받았다.[20] 경찰로 대표되는 공권력조차 피식민자였던 타이완인 중에서도 '학생'층에게는 특별히 관대했음을 보여주는 일화라 할 수 있다.

　이는 조선의 경우에도 유사했다. 1924년 경성제대 예과 1회에 수석으로 입학한 유진오(1906~1987)는 당시 예과생들의 만용과 난동에 대해 당국이 얼마만큼 관용적이었는가를 다음과 같이 회고했다.

한번은 내가 급장으로 있는 반에서 그러한 '클라스회'를 했는데 (…) 그 이튿날《경성 일보》를 보니 〈이취泥醉한 대예생들이 거리 에서 난동〉이라는 표제로 대서특필한 비난 기사가 났다. 그때만은 전교 학생이 일치해 《경성일보》에 대해 비난을 퍼부었는데, 마 침 그날 저녁에 또 '클라스회'를 하는 반이 있어서 이번에는 그 반 학생들이 또 술을 마시고《경성일보》에 가서 항의를 하고 유

〈그림 33〉 경성제대생
유진오(국가기록원)

리창을 때려 부수고 한 사건이 났다.《경성일보》는 그때만은 사과하는 체 해서 학생들을 돌려보내놓고 이튿날 신문에서는 또다시 〈이취한 대예생 본사를 습격〉이라는 제하에 대대적으로 공격 기사를 내었지만 학교에서 는 그저 훈계만 하고 말았다. 그러한 너그러운 교육방침이었던 것이다.[21]

경성제대생이 신문사를 항의 방문해 유리창을 때려 부수는 난동을 부려도 관용하는 분위기였다. 심지어 조선인 학생들이 파출소 앞에서 오줌을 갈긴다거나 심한 장난을 쳐도 일본 경찰조차 "각세상다카라 (학생님이니까 - 인용자)"하고 그냥 넘어갔다는 것이다.[22]

그러나 이러한 치기와 악희 또는 '방카라'도 고교나 예과에 한했고 그들이 본과로 진학하면 그런 문화는 사라졌다. 고교생이 일단 제국 대학에 들어가면 의복과 행위가 완전히 바뀌어 신사가 되었다.

지금부터는 학생생활의 내부로 들어가보자. 먼저 기숙사생활을 살펴보자. 일본 본토의 구제고교와 마찬가지로 타이페이고교에서도 학생들은 농성주의적인 기숙사 생활을 했다. 그리고 기숙사 관리는 중등학교 사감의 가부장적인 감독 방식이 아니라 학생 자치회에 의해 이루어졌으며 묘우나 만년상 등이 호연지기를 이유로 관용되는 것은 제국 일본의 경우와 유사했다.[23] 타이페이고교에는 일 년에 두 번 중요한 행사가 있었다. 하나는 창립기념일의 '기념제', 또 하나는 기숙사생이 중심이 되어 행하는 '료제'였다.

기념제 프로그램의 하나는 학생들이 고교 강당에서 연극을 공연하는 것이었는데, 연극은 세계적인 소설 중에서 재미있는 부분을 골라 연출하는 것이었다. 각계에서는 타이페이고교생이 연출하는 연극에 대해 상당히 높은 평가를 내렸다. 기념제의 가장 중요한 절정은 전체 학생이 모두 참가하는 '스톰'이었다. 기념제의 '스톰'은 학생들이 학교를 출발해 당시 타이페이시의 중심가로 진출해 '응원단'을 앞세우고, 스크럼을 짜고 노래 부르며 여유 있게 행진했다. 도로가 폐쇄되었지만 교통경찰은 이를 막기는커녕 보호하며 교통질서를 유지했다. 이는 타이페이고교 개교 이래 전통이 되었으며 타이페이시민 생활의 일부가 되었다. 이는 전 일본 각지의 고교와 마찬가지였으므로, 고교가 전전 일본에서 특수한 존재임을 표상하는 것이었다.[24]

〈그림 34〉타이페이고등학교 스톰(국립타이완사범대학도서관)

〈그림 35〉타이페이고등학교 체육대회(타이완대학교도서관)

위에 묘사된 '기념제'와 '스톰'도 도쿄의 제일고나 교토의 제삼고에서 매년 정기적으로 열린 것과 거의 동일했다고 보아도 무방할 것이다.

조선의 경성제대 예과는 전원 기숙제를 취하지는 않았기 때문에 '기념제'나 '료제'와 관련된 기억이 타이완처럼 풍부하지는 않다. 그러나 조선에서도 "티베트 고원에서 오줌을 갈기면, 저 멀리 고비사막에 무지개가 선다"[25]는 노래를 소리 질러 부르거나 '방카라'가 권장되는 거친 교풍 면에서는 구제고교와 다르지 않았다. 1935년 경성제대 예과에 대한 이항녕의 기억을 보자.

우리가 대학 6년 다닌 택이거든. 예과 3년, 대학 본과 3년이니까. 그러니까 2년을 더 배웠는데 2년 앞서부터 우리가 성인 취급을 받았단 말이야. 들어가면 뭘 하는가 하니, 선생하고 같이 (…) 술 먹고 담배 피우고(…) 그리고 이를테면 일본 사람이 고 기간 동안을 야성교육이라고 해서, 야성교육. 방카라라고 그러는데, 야만.[26]

그런데 타이페이고교나 경성제대 예과에는 이러한 '방카라'적인 거친 학생문화만 존재하지는 않았다. 학생들은 학우회 활동을 통해 다양한 문화적 체험을 쌓으며 정체성을 형성하기도 했다. 예컨대 타이페이고교를 예로 들면, 1926년에 학우회가 설립되어 각종 문화계, 체육 관계 클럽이 있었다. 클럽으로는 변론부·문예부·여행부·테니스부·유도부·검도부·궁도부·원예부·회화부·하키부·육상경기부·수영부·음악부·야구부·스모부·축구부가 있었으며, 그 후에 신문부·산악부·마술부·항공연구회가 신설되었다.[27]

한편 학생들 안에서는 구제고교의 교양주의에 필적할 만한 문화도 성장하고 있었다.

타이완의 경우를 보자. 식민지 타이완과 일본 본토 학생문화를 비교할 수 있는 흥미로운 자료가 있다. 일본 내의 사회주의 및 학생운동 격화가 배경이 되어 1938년 11월 문부성은 대학 및 고등학교와 전문학교를 대상으로 방대한 조사를 진행했다. 제국대학 7개교, 관공립대학 14개교, 관공립고등학교 28개교, 관공립전문학교 62개교, 고등사범학교 2개교, 여자고등사범학교 2개교, 수산강습소 1개교 및 사립대학과 사립전문학교 12개교를 포함한 총 128개교, 학생 수 6만 3028명에 달하는 방대한 조사였다. 이는 문부성 교학국 《학생생도생활조사》(1939)로 출간된다. 그 내용 중에서 타이페이제대생에 관한 조사 결과가 타이페이제국대학 학생과 편, 《타이페이제국대학 학생생도생활조사》(1939)로 출판되었다.[28] 그 결과에 따르면, 타이페이제대생의 독서 경향과 일본제국 전체 제대생의 독서 경향은 다음과 같았다.

잡지 구독 상황을 보면 타이페이제대생은 《중앙공론》-《개조》-《문예춘추》-《일본평론》-《킹キング》의 순서로 구독하는 데 반해, 제국 전체의 제대생은 《중앙공론》-《문예춘추》-《개조》-《이코노미스트エコノミスト》-《과학펜科學ペン》의 순서로 구독했다. 타이완의 경우 일본에 비해 약간 오락 잡지를 선호하는 경향이 강함을 알 수 있다.

인기 있는 독서물의 경우에도 타이페이제대생은《대지》(펄벅) -《보리와 병대麥と兵隊》(히노 아시헤이火野葦平) -《인생론》(톨스토이) -《젊은이若い人》(이시자카 요지로石坂洋次郎) -《카라마조프가의 형제들》(도스토예프스키) 등의 순서인데, 제국 전체의 제대생은《보리와 병대》-《땅과 병대土と兵隊》-《생활의 탐구生活の探求》(시마키 겐사쿠島木健作) -《퀴리부인전》-《대지》등의 순서를 보였다. 그러나 약간의 차이는 있다 해도 일본 본토의 제대생과 타이페이제대생 간에 교양 문화의 연속성이 존재한다고 볼 수 있다.

1925년생으로 1944년에 타이페이고교 고등과에 들어간 인물 왕만쥐王萬居의 서재 및 독서기록을 밝힌 연구에 따르면, 고교 시절 그의 독서에서 81퍼센트는 인문 분야의 책이 점했다. 일본사상과 관련해서는 니시타 기타로와 미키 기요시, 그리고 구라타 햐쿠조나 아베 지로의 저작이 포함되어 있어 일본 구제고교의 그것과 다름이 없었다. 왕만쥐의 소장 도서 중에 이와나미쇼텐의 책이 20퍼센트 정도를 점해 도서의 유통과 소비 면에서 일본과 거의 차이가 없었음을 알 수 있다.[29]

타이페이고교 교양주의의 기반이 된 것은 고교 교사들의 교양 관련 활동이었다. 예컨대 타이페이고교에서는 1930년대 후반부터 각종 정기·부정기 강연회와 연구회가 활발히 이루어졌는데, 이들은 교사의 자발적인 모임이었다. 예컨대 '서양문화연구회'는 서양의 문학을 대상으로 했고 독일어 담당 교사가 독일문학 관련 연구회를 이끌었는

데, 이에 참여한 학생들이 단테나 니체 등의 작품을 읽었다고 한다.[30]

선배들의 지도도 큰 역할을 했다. 1학년은 일본서, 2학년은 번역서, 3학년은 원서를 읽어야 한다는 이야기가 선배들에게서 계승되었고, 무엇을 읽어야 하는지는 일본에서와 마찬가지로 《개조》·《중앙공론》·《문예춘추》 등의 종합잡지를 통해 얻을 수 있었다. 고교생들의 회고록에는 동급생들끼리의 독서회나 윤독회를 통해 "헤겔, 랑케, 니시타 기타로, 가와이 에지로, 아베 요시시게, 와쓰지 데쓰로, 아베 지로, 아쿠타카와 류노스케 등을 읽은" 기록들이 등장한다.[31]

고교생이라면 읽어야 할 책의 목록이 있었다는 회고는 여러 곳에서 찾아볼 수 있다.

"1학년 때는 문학서를 읽고 2학년 때는 철학서를 읽고 3학년 때는 영어를 해"라고 가르쳐 주고 읽어야 할 책의 이름을 들어 주었다. 그의 지시에 따라 나는 문학서는 도스토예프스키의 《죄와 벌》부터, 철학서는 니시타 기타로의 《선의 연구》부터 읽기 시작했다. 정독·속독·난독·적독積ん読(책 사 놓고 읽지 않기 - 인용자) 등 여러 가지를 시도해보았다. 잘 몰라도 아는 표정을 하고 읽은 책도 많았다.[32]

조선의 경성제대 예과생도 거의 동시에 일본의 교양서나 잡지를 접하고 그것을 교양의 자양분으로 삼았다고 할 수 있다.《중앙공론》·《개조》·《웅변》 등의 시사교양지가 조선에서도 널리 판매되었으며,

〈그림 36〉 경성제대 조선인 학생, 1920년대(《인천일보》)

학생들은 이와나미문고를 통해 동서양의 고전을 일본어로 접할 수 있었다.

조선과 일본의 학생문화에서 교양주의의 연속성을 보여주는 다음과 같은 흥미로운 회고가 있다. 1930년 중앙고등보통학교 학생이었던 서정주의 독서와 관련된 기억이다.

책의 제목은 사회주의의 원조 마르크스의 주저 《자본론》의 일본어 역판이었다. (…) 잠깐 빌려 달래서 표지를 젖히고 보니 거기 바로 사진 찍혀져 있는 마르크스의 사진, 그것은 강희옥의 책상 위의 벽에 그가 이 방에 오면서부터 걸고 있던 그 사진판 초상화의 바로 그 주인인 것도 알게 되었다. '읽어볼까? 나도 좀 (…)' 내가 말하니 '너 가지곤 아직 이르지. 레닌이 쓴 것 무엇부터 읽어 봐, 계림서점이라고 안국동에서 왼쪽으로 종로를 향해 가다 보면 이런 책만 파는 데가 있어. 너도 이젠 거길 드나들어 봐' 그게 강희옥이의 가르침이었다. 나는 그 뒤 그에게 지지 않으려고 바로 계림서점을 드나들고, 레닌의 《러시아 혁명의 거울로서의 레오 톨스토이》라는 책과, 일본인 사회주의자 누군가의 제이빈핍물어第二貧乏物語니 자본주의의 가다꾸리니 그런 따위의 책들을 강희옥 그와 계림서점 주인의 권고를 따라 사서는 세월이 어찌 가는 줄도 모르고 거기 몰입하고 있을 마련이 되었다.[33]

이 회고에서 고등보통학교생 서정주는 친구의 인도로 사회주의적 서적을 접한다. 그가 표지로 본 마르크스의 《자본론》은 가와카미 하지메가 번역한 책일 가능성이 크고, '제이빈핍물어'도 바로 가와카미 하지메의 《두 번째 가난이야기第二貧乏物語》(1930)였을 것이다. 말하자면 교양주의의 마르크스주의적 버전에 해당하는 독서물이 심지어 고등보통학교 학생 사이에서도 회자되었고 그것들의 유통 경로도 존재하고 있었다. 구제고교생의 다이쇼기 교양주의에서 마르크스주의적 교양주의로의 전환을 떠올리게 하는 서정주의 기억은 식민지에서 학생들의 교양주의 문화가 저항문화로 발전하는 역사적 과정을 시사하는 것으로 해석해야 할 것이다.

이와 같이 본토의 구제고교와 식민지 타이완의 고교 및 조선의 제대 예과 간에 확인되는 연속성을 어떻게 해석해야 할까. 유진오는 이를 다음과 같이 해석했다.

이러한 교육방침은 경성제대 예과에서만 보이는 특이한 것은 아니었다. 일본 본토 내 고등학교에 공통되는 현상이었다. 고등학교를 거쳐 대학을 졸업한 '학사'라면 틀림없이 사회의 지도층으로 올라가던 명치 시대 이래의 유물이었는지도 모른다. 마실 줄도 모르는 술을 퍼마시고 '나중에는 박사냐 대신이냐' 하는 노래를 소리쳐 부르면서 머리를 길게 하고 찢어진 만또를 걸치고 대로를 활보하는 것이 그때 일본 고등학교 학생들의 일반적인 풍조였는데 경성제대 예과의 일본인 학생들은 일본 내의 그러한 풍속을 그대로 배워다 옮겨 놓았던 것이다.[34]

일본 본토의 고등학교와 마찬가지로 타이페이고교나 경성제대 예과의 졸업생들도 결국 일본제국을 이끌어나갈 관료나 사회적 엘리트가 될 것으로 기대되던 사람들이었다. '나중에는 박사냐 대신이냐'라고 구제고교생이 노래한 것처럼 경성제대의 예과생들도 "신랑감을 고르려면 청량리로 나오너라. 장차 박사 아니면 장관이 될 테니까"[35]라고 노래했던 것도 그런 기대 때문이었다.

학교 교풍도 본토와 유사하게 자유스러웠다. 1925년 타이페이고등학교가 설립될 때 초대 교장은 당시 타이페이제일중학교 교장을 겸임했던 미사와 다다스三澤糾(1878~1942)였다. 그는 '자유주의자'로 알려져 있었고, 타이페이고교에 미국식의 신교육을 도입하려는 포부를 가지고 있었다. 실제로 미국에서 유명한 종을 구입해 타이페이고교의 학교 종으로 삼았는데 타이페이고교생들은 이를 '자유의 종'으로 부르며 타이페이고등학교의 상징으로 여겼다.

타이페이고교의 교사 중에는 반드시 천황주의자·국가주의자를 신봉하거나 강요하거나 하지는 않는 지식인도 있었던 것으로 보인다. 다시 왕위더의 회고로 돌아가보자.

시오미 선생은 참으로 개성적인 선생이었다. 선생은 나치스를 싫어했고 그 때문에 나치스를 숭배하는 학생들이 분개했다. 그중 한 사람은 선생의 시간이 시시하다며 몰래 책을 읽고 있는 모습이 들켜 완력으로 교실에서 쫓겨난 적이 있었다. 선생은 또한 총독부가 추진하던 황민화운동을 바보 짓이라고 비판하며 타이완인의 입장에 동정하셨다.[36]

이러한 반나치사상을 가진 지식인풍의 교사가 식민지의 고교에서 가르쳤다는 것이 특이하다고 할 수도 있겠지만, 그들은 한결 같이 일본에서 구제고교를 나오고 제국대학 문학부를 나온 자부심이 강한 존재들이었다. 바로 그들을 통해 구제고교의 문화가 식민지로도 전파될 수 있었다고 보아야 한다.

조선의 경성제대 예과에서도 유사한 예를 볼 수 있다. 경성제대 예과에 진학한 이항녕은 1935년 당시의 예과 분위기를 다음과 같이 회고했다.

> 그(도사와 데쓰히코戶澤鐵彦, 1893~1980 - 인용자)는 정치학 교수였는데 철두철미한 자유주의자로서 거침없이 군국주의를 비판하였다. 그의 논문은 당시의 진보적 잡지라고 일컫던《개조》에 종종 실렸는데 위험할 정도로 반국가사상을 고취했다. (…) 나는 도사와 교수의 강의를 듣고 대단히 통쾌함을 느꼈다. 그가 급진적 자유주의자라는 것을 공적인 강의에서 충분히 알 수 있었지만 특히 학생들과 사담할 때는 당시 신성불가침의 존재였던 일본의 천황을 격하시키고 총독정치를 비난하고 침략적 군국주의를 통박하여 당시 한국인 학생 사이에서 인기가 있었다.[37]

식민지 대학의 교수가 '자유주의자'로 불리고 학교 강의에서 군국주의를 비판하는 모습도 의아스러운 느낌을 주지만, 그렇게 기억될 만큼 제국대학 예과가 비교적 자유로운 분위기였다는 점도 읽어낼 수 있다.

이러한 상대적으로 자유로운 학교 분위기와 엘리트주의적인 의식이 결합되고 거기에 피식민자로서의 르상티망resentment이 촉매제로 부가되면 피식민자 출신의 학생들은 식민지에서 민족운동과 사회운동을 견인하는 주체로 성장하기도 한다. 타이완의 경우 1912년 전후로 타이완인 학생 사이에 민족의식이 각성되어 장웨이수이蔣渭水, 웡춘밍翁俊明, 두총밍杜聰明 등을 비롯해 국어학교, 농사시험장 및 공업강습소 등의 학생이 군자금을 모집해 중국의 신해혁명을 지원하는 등 선구적인 민족운동을 전개한 바 있다. 이후에도 타이완 학생들은 정치운동상으로도 중요한 촉매 활동을 했다. 1920년 일본에서 유학한 타이완 학생이 신민회를 조직해 학생운동을 전개했다. 1921년에 조직된 타이완문화협회도 학생운동의 성격을 지니고 있었다. 창립 당초의 회원 1032명 중에서 학생 회원은 279명이었다. 1930년대에도 학생운동이 끊이지 않았다. 1936년 타이페이臺北二중학교의 반일사한사건反日思漢事件, 1942년의 지룽基隆중학교의 F-man사건, 1944년의 시에반일사건謝娥反日事件, 타이페이고상臺北高商의 레이카난사건雷燦南事件 등이 대표적인 예다.[38]

한편 식민지 조선에서도 민족운동 및 사회주의운동을 견인한 집단이 식민교육을 받은 학생 중에서 창출되었다. 식민지 지배 내내 끊이지 않던 조선의 민족운동·사회운동의 중심에는 늘 학생층이 존재했다는 점은 3·1운동·6·10만세운동·광주학생항일운동 등을 매거하지 않더라도 새삼 강조할 필요가 없을 것이다. 여기서는 장래가 실질적으로 보장된 경성제대 예과생들에게도 민족의식과 사회주의적 의식이 학생문화 속에서 싹트고 있었음을 서명원의 1940년대 초 경성제대 예과 회고를 통해 예시한다.

예과 생활에서는 문예나 운동이 중요한 과외활동이었다. 그중에서도 조선인 학생들은 축구부와 농구부를 장악했다. 두 운동부에는 일본 학생을 받지 않는 것이 전통이었다. 운동과 함께 민족의식과 사상을 고취하는 모임이었기 때문이었다. 이에 따라 오히려 운동을 잘 하는지와는 관계없이 좋은 지도자가 될 재목을 영입하기에 여념이 없었다. 축구부와 농구부는 부원 간의 친목이 깊어지면 민족의식을 일깨우고, 사상 지도를 하는 일을 시작했다. 그 수단은 독서였으며 특히 좌익 서적이 많이 읽혔다. 자연 일본 경찰이나 헌병대는 축구부와 농구부를 감시 대상으로 주목했다. 특히 감시가 심해지면 학우들의 결혼식, 부모님의 회갑, 초상 등의 명목을 내세워 우리들 모임을 가졌다.[39]

서슬 퍼런 군국주의의 최절정기였고 태평양전쟁 발발기였던 1940년대 초에도 경성제대 예과의 조선인 중심 운동부 안에서 '좌익서적'을 읽는 사상 지도가 이루어졌고, 심지어 결혼식이나 회갑잔치 등을 빙자해 모임을 지속하는 식으로 조선인 학생들의 저항문화가 이어졌다는 점에 주목할 필요가 있다.

유학생의 문화

앞에서 살펴본 것처럼 제국 일본과는 달리 식민지였던 타이완과 조선에서 초등교육은 단계적으로 팽창되었으나 그에 상응하는 중등교육 및 고등교육의 팽창은 극도로 억제되었다. 각기 하나씩 존재했던 식민지의 제국대학들도 기본적으로는 피식민자였던 타이완인이나 조선인을 위해서가 아니라 식민지로 온 지배자·일본인을 위한 교육기관이었다. 중등교육도 민족별학체제를 유지했거나, 1920년대 이후 공학체제를 취한 경우에도 그 취학 기회는 일본인이 우선 점유했다. 이와 같은 분명한 차별 교육체제는 초등교육 이후에 더 높은 수준의 교육기회를 추구하는 타이완인과 조선인이 국내가 아닌 다른 지역에서 교육기회를 찾으려는 동향을 강화할 수밖에 없었다. 곧 유학의 물결이다.

식민지의 타이완인과 조선인의 주된 유학 대상지는 근대 문물의 본산이었던 서구나 근대 이전에 중화문명의 종주국이었던 중국이기보다는 식민 지배의 종주국인 일본으로 향한 경우가 많았다. 여기에는 그만한 이유가 있었다고 보아야 한다. 무엇보다도 피식민자는 외국으로 유학하는 데 필요한 여권의 발급이 매우 어려웠다는 점을 들지 않을 수 없다. 그래서 외국으로 가기 위한 전 단계로 일본으로 유학하는 경우가 있었다. 특히 일부 지방명사의 자제들은 장래의 서구 유학을 위한 수단으로 일본 유학을 선택한 자가 많았다. 그뿐만 아니라 본디 중국으로의 유학을 바랐지만, 당시 타이완인의 중국 도항에 대해 타이완총독부가 엄격한 〈도항조례〉를 두어 단속했기 때문에 일단 도쿄나 오사카 등으로 간 후에 거기서 조선을 거치거나 톈진·상하이 등을 경유해 중국으로 가는 경우도 있었다.

그런데 이보다 더 중요하게 작용했던 것은 식민지 종주국으로의 유학을 통해 익힌 지배 언어와 문화가 서구나 중국 등 다른 국가에서 익힌 언어나 문화보다도 식민지에서 지위를 획득하는 데 더 유리하다는 판단, 또 한편으로는 서구로의 유학에 비해 교육 및 생활의 비용 면에서나 언어 면에서 일본 쪽이 훨씬 유리하다는 판단 등이었을 것이다. 좀 더 진지한 이유로는 일본이 청일전쟁의 승자이며 러일전쟁의 승자로서 동아시아에서 서구의 근대적 문물을 자신의 것으로 소화해 단기간에 서구를 따라잡는 데 성공한 국가로서 배울 점이 있다는 판단 또한 작동했던 것으로 보인다. 말하자면 "유학생은 서양 문명을 섭취해 근대화를 추진해 온 일본의 경험이나 능력을 높이 평가했다. 결국 그들은 직접 서양에서 근대 문명을 수입하기보다는 일본을 경유한, 바꿔 말하면 일본에 의해 여과된 서양 문명을 섭취하는 것에 더 큰 의미와 가치를 두었던 것이다."[40] 그것은 서양의 문명을 근대 일본의 지식인들이 한자어를 기초로 하여 방대한 규모로 수준 높게 번역했기 때문에 같은 한자문명권에 속한 동아시아인들이 서양 문명을 단기간 내에 이해하고 흡수하기에 매우 효과적인 조건이 되었다는 점과도 깊이 관련되어 있었다.

유학생 정책과 규모

그렇다면 식민지기 타이완과 조선의 일본 유학과 관련된 정책은 어떠했으며 시기별로 어떠한 변화를 보였을까.

먼저 타이완의 경우를 보자. 타이완총독부가 일본에 파견한 최초의 타이완인 관비유학생은 1897년에 도쿄 후시미伏見학교 5학년으로 편입해 후에 농과대학에 진학한 양스잉楊世英이었다. 고등교육기관의 설립이 억제되어 있었던 다이쇼기 이전에 타이완총독부는 관비유학생의 유학은 제한적으로 허락했지만 사비유학 자체를 전면적으로 허용할 만큼 적극적이지는 않았다. 그러나 1914년 메이지기 자유민권운동의 기수였던 이타가키 다이스케板垣退助(1837~1919)가 결성한 '타이완동화회臺灣同化會'의 영향으로 타이완인의 일본 유학에 대해 좀 더 허용적·개방적인 분위기가 조성되었고, 이후 고등교육기관으로의 유학이 점차 증가하기 시작했다. 결과적으로 식민지 지배 말기까지 일본에 유학한 타이완인 중에서 제국대학을 졸업한 자는 약 1000명, 관립대학 및 사립대학을 졸업한 자는 약 2만 명, 각 전문학교를 졸업한 자는 약 4만 명, 합계 약 6만 1000여 명이었다. 요컨대 일본에 유학해 고등교육을 받은 사회적 엘리트의 수는 오히려 타이완의 식민지 엘리트교육기관에서 육성된 엘리트의 수를 훨씬 상회해, 식민지교육체제가 타이완의 사회적 엘리트의 교육적 요구를 얼마나 충족하지 못했는가를 보여준다.[41]

시기별 변화를 좀 더 구체적으로 살펴보자. 타이완총독부는 1910년대 중반까지 타이완인의 일본 유학에 대해 소극적이었다. 타이완인이 일본에서 '위험한 사상'을 접할지도 모른다는 우려 때문이었다. 유학을 갈 때는 타이완총독부에 의무적으로 신청을 해야 했고, 가장 수가 많은 도쿄 유학생의 단속은 타이완협회이후 동양협회가 맡았다. 또한 도쿄 이외 지방에 유학한 타이완인 학생은 그 지방의 장(도청장관, 부현지사)이 감독했다. 타이완인 유학생은 일본에 도착한 후 7일 이내에 입학 학교와 학과를 신고할 것, 또 이전이나 퇴학의 경우에도 신고가 요구되었다. 나아가 도쿄에는 유학생 전용기숙사가 만들어졌다. 그것이 고사료高砂寮다. 타이완 유학생들의 문화는 이 고사료를 중심으로 전개되고 발전했다. 유학생문화를 살펴보기 위해서는 1920년대 타이완 사회운동과 유학생의 관계에 주목할 필요가 있다. 이 시기는 유학생이 타이완 도내의 사상에 큰 영향을 주었다. 1920년에 타이완의 부호이자 리더였던 린셴탕林獻堂(1881~1956) 등이 타이완인 유학생을 주요 구성원으로 하여 도쿄에서 타이완문화협회를 발족했다. 항일 단체였던 타이완문화협회는 기관지로서 《타이완청년》이나 《타이완》이라는 잡지를 발행했는데 그 중심이 된 것은 고사료에 집결했던 타이완 유학생들이었다.

고사료는 단지 유학생들의 숙사에 그치지 않았다. 이 고사료에서는 다양한 행사가 열렸다. 특히 유학생에게 영향을 미친 것은 강연회와 변론회였다. 타이완청년회의 중심 인물이나 타이완문화협회의 거물들은 일본을 방문할 때마다 고사료에서 강연을 했다. 일본인 저명 인사의 강연도 열렸다. 예를 들어 1915년 7월 20일에는 니토베 이나조가 고사료를 찾아 〈타이완학생을 위해〉라는 강연을 했으며, 다이쇼 데모크라시의 주역이었던 요시노 사쿠조도 고사료에서 두 차례 강연했다. 료 자체는 타이완총독부나 동양협회 등이 관리했지만, 료 내에는 일본의 민주와 자유의 공기가 넘쳐나고 있었다고 한다.[42]

다음으로 조선의 경우를 살펴보자. 1881년 일본의 여러 제도를 시찰하기 위해 총 62명으로 구성된 '신사유람단'이 파견되었다. '신사유람단'은 도쿄에 74일간 체재하면서 이와쿠라 도모미, 이토 히로부미 등과 만났으며 포병공장·조선소·도서관·박물관·병원·우편전신 등의 공공시설과 각종 학교를 견학했다. '신사유람단'의 반장 어윤중은 유길준(1856~1914)과 류정수柳正秀(1857~1938)를 후쿠자와 유키치의 게이오기주쿠에 보내고 윤치호尹致昊(1865~1945)를 나카무라 마사나오가 창립한 도진샤同人社에 입학하게 했다. 이 세 사람이 조선에서 일본으로 건너간 소위 최초의 유학생이라 할 수 있다. 이후 일본에 유학한 초기의 유학생들이 개화파의 중핵을 형성했다. 그런데 청이나 조선의 수구파는 그들을 위험한 존재로 간주했다. 예컨대 1886년 5월 14일에 조선국교섭사무아문 주사가 유학생 10명을 이끌고 고베神戶까지 갔지만 그날 중으로 귀국하는 이해할 수 없는 사건이 발생한 경우도 있었다. 일본으로 도피 중이던 김옥균을 돕지 않을까 우려한 조선 정부가 유학생을 철수하게 했다고 하는 설이 나돌았다.[43]

갑신정변의 실패로 중단된 일본으로의 유학생 파견은 청일전쟁 후 약 10년 만에 대규모의 관비유학생 파견이라는 형태로 재개되었다. 1894년 11월 일본공사가 신정권에 제안한 20조의 〈개혁요령〉 중에 유학생 파견에 관한 항목이 있었는데, 이는 국정 개혁의 방침을 제시한 〈홍범 15조〉에 그대로 반영되어 개혁정책의 일환으로 다음 해부터 대규모로 관비유학생 파견 사업이 시작되었다. 1895년 주로 양반 출

〈그림 37〉 유길준 청년 시절(좌), 장년 시절(우)《중앙일보》

신 자제 200명이 '조선 정부 위임유학생'으로서 일본에 파견되어 전원이 게이오기주쿠에 들어갔다. 같은 해 7월에 학부대신 이완용과 게이오기주쿠 간에 〈유학생 위탁계약〉이 체결되었다. 그러나 아관파천 이후에 유학생 파견 사업이 한동안 폐지된다.

유학생 파견이 재개된 것은 러일전쟁 이후였다. 러일전쟁의 승리로 조선에서 일본의 지배력이 다시 확고해진 이후 유학생이 다시 늘어났으나 이 시기를 계기로 유학생의 의식 및 유학의 성격 자체에 중대한 변화가 일어났다. 1905년 이전의 유학생들에게 일본은 근대를 위한 학습의 대상이었으나 일본의 식민지 지배 의도가 분명해지자 유학생들에게 일본은 학습의 대상이면서 동시에 저항의 대상이 되었고, 그들의 의식도 항일로 기울어졌다. 이를 보여주는 것이 유학생 단체의 조직이다. 1905년부터 1906년간 10여 개의 단체가 설립되었다.

주로 출신 지역별로 조직된 이들 유학생 단체는 최초에 배타적인 지역주의로 반목했으나 1909년 1월 '대한흥학회'라는 단일조직으로 통일되었다.

이에 대한 대응으로 일본 또한 유학생에 대한 감독체제를 정비했다. 1906년 3월 〈학부 소관 일본국 유학생 규정〉이 마련되었고 이것이 1911년 6월 〈조선총독부 유학생 규정〉 및 〈조선 유학생 감독에 관한 규정〉으로 계승되었다. 1910년 이후 일본으로 유학을 희망하는 자는 자연히 증가했지만 총독부의 엄격한 제한으로 1910년대 유학생은 500~600명 정도 증가하는 것에 불과했다. 그러나 3·1운동 이후 총독부가 유학억제에서 완화로 정책을 전환함으로써 종래의 〈조선총독부 유학생 규정〉은 폐지되고 그 대신에 〈재내지 관비조선학생 규정〉(1920년 11월)이 제정되었다. 이 규정으로 관비유학생의 이수과목과 자격이 완화되고 유학생의 전문 분야가 다양화되어 가는 동시에 사비유학에 관한 절차는 완전히 철폐되었다. 다만 동양협회에 '조선학생감독부'가 설치되어 유학생에 대한 감독 업무는 지속되었으며 1925년 4월에 조선총독부 도쿄출장소로 넘어간 후에 같은 해 9월에 조선교육회로 위탁되었고, 조선교육회 동경 지부가 '장학부'를 설치해 유학생 감독과 지원사업을 행했다.[44]

다음으로 유학생의 규모를 살펴보자. 〈표 5〉는 1906년에서 1942년까지 타이완과 조선에서 일본으로 유학한 학생에 관한 통계다. 식민지기 전반에 걸쳐 조선의 인구가 타이완의 약 5배 정도에 달한다는

〈표 5〉 식민지기 타이완과 조선의 일본 유학생 수

(단위: 명)

연도	타이완		조선	
	총수	전문 이상	총수	전문 이상
1906	36	13		
1907	62	7		
1908	60	8		
1909	96	13		
1910	132	15		
1911	176	18		
1912	264	35		
1913	315	39		
1914	325	45		
1915	327	50		
1916	415	55		
1917	482	86		
1918	493	102		
1919	564	119		
1920	649	139	1,141	453
1921	757	173		
1922	743	182		
1923	862	238		
1924	850	222		
1925	828	266	2,563	1,228
1926	886	299	3,945	1,713
1927	1,240	528	3,861	1,672
1928	1,405	570		
1929	1,449	533	3,769	1,876
1930	1,317	548	3,793	1,961

1931	1,501	599	3,601	1,754
1932	1,627	638	3,368	1,790
1933	1,520	608	4,087	1,936
1934	1,977	994	4,519	2,282
1935	2,185	1,047	4,954	2,622
1936	2,357	1,101	6,397	3,541
1937	2,812	1,245		
1938	4,123	1,708	9,086	4,483
1939	5,407	2,608	11,007	6,226
1940	6,015	2,309		
1941	6,676	2,544		
1942	7,091	2,527		

출전: 佐藤由美·渡部宗助, 〈戰前の臺灣·朝鮮留學生に關する統計資料について〉,《植民地教育體驗の記憶》, 植民地教育史研究年報 第7號, 2005, 82~99쪽.
비고: 전문 이상이란 고등학교, 대학 예과, 전문학교, 대학 등 고등교육기관의 유학생을 의미한다.

점을 감안해서 일본 유학생 수를 상대적으로 비교해보면 타이완 쪽이 조선에 비해 더 많았던 것으로 볼 수 있다.

유학생의 문화

지금부터 유학생의 문화로 들어가보자. 그런데 타이완 및 조선의 일본 유학생들의 유학 동기도 제각각 달랐을 것이며, 그들이 일본에서 진학한 학교의 수준이나 종류도 제각각이어서 그들 간에 공유된 유학생문화라는 것이 마치 구제고교생의 문화처럼 그 나름의 독자적 완결성과 응집성을 지닌 것으로 만들어지기는 어려웠다는 점을 먼저 인식할 필요가 있다. 그러한 제한을 의식한 상태에서 타이완과 조선의 유학생들이 남긴 몇몇 회고담 등을 통해 유학의 동기, 유학 경험이 그들에게 미친 영향 등을 검토해봄으로써 유학생의 문화를 간접적으로 엿보기로 하자.

먼저 대체로 제국 일본으로의 유학 경험에 관한 회고에서 공통적으로 확인되는 것 하나는 식민지 사회보다는 상대적으로 더 자유롭고 덜 차별적이며 개방적인 지적·사회적인 분위기를 제국에서 느꼈다는 점이다. 예컨대 교토제대에서 의학을 배운 타이완 최초의 근대적 의학박사 두총밍은 교토제대에서 인종차별을 당한 적이 없고 매일 유쾌하게 실험 공작을 했다고 기억했다. 타이완에서 경험했던 식민자로서의 일본인과 다른 인상을 일본 내지의 일본인에게 받았다는 것이다. "이곳의 일본인은 타이완의 일본인과 다르다. 여기 일본인들은 통치자의 오만한 태도가 없고 지배자가 타이완인들을 보는 시선이 없으며, 오히려 농민적인 소박한 인정이 흐른다."[45]

제국의 수도는 식민지와는 달리 근대적인 문화적 자극을 풍부하게 받을 수 있는 곳이기도 했다. 1923년에 도쿄미술학교에 입학한 타이완 유학생 왕바이위안王白淵(1902~1965)은 도쿄에서의 생활과 유학을 다음과 같이 회고했다.

벚꽃이 그야말로 막 지려는 무렵이었다. 미술학교는 우에노공원 안에 있었고 도쿄음악학교와 인접해 있었다. 이 두 예술의 전당은 공히 도쿄의 언덕, 초목이 무성한 공원 안에 있다. 나는 매우 만족했다. (…) 도쿄는 의외로 좋은 곳으로서 세계의 오대 도시의 하나라 할 만했다. 문화는 물론 타이완 보다도 높다. 그러나 내가 특히 만족한 것은 생활의 자유와 연구의 자유였 다. (…) 도쿄에서도 일본 경찰의 은밀한 감시는 면할 수 없으나 타이완만 큼 지독하지는 않았다.[46]

왕바이위안은 타이완에서는 느낄 수 없었던 생활의 자유와 연구의 자유를 도쿄에서 느꼈다고 고백했다. 이 고백의 진실성을 부인할 필 요는 없다. 다만 한편으로는 이러한 기억이 식민지와 제국의 수도에 대한 상대적인 비교 체험에서 비롯된 것임을 인식할 필요가 있다. 피 식민자에 대한 감시와 통제가 없이는 체제의 재생산 자체가 위험에 빠질 수도 있는 식민지와는 달리 제국의 수도에서 맛볼 수 있는 상대 적으로 개방적인 분위기가 식민지 출신 유학생을 감동하게 한 것으로 보아야 한다. 그러나 식민지 출신 유학생들은 일본에서의 유학이 마 냥 행복하고 즐겁지만은 않았다. 제국의 수도에서 그들은 '지식인'으 로 변신하게 된다.

예컨대 애초에 밀레와 같은 화가가 되고자 도쿄미술학교에 유학했 던 왕바이위안은 도쿄에서 새로운 정치적 각성의 계기를 맞았다.

그러나 얼마 후 나는 눈을 떴다. 주위 환경, 세계의 조류, 특히 중국 혁명과 인도의 독립운동은 나의 불멸의 민족의식을 맹렬히 불타게 했다. 예술-만인이 품고 있는 이 아름다운 꿈은 나의 내심의 요구를 만족하게 할 수 없었다. 상아탑 안의 꿈은 물론 인생의 이상이며 감상이 풍부한 내가 좋아하는 것이기도 했다. 그러나 하나의 민족이 이민족에게 굴종하고 조종당하는 생활을 보낼 때에는 어떤 사람도 자신의 행복과 이해를 따르며 이 역사의 비극에서 벗어날 수 없다. 나는 이렇게 생각하고 내 양심에게 물었다. 지금부터 매일 우에노도서관에 가서 이 문제의 근본적인 해결을 위해 연구하기로 했다. 그러나 나는 예술에서도 벗어날 수 없었다. 이 매혹적인 요정은 마치 독사처럼 끊임없이 내 마음속에 자리 잡고 있었다. 예술과 혁명이 두 길은 양립할 수 없는 채로 목전에 펼쳐져 있었다.[47]

미술을 공부하러 온 유학생 왕바이위안은 도쿄에서의 다양한 경험을 통해 서서히 정치적인 의식화 과정을 밟았다. 특히 그에게 자극을 준 것은 제국의 수도에서 만난 중국 혁명 및 인도의 독립운동 소식이었다.

초기에 타이완에서 온 유학생들이 늘 진지한 정치적 목적 의식으로 유학생활을 하지는 않았다. 타이완의 유력자 가문 출신의 유학생들은 화려하고 사치스러운 도쿄의 근대 문물의 유혹을 만나 타락에 빠지기 쉬웠다. 초기 유학생들과 관련해서는 그들이 마작을 하거나 무도장·차관에 드나드는 퇴폐적인 모습들에 대한 지적도 물론 확인할 수 있다.[48] 도쿄에 유학 중인 일부 학생이 음주나 유곽 등의 악습관을 배우고 학생 본분을 벗어나는 당시 상황에 대해서 총독부도 위기

감을 느꼈고 그런 이유로 총독부는 1912년에 동양협회의 협력을 얻어 동양협회전문학교(현 다쿠쇼쿠대학)에 총독부 관영 도쿄 주재 타이완인 유학생 기숙사 고사료를 건설했다. 결국 이 고사료는 유학생들에 대한 감독과 통제를 목적으로 했다.

그러나 이곳은 타이완 유학생들이 시사 문제를 늘 토론하는 장이 되었으며, 린셴탕과 같은 타이완의 유력 인사들은 도쿄를 방문할 때마다 이곳을 찾아 학생들을 대상으로 계몽 연설을 했다. 이것이 계기가 되어 그때까지 타이완인을 속박하던 이른바 육삼법六三法 철폐운동이 결의되기도 했다.[49] '육삼법'의 정식 명칭은 〈타이완에서 시행해야 할 법령에 관한 법률臺灣ニ施行スヘキ法令ニ關スル法律〉(1896년 법률 63호)다. 법률 번호를 따라 약칭해 '육삼법'이라 했는데, 타이완총독에게 타이완에서 법률의 효력을 발하는 명령(율령)을 발할 권리를 부여하는 내용으로 되어 있어 매우 전제적인 법률이었다.

앞서 언급했듯이 타이완 유학생의 기숙사는 1920년대 타이완문화운동에 중심 역할을 하기도 했다. 예컨대 당시 도쿄 주재 타이완인 유학생은 계몽 단체 '신민회'를 조직하고 기관지《타이완청년》을 발행하는 동시에 타이완의회설치청원운동에도 적극적으로 참가했다. 이 잡지는 신지식을 타이완에 적극적으로 소개하는 효과적인 도구가 되었다.[50]

타이완 유학생들은 나아가 도쿄에서 다른 식민지, 즉 조선에서 온 유학생들과 교류하며 자극을 받기도 했다. 당시 조선인의 민족자결운동 내지 민족독립운동 및 그것을 목적으로 하는 계몽문화운동은 타이완인의 운동보다 훨씬 진전되어 있어 도쿄의 유학생들은 이미 몇 개의 단체를 조직하고 기관지의 간행, 사상의 선전보급을 행하고 있었다. 타이완인의 계몽운동은 조선인에 비해 뒤처졌기 때문에 도쿄에 있던 타이완인 유학생들은 적극적으로 조선인과 연휴를 도모하려 시도했다고 한다. 예를 들어 차이바이훠蔡培火·황청총黃呈聰 등 도쿄의 지도적인 타이완인 유학생들은 조선인 유학생과 교류를 통해 《혁신시보革新時報》·《청년조선靑年朝鮮》·《아세아공론亞細亞公論》 등에 원고를 게재할 기회를 얻었다.[51]

이러한 교류를 보여주는 흥미로운 사건의 하나는 1928년 3월 10일에 일어난 이른바 '고사료사건'이었다. 고사료에서 제공하는 식사에 불만을 가진 학생들과 기숙사 측의 분쟁이었다. 이 분쟁은 폭력 사태로 이어졌으며 기숙사생 7명이 검거되었다. 이 사건이 도쿄에 유학하고 있던 다른 유학생들에게도 전해져 같은 해 3월 15일 타이완문화협회 관련 단체인 타이완청년회가 이 사건에 대해 비판대회를 개최했다. 흥미로운 점은 연설자 명단에서 조선인 이준명李俊明이라는 인물의 이름을 볼 수 있다는 것이다.[52]

이토록 제국의 한 복판에서 식민지였던 타이완과 조선의 유학생들이 만나 서로 자극을 주고받고 그것이 서로의 민족운동을 고무한 과정은 유학생문화에서 중요한 의미를 지닌다. 제국의 수도, 더 구체적으로 유학생들이 다닌 학교나 그들이 함께 머무르며 생활하던 기숙사 자체가 동아시아 지식인의 일종의 '접촉공간'을 형성하고 그것을 중심으로 유학생들이 결사와 출판활동을 통해 관계망을 구축할 가능성이 있었다.[53]

타이완 유학생이 도쿄의 하늘 밑에서 조선 또는 중국 유학생을 만나 민족적인 각성을 하게 되어 정치 투쟁에 참여하는 이 과정은 유학생문화가 지닌 가장 극적인 역동의 하나라 할 수 있었다.

유학생들이 또한 경험할 수 있었던 것은 세계사적인 동향과의 만남이었다. 앞서 언급한 왕바이위안의 경험으로 다시 돌아가보자. 1913년에 아시아인 최초로 노벨문학상을 받은 인도의 라빈드라나트 타고르Rabīndranāth Tagore를 왕바이위안이 알게 된 것도 일본에서였다. 우리에게도 '동방의 등불' 등으로 잘 알려진 타고르는 세 차례에 걸쳐 일본을 거듭 방문했는데 최초의 열렬한 환영과는 달리 1924년 세 번째 방문에서는 정복과 투쟁을 특질로 하는 서양의 국가주의를 일본이 모방하고 있다며 통렬하게 경고했다. 일본의 국가주의자를 대상으로 한 이 강연은 타이완 출신 유학생의 삶의 방향을 바꾸어놓았다. 왕바이위안은 마침내 다음과 같이 선언하기에 이른다.

인도의 청년이여, 우리는 소리 높여 여러분에게 호소한다. 아시아 최선의 혼은 모두 여러분 편이다. 중국의 혁명청년은 동시에 여러분의 동지다. 삼민주의에 입각한 쑨원의 대아시아주의는 인도의 독립운동을 중국혁명의 연장으로 본다. (…) 우리는 청년이다. 청년은 진리를 사랑하고 정의를 사

〈그림 38〉 관부연락선, 1922(부산대학교 로컬리티아카이브)

랑하고 자유를 바란다. 친애하는 인도의 청년이여! 여러분이 영국 제국주의에 대해 최후의 반항을 시도할 때 우리는 만공의 숙정과 우애를 갖고 여러분의 성전에 참가할 것이다. 미국의 독립전쟁에 참가한 프랑스의 자유주의자들처럼.[54]

이러한 왕바이위안의 선언 속에서 인도와 중국과 타이완은 미국과 프랑스와도 만나는 것이다. 밀레를 꿈꾸었던 왕바이위안은 이후 화가의 꿈을 버리고 작가가 되어 혁명 지식인으로서의 삶을 살아갔다. 유학이라는 경험이 그것을 가능케 한 요인의 하나였다.

그렇다면 시모노세키下關와 부산을 잇는 관부연락선[55]을 타고 현해탄[56]을 넘어 일본으로 배우러 간 조선 출신의 유학생들은 어떠했을까?

일본으로 배우러 간 조선의 유학생들에 대한 세상의 기대와 그들의 자의식은 드높았다. 현상윤은 1915년에 "우리의 우에는 선각先覺이 별노 업스며 우리의 우에는 힘잇는 이가 별노 없나니, 어른 노릇도 우리가 하여야 하고 힘잇는 이의 노릇도 우리가 하여야 하겟슴에리오"[57]라는 사명감과 자긍심에 가득 찬 유학생의 자의식을 토로한 바 있었다. 그들이 일본을 유학지로 선택한 이유는 "50년간의 노력으로 일약하여 세계의 오반伍班에 참열하고 경진하여 극동의 무대에 웅비하는 나라는 오직 일본밖에 없"[58]다는 것이기도 했다.

일본으로 간 조선의 유학생들은 메이지유신을 비롯한 근대적인 일본 개혁의 비결에 다음과 같이 감동하기도 했다.

학교에 처음 입학하여 어느 날 학교에 가난 노중에 한 노차부가 청년신사를 태우고 이마에 슬인 땀을 이리 씻고 저리 씻고 달녀오더니 그 신사난 어느 대가로 들어가고 그 노차부난 문전에 그대로 안저서 준비하엿든 신문을 피여들고 열심으로 구주歐洲 전보戰報와 기타 사회상 천차만별한 기사를 자미잇게 보난 모양 나의 가난 발을 멈추고 한번 보게 하난도다. 여余의 머리에 할쌀갓치 쏘인 감상 전기갓치 반도사회가 눈압헤 보이난도다. 아- 제군이여 우리나라에 신문을 보난 사람이 기인幾人이며 또 볼 만한 안목을 가진 사람은 기인일가. 혹 안목을 가진 사람은 보기 실어 안이 보고 안목을 갓지 못한 사람은 물나서 보지 못하니 식견상 어느 범위 내에선난 타방他邦의 차부 사회에 불급한다 하여도 과언이 아니로다. 이에 당하야 조선 청년이 엇지 한면 개탄 감각함이 업스리오. 하사何事를 몰론하고 자소성대自小成大하며 자근지원自近至遠하는 것은 불변의 원칙이라 우리 사회에 대학문가大學文家 큰 편학가偏學家 나난 것을 당한대우當旱待雨한 것이지 마난 목전에 급무난 보편적 교육의 필요함을 자각하엿도다.[59]

이러한 일본의 근대화 과정에 대한 찬탄이 단지 타자에 대한 학습과정에 그치지 않고 거의 필연적으로 조선과 일본의 비교로 이어지곤했다. 다음과 같은 박춘파의 고백을 보자.

일본은 과연 문명국답다. 산산이 청산이요 수수가 녹수인데 만에는 선박이요 야에는 도회다. 처처에 공장회사요, 기차전차가 종횡되엇고 공원 신사가 동리동리다. 이러케 말하면 혹 욕설 잘하는 이 잇다가 "그 자식 일본 두 번만 가면 정신이 다 빼앗기겟네" 하고 나무라실 듯하다. 그러나 사실이 그러함에 어찌하랴. 그들은 과연 제로라고 덤빌만 하다. 하관下關으로 강산岡山에 도회성이 끈치지 아니하얏다. 이 도회를 지나면 저 도회─또 런하고 이 구경이 업서지면 저 구경 또 하게 된다. 이때 나는 현해의 서西를 위하야 한 번 눈물 흘리고 현해의 동東을 위하야 한번 탄상을 하얏다. 이는 나의 냉뇌冷腦의 허락이다. 경성으로 부산까지를 생각해보고 하관으로 강산까지를 비교해보니 실로 십년의 차는 되는 듯하다. 아니 그대로 또 잇스면 백년의 차가 얼픈 될 듯하다. 아─ 고국의 형제들이어 내 말이 거짓인가 사실인지 한번씩 현해를 건너 보소서. 그리하야 우리네도 그들과 가티 살아 보도록 아니 그들보다 이상의 생활을 하야 보도록 하야 보라. 속담에 아만 지하고 피를 부지하면 패한다 하고 아를 지知하고 피를 지하면 승한다 하얏스니 우리는 일본의 여하를 알아야 되겟다. 정신상으로나 물질상으로나.[60]

현해탄의 이쪽과 저쪽을 비교한 박춘파와 같은 유학생의 시선은 애초에는 '지피지기면 백전백승'이라는 소박한 의욕에서 비롯된 건강성을 지닌 것이었지만, 자칫하면 자신이 속한 조선 세계에 대한 부정적·비하적인 시선, 말하자면 일본을 통해 수입된 일종의 '오리엔탈리즘'적인 시선으로 이어지는 경우도 없지 않았다. 예컨대 1918년에 일본으로 유학한 주요섭朱耀燮(1902~1972)이 다시 관부연락선을 타고 부산으로 돌아올 때의 시선은 그가 유학하러 일본으로 들어갈 때의 그것과는 달랐다.

김형, 우리나라에 척 나려서면서 처음으로 가장 강하게 제 마음에 상처를 내여 주는 것은 다른 아모 것도 아니요 우리나라 사람의 거름 거리 모양이 그것이올시다. 엇재 절반은 죽은 사람처럼 또는 모다 긴병쟁이들처럼 측 느려치고 활기업시 느릿느릿 거리는 모양은 참으로 눈에서 피가 쏘다지도록 보기 실흔 것이엿습니다. 물론 거긔에는 민족적 공통한 리유가 잇겟지오. 분주하지 아니한 민족, 게으르게 뵈히는 의복을 닙은 민족, 공통적으로 약질인 민족, 왕래에 량반 거름거리 본을 전래해온 습관의 로예가 된 민족,

이 민족이기 때문에 거름이 이가티도 보기 실케 되엿겟지오.[61]

일본이라는 근대적 신세계를 목도한 유학생은 조선인의 걸음걸이 조차 부끄럽게 보이기도 했다. 그럼에도 일본에 유학한 조선인 학생들에 대한 일반의 시선과 기대는 그들을 자기비하적인 오리엔탈리스트로 머물게 하지 않았다. 조선의 민중들은 유학생들에게 선구자로서의 역할을 기대했다. 1920년 7월 전 조선을 휩쓴 이른바 '유학생강연단'의 활동 및 그들에 대한 조선 민중의 성원과 기대는 한 해 전에 그들이 중심이 되어 일본에서 터져 나온 '2·8독립선언'이 아니었다면 불가능한 것이었다. 《동아일보》는 일본 유학생강연단에 대한 조선 민중의 반응이 다음과 같이 뜨거운 것이었음을 보도했다.

지식에 동경하야 쇄도하는 수천군중. 개회하기전 단성사 압 광장을 쇄도하는 군중이 무려 수천. 십팔일 오후 한시- 이날 이때는 우리 경성의 삼십만 시민이 손곱아 고대하든 우리 학우회 강연회를 서울에서 첫막을 여는 날임으로 그다지 심한 더위에도 불구하고 오전 열시부터 흰옷입은 사람의 물결이 맛치 어느 때 무슨 광경을 련상할 만 하얏다. 그리하야 오전 열시가 되매 단성사의 압골목으로, 동관 네거리는 물론이어니와 장내 장외가 젼부 사람의 바다를 이루어 서로 부르짓고 대답하는 소리와 입장권을 달나고 살도하는 군중은 삼사천명에 달하얏다. 다른 날보다 특히 엄증한 경게는 방금 무슨 일이나 나는듯 하얏고 장내 장외에 느러선 불근테 둘은 순사나우리는 사오십명에 달하야 강연이 시작하기 전까지는 일대수라장을 이루어 조선에서 집회가 잇슨 후 처음되는 성황을 이루엇다.[62]

물론 이러한 열렬한 조선민중의 기대에 부응하듯이, 현해탄을 건넌 많은 일본 유학생이 민족주의운동에 헌신하는 지도자로 성장해 귀국했다고 결론 내리는 것은 아마도 과장일 것이다. 그럼에도 유학의 경험은 단지 교육을 통한 '입신출세'의 경험으로만 환원되지는 않는 정치적 경험을 동반할 가능성이 매우 컸다. 제국으로 유학하러 간 학생들은 강의실에서, 학생 모임에서, 하숙집과 술집에서 다른 동양, 다른 피식민지에서 온 또 다른 유학생을 만났다. 그 유학생은 타자이면서도 제국인과는 달리 피차별의 경험을 공유하는 존재다. 달리 말하자면 유학은 베네딕트 앤더슨Benedict Anderson의 표현을 빌리자면 '순례巡禮(pilgrime)'의 과정이다. 앤더슨은 식민지 출신 지식인이 제국 중심부로의 순례 과정을 통해 독특한 세계관과 자아관을 형성하고 언젠가는 여정을 마치고 다시 본향으로 돌아가 내셔널리즘을 이끄는 지도자가 되는 과정이 펼쳐진다고 지적한 바 있다.[63] 그들은 근대의 학생으로 바다를 건너 제국 일본으로 들어갔지만, 돌아올 때에는 계몽가 · 교사 · 예언자 · 지도자가 되어 돌아오는 것이다. 앞서 언급한 타이완의 왕바이위안의 예는 이를 잘 보여준다고 하겠다.

한편 1930년에 일본에 유학하기도 했던 조선의 지식인 임화林和(1908~1953)는 조선인에게 일본 유학이 지닌 의미를 시 〈현해탄〉

(1938)에서 다음과 같이 노래했다.

이 바다 물결은

예부터 높다.

그렇지만 우리 청년들은

두려움보다 용기가 앞섰다.

산불이

어린 사슴들은

거친 들로 내몰은 게다.

대마도를 지나면

한가닥 수평선 밖엔 티끌 한 점 안 보인다.

이곳에 태평양 바다 거센 물결과

남진南進해온 대륙의 북풍이 마주친다.

몬푸랑보다 더 높은 파도,

비와 바람과 안개와 구름과 번개와,

아세아亞細亞의 하늘엔 별빛마저 흐리고,

가끔 반도엔 붉은 신호등이 내어 걸린다.

아무러기로 청년들이

평안이나 행복을 구하여,

이 바다 험한 물결 위에 올랐겠는가?

첫번 항로에 담배를 배우고,

둘쨋번 항로에 연애를 배우고,

그 다음 항로에 돈맛을 익힌 것은,

하나도 우리 청년이 아니었다.

청년들은 늘

희망을 안고 건너가,

결의를 가지고 돌아왔다.

그들은 느티나무 아래 전설과,

그윽한 시골 냇가 자장가 속에,

정다리 오르듯 자라났다.

그러나 인제

낯선 물과 바람과 빗발에

흰 얼굴은 찌들고,

무거운 임무는

곧은 잔등을 농군처럼 굽혔다.

나는 이 바다위

꽃잎처럼 흩어진

몇 사람의 가여운 이름을 안다.

어떤 사람은 건너간 채 돌아오지 않았다.

어떤 사람은 돌아오자 죽어갔다.

어떤 사람은 영영 생사도 모른다.

어떤 사람은 아픈 패배에 울었다.

-그중엔 희망과 결의와 자랑을 욕되게도 내어판 이가 있다면,

나는 그것을 지금 기억코 싶지는 않다.

오로지

바다보다도 모진

대륙의 삭풍 가운데

한결 같이 사내다웁던

모든 청년들의 명예와 더불어

이 바다를 노래하고 싶다.

비록 청춘의 즐거움과 희망을

모두 다 땅속 깊이 파묻는

비통한 매장의 날일지라도,

한번 현해탄은 청년들의 눈앞에,

검은 상장喪帳을 내린 일은 없었다.

오늘도 또한 나이 젊은 청년들은

부지런한 아이들처럼

끊임없이 이 바다를 건너가고, 돌아오고,

내일도 또한

현해탄은 청년들의 해협이리라.

영원히 현해탄은 우리들의 해협이다.

삼등 선실 밑 깊은 속

찌든 침상에도 어머니들 눈물이 배었고,

식민지 타이완과
조선의 학생문화

흐린 불빛에도 아버지들 한숨이 어리었다.

어버이를 잃은 어린아이들의 아프고 쓰린 울음에

대체 어떤 죄가 있었는가?

나는 울음소리를 무찌른

외방 말을 역력히 기억하고 있다.

오오! 현해탄은, 현해탄은,

우리들의 운명과 더불어

영구히 잊을 수 없는 바다이다.

청년들아!

그대들은 조약돌보다 가볍게

현해玄海의 큰 물결을 걷어찼다.

그러나 관문해협 저쪽

이른 봄바람은

과연 반도의 북풍보다 따사로웠는가?

정다운 부산 부두 위

대륙의 물결은,

정녕 현해탄보다도 얕았는가?

오오! 어느 날

먼먼 앞의 어느 날

우리들의 괴로운 역사와 더불어

그대들의 불행한 생애와 숨은 이름이

커다랗게 기록될 것을 나는 안다.

1890년대의

1920년대의

1930년대의

1940년대의

19##년대의

(…)

모든 것이 과거로 돌아간

폐허의 거칠고 큰 비석 위

새벽별이 그대들의 이름을 비출 때,

현해탄의 물결은

우리들이 어려서

고기떼를 쫓던 실내(川)처럼

그대들의 일생을

아름다운 전설 가운데 속삭이리라.

그러나 우리는 아직도

이 바다 높은 물결 위에 있다[64]

임화의 시 구절처럼 '희망을 안고 현해탄을 건너가 결의를 가지고 돌아온 유학생들'을 포함해 식민지 학생들의 문화와 삶이 제국의 그것과 어떻게 달랐는가는 5편 2장에서 다시 다룰 것이다.

근대
동아시아의
학생문화

1
영국과 일본의
학생문화 비교

2
제국 일본과
식민지
타이완·조선의
학생문화 비교

3
근대
학생문화의
동아시아적
특질

I

영국과 일본의 학생문화 비교

영국의 퍼블릭스쿨과 일본의 구제고교

근대 동아시아 학생문화의 특질을 밝히기 위한 유력한 비교의 대상은 근대 서구의 학생문화가 될 것이다. 이 책에서는 서구의 학생문화 중에서도 영국의 퍼블릭스쿨 학생문화를 비교 대상으로 설정했다. 그런데 영국에는 중등교육기관으로 퍼블릭스쿨 외에도 공립그래머스쿨도 존재한다. 그러나 이 책에서 가장 중심 대상으로 다룬 일본의 구제고교와 구조적·제도적 특성에서 그 대응물을 찾는다고 할 때 그것은 그래머스쿨보다는 퍼블릭스쿨 쪽이 될 것이다. 제국대학 입학과 엘리트 지위가 사실상 약속되어 있는 구제고교의 사회적 위치에 필적하는 것은 옥스퍼드나 케임브리지 진학의 가장 확실한 경로가 되는 퍼블릭스쿨이기 때문이다. 구제고교나 퍼블릭스쿨 공히 소수의 엘리트를 위한 교육기관인 것이다.

그리고 앞서 언급했듯이 영국의 퍼블릭스쿨 외에도 서양에는 또 다른 선별적인 엘리트중등교육기관들이 존재한다. 예컨대 프랑스의 리세나 독일의 김나지움이 대표적인 예다. 리세를 거쳐 프랑스의 엘리트 고등교육기관인 이른바 그랑제콜grandes école에 진학하는 경로 또는 독일의 김나지움을 졸업하고 아비투어를 취득해 대학에 진학하는 경로는 각기 두 사회에서 교육을 매개로 엘리트 지위를 확보하는 데 결정적인 경로가 되며 그런 점에서 근대 동아시아의 엘리트적 학생문화의 특질을 비교하는 데 중요한 대상이 될 수 있다. 그러나 역시 영국의 퍼블릭스쿨이 근대 일본의 구제고교에 필적할 만한 대상으로서의 요건을 더 유리하게 갖추고 있다. 가장 주된 근거는 기숙사제도를 퍼블릭스쿨이 가장 중요한 제도적 특질의 하나로 갖추고 있다는 점이다. 실은 일본이 구제고교를 구상할 때 주요 모델로 간주된 것이 영국의 퍼블릭스쿨이었다.

한편 비교 대상은 중요하고도 흥미로운 차이점을 지니고 있어야만 한다. 동질성 쪽이 더 지배적이라면 굳이 비교해 포착할 필요가 없다. 이 차이점들이야말로 이 편에서 주목해 분석할 내용들이 되는데, 미리 그 주제들을 이야기한다면 그것은 학생 선발의 원리 및 기르고자 하는 인간상, 교육내용과 사회계층 간의 관련 방식이 될 것이다.

비교에 들어가기 전에 어느 시기의 퍼블릭스쿨을 비교 대상으로 설정하는가를 밝힐 필요가 있을 것이다. 구제고교의 역사와 시기적으로 정확히 일치하지는 않을 수도 있으나 여기서 비교의 대상으로 설정한 퍼블릭스쿨은 19세 후반에 럭비스쿨의 교장 토마스 아놀드의 개혁을 통해 퍼블릭스쿨의 전형이 형성된 이래 제2차세계대전 이전까지 기본 교육원리를 유지해 온 시기의 그것이다. 제2차세계대전 종전 이후에 중등교육의 팽창 및 대중화 단계에서 퍼블릭스쿨의 운영 원리도 점차 변화되었고 21세기에 접어들어서는 매우 큰 변혁을 거쳐 오늘에 이르고 있기 때문에, 오늘날의 퍼블릭스쿨을 19세기 말 20세기 전반기의 그것과 동일시하기는 어렵다. 퍼블릭스쿨은 전통적으로 금녀의 세계였고, 거의 대부분이 기숙사제도를 유지했으나 오늘날에는 여학생까지 수용하여 남녀공학제를 실시하는 곳이 대부분일 뿐 아니라, 기숙사제만을 고집하는 학교도 매우 적어졌다. 아울러 퍼블릭스쿨 입학에서도 학력에 따른 선발의 비중이 매우 커진다거나 졸업 후의 옥스퍼드, 케임브리지 진학이 예전과는 달리 엄격한 학력 경쟁을 전제로 하고 있다는 점 등도 중요한 변화다.[1]

이러한 점을 의식하면서 근대 동아시아 학생문화의 특질을 찾기 위한 비교 대상으로서 퍼블릭스쿨의 성격을 살펴보자. 먼저 영국에서 퍼블릭스쿨이 언제 어떤 과정을 통해 탄생·발전했는지 그 약사를 일단 확인해볼 필요가 있다. 퍼블릭스쿨의 기원은 14세기 말로 거슬러 올라간다. 최초의 퍼블릭스쿨인 윈체스터칼리지Winchester College는 무려 1382년에 설립되었다. 다만 그것이 퍼블릭스쿨로 불린 것은 이후의 일이며 초기에는 모두 그래머스쿨로 불렸다. 중세의 학문으로는 이른바 '신학의 하인'이라는 3학(문법·변증법·수사학)과 4과(산술·기하·음악·천문학)등 7과목이 있었으며, 이를 합해 이른바 '7자유교과(Seven Liberal Arts)'로 부르며 모든 학문의 기초로 삼았다. 이러한 기초를 닦은 사람은 이후에 신학·법학·의학 등의 학문으로 나갈 수 있었다. 그래머스쿨은 교회와 학문의 용어이자 중세 유럽의 국제어였던 라틴어 문법을 가르치는 학교로 창설되었으며 왕족이나 귀족·승려·길드·개인자산가들의 기부금으로 운영되었다. 윈체스터칼리지는 그러한 그래머스쿨 중 하나였다. 이 학교는 백년전쟁에 이은 페스트의 창궐로 성직자가 갑자기 부족해지자 위컴의 윌리엄이 옥스퍼드대학에 뉴칼리지를 설립하고 그와 동시에 윈체스터칼리지를 창립해 성직자 부족 문제를 해결하려 시도한 결과로 만든 것이다. 그런데 다른 그래머스쿨과는 다른 독특한 점은 하층 중류계급의 자제들에게도 성직자가 될 수 있는 기회를 열기 위해 기금으로 만들어진 학교라는 것이었다. 그 학생들은 전국에서 모집되었고 무료로 교육을 받을 수 있었는데, 바로 그런 이유에서 후에 '퍼블릭'스쿨로 불리게 된다.

왜 '퍼블릭' 스쿨일까. 여기서 '퍼블릭'은 우리에게 익숙한 'public'의 의미와는 전혀 다르다. 이 때의 '퍼블릭'이란 공립을 의미하기보다는 '논로컬non-local', 달리 말하면 '전국에서 학생을 모집한다'는 의미였다.[2] 윈체스터칼리지를 모델로 하여 이후 왕족들의 기금으로 설립되는 학교들이 영국 곳곳에서 등장한다. 그중에서 가장 유명한 것으로 1441년에 설립된 이튼칼리지를 들 수 있다.

이러한 '전국적으로 개방된' 것이라는 의미에서의 퍼블릭스쿨의 의미가 점차 변화해 오늘날의 엘리트 사립중등학교의 의미로 되어 간 데에는 다음과 같은 역설적인 사정이 있었다. 왕족들이 설립한 하층 중류계급 대상의 기금설립학교는 상세한 규칙으로 운영되었고 교사의 급여도 정해져 있었다. 그러나 인플레를 고려하지 않았기 때문에 시간이 흐르며 교사의 실질적 급여가 현저하게 낮아졌다. 기금설립학 교들은 교사의 낮은 급여를 개선하기 위해 사비생私費生을 두었다. 그 런데 애초에는 주변적 존재였던 이 사비생의 비율이 점차 늘어나게 되었다. 17세기 이전까지는 집에서 가정교사를 고용해 교육을 하던 귀족이나 젠트리(지주계급) 등이 서서히 자제를 학교에 보내기 시작했 던 것이다. 그러면서 이들 상층 출신 사비생의 비중이 점차 늘어나고 애초의 교육대상이었던 하층 출신 기금생의 비율이 줄어들면서 퍼블 릭스쿨은 결국 귀족과 상류계급 자제의 학교가 되어 갔다. 한편 19세 기가 되면서 산업 부르주아지나 전문직 계층이 본격적으로 등장했고 퍼블릭스쿨 교육에 대한 그들의 욕구가 고조되었다. 기존의 퍼블릭스 쿨에 입학자가 급증하는 한편으로 기존의 전통적 퍼블릭스쿨을 모델 로 한 신설 학교의 설립 붐이 일어났다. 즉 19세기 전반 이후에 갑자 기 영국 전역에서 많은 퍼블릭스쿨이 신설된 것이다.

1861년에 영국 정부는 급격히 늘어나는 퍼블릭스쿨에 대한 조 사를 위해 퍼블릭스쿨조사위원회, 즉 '클래런던위원회Clarendon

Commission'를 조직해 대표적인 명문교 9교를 대상으로 학교 조직과 교육과정을 조사했다. 즉 'the Nine'으로 불리는 전통교, 윈체스터, 슈루즈베리Shrewsbury(1551), 해로(1571), 머천트테일러즈Merchant Taylors(1561), 차터하우스Charterhouse(1611), 세인트폴즈Saint Pauls(1509), 웨스트민스터Westminster(1560), 럭비(1567), 이튼(1440) 등을 조사한 후 위원회는 이들 퍼블릭스쿨이 잉글리시 젠틀맨의 인격 형성에 최대의 기여를 했다고 상찬했다. 이 위원회의 제안으로 1868년에 〈퍼블릭스쿨법Public School Act〉이 성립되었다. 그리고 그 이듬해에 럭비스쿨의 토마스 아놀드 이후 명교장으로 이름이 높았던 어핑엄Uppingham교의 에드워드 스링Edward Thring이 중심이 되어 퍼블릭스쿨의 교장회의 Headmasters' Conference가 개최된다. 최초에 참가한 학교는 13개교였으나 10년 후인 1879년에는 전술한 명문 9개교를 합해 140개교가 되었다. 그리고 바로 이 교장회의에 가맹 여부가 퍼블릭스쿨의 여부를 가늠하는 기준이 되었다.

퍼블릭스쿨의 개념은 이와 같은 과정을 통해 성립했다. 그것은 법률 용어는 아니고 일상 용어이며, 일반적으로 '주로 기숙제이고 수업료가 비싸며 상층 출신의 자제를 전국적 규모로 입학하게 하는 사립 중등학교'를 의미한다. 한편으로 전술한 '교장회의' 가맹 학교 중에서 전통 있는 일부 학교, 특히 퍼블릭스쿨의 양대 명문인 이튼교와 럭비교 두 학교와 정기적으로 회합을 갖는 이른바 이튼그룹과 럭비그룹에 속한 30개교 남짓한 학교를 의미하기도 한다. 참고로 이튼그룹과 럭비그룹 학교들을 소개하면 다음과 같다. 이들은 공히 퍼블릭스쿨들 중에서 자타가 공인하는 명문교인 셈이다.

이튼그룹: 이튼, 웨스트민스터, 킹스칼리지King's College(윔블던), 킹스스쿨King's School(캔터베리), 셔번Sherborne, 세인트폴즈, 덜위치Dulwich, 톤브리지Tonbridge, 하이게이트Highgate, 브라이언스톤Bryanston, 말버러Marlborough, 유니버시티칼리지스쿨University College School

럭비그룹: 웰링턴Wellington, 클리프턴Clifton, 슈루즈베리, 스토Stowe, 세인트에드워즈Saint Edward's, 첼튼엄Cheltenham, 차터하우스, 해로, 브래드필드Bradfield, 맬번Malvern, 몽턴쿰Monkton Combe, 럭비, 래들리Radley, 렙턴Repton

퍼블릭스쿨이 명문사립학교가 된 것은 빅토리아조(1837~1901) 후반 즉 19세기 중반이었다. 이 시기에 오늘날과 같은 퍼블릭스쿨의 전통을 확립한 인물인 토마스 아놀드가 럭비스쿨 교장으로 부임했고 그에 의해 퍼블릭스쿨 교육의 정신과 관행이 정립되어 오늘에 이르고 있다.

토마스 아놀드는 옥스퍼드 출신 신학자로 1829년에 럭비스쿨 교장에 취임해 임종 때까지 재직하며 기존의 퍼블릭스쿨 교육의 관행을 혁신하고 럭비스쿨을 최고 수준의 퍼블릭스쿨로 발전시킨 인물이다.

그는 교장으로 취임할 때부터 기존의 럭비스쿨에 '폐풍'들이 있으며 그것을 개혁하는 일이 쉽지 않다는 것을 잘 알고 있었지만, 일종의

〈그림 39〉 토마스 아놀드   〈그림 40〉 럭비스쿨

개혁가적 정신으로 자신의 '기독교주의 교육관'을 실현할 수 있는 기
회를 럭비스쿨에서 찾았다. 그가 인식했던 폐풍이란 어떤 것이었을
까. 그것은 기존의 퍼블릭스쿨이 규율이 결여되었고 무질서했으며 비
효율적인 방법으로 교육하는 것 등이었다고 할 수 있다.

예컨대 19세기 초반의 이튼 기숙사는 다음과 같았다.

70명의 학생은 밤 8시부터 다음날 아침까지 감독자도 없이 밖에서 자물쇠
를 채운 롱체임버에 갇힌 채 그들끼리만 잠들어야 했다. 기숙사 생활은 최
상급생이 잘 보살펴 확실하게 다루면 어쨌든 잘 되어가기도 했지만 걸핏
하면 기묘한 소년들의 규칙이 지배하는 세계, 야만적이고 거칠며 악행이
성행하는 자유의 나라, 어떤 때는 명랑하고 시끄러운 무법자의 나라가 되

기도 했다.[3]

여기에 그려진 기숙사는 교육적 공간이기보다는 교도소의 감방이나 부랑자들의 숙소를 연상하게 할 만한 것이었다. 그리고 그것은 이 튼만의 사정도 아니었다. 여기에 개혁을 가한 사람이 토마스 아놀드였다.

토마스 아놀드는 럭비스쿨의 기숙사 생활을 개혁해 그것을 교육적인 공간으로 만드는 것에서 퍼블릭스쿨 개혁을 시작했다. 그는 기존의 집단 막사와 같았던 기숙사를 '하우스'로 부르는 각기 독립적인 작은 기숙사로 분리했고, 적은 수의 학생들이 교사와 함께 가정적 분위기에서 공동생활을 하게 했다. 즉 교사가 기숙사사감(하우스마스터) 역할을 함께 맡게 함으로써 학생들이 입학에서 졸업까지 교사의 면밀하고 세심한 지도하에서 교육을 받을 수 있게 한 것이다. 또한 이전까지 거칠기 짝이 없었던 학생들에게 독특한 방식의 자치를 부여해 상호 통제하는 규율을 만들어냈다. 바로 '프리펙트prefect'('프리포스터preposter'라고도 한다)와 '파깅fagging'제도다. 프리펙트란 최고학년 학생 중에서 인격과 성적, 평판 등이 모범이 된다고 평가되는 학생을 교장이 선발해 교내 자치, 특히 기숙사 생활의 자치를 맡게 하는 제도다. 하우스마스터는 일일이 학생들의 생활에 간섭하기보다는 프리펙트의 조정에 맡기는 경우가 대부분이었다. 프리펙트에게는 작은 독방이 허용되고 취침시간이 30분 정도 연장된다거나 아니면 교정의 가운데 잔디밭을 가로질러 가도 좋다는 등의 사소한 특권밖에는 주어지지 않지만 교장에게 프리펙트로 인정받았다는 것은 학생 사이에서 큰 영예로 간주되었다. 파깅이란 파그fag라고 하는 상급생의 심부름을 해주는 하급생을 가리킨다. 이 상급생을 '파그마스터'라고 하는데 파그마스터와 파그 사이에는 봉사와 보호의 관계가 성립한다. 토마스 아놀드는 이러한 학생자치 조직을 기숙사 생활에 도입함으로써 그것을 교육적인 공간으로 만드는 데 성공했다. 그리고 그의 이러한 실험이 다른 퍼블릭스쿨에도 파급되어 퍼블릭스쿨 학생문화의 전형을 이루었다.

그는 인문주의적 교양교육의 효과적인 실현을 위해 튜터tutor제도도 도입했다. 이전에는 교사가 많은 학생을 대상으로 일방적인 강의로 고전을 가르치는 방식이 일반적이었다. 교실은 대강당으로 되어 있었고, 교장이 북측의 교단에서 가르치면 다른 한쪽에서는 또 다른 선생이 가르치는 방식이었다. 그 사이에는 벽도 칸막이도 없었다. 그러나 아놀드는 튜터제도를 도입해 이러한 비효율적인 교수방법을 개선했다. 신입생은 입학과 동시에 고전어 개인지도교사를 선택하고 재학 중에 줄곧 그 선생의 지도를 받는다. 이 튜터는 기존의 교사가 겸임하게 했다. 한 사람의 튜터가 평균 5명 정도를 상대로 일주일에 2~4회 개인지도를 하는 방식이었다.

퍼블릭스쿨의 교육 중에 고전교육과 함께 종교교육 또는 성서수업이 중요했다. 아놀드는 종교교육을 럭비스쿨의 또 다른 교육의 핵심으로 삼았다. 그는 럭비스쿨에서 추구해야 할 교육의 이상으로 종교적·도덕적인 정조의 고양, 신사적인 행동의 실천, 지적 능력의 개발 등을 내걸었다. 그리고 이 이상을 매주 일요일 저녁 그 자신이 행한 설교를 통해 구체화했다. 그는 기독교에 기초한 젠틀맨, 즉 '크리스천 젠틀맨'의 양성을 교육의 모토로 삼았다. 단지 행동거지나 예의가 바른 신사를 길러내는 것에 그치지 않고, 전통적인 귀족 또는 젠트리 출신의 상류계층 자제와 새롭게 부상한 중류계급 상층의 자제를 퍼블릭스쿨 안으로 끌어들여 그들을 '크리스천 젠틀맨'이라는 이름의 영국 사회의 새로운 엘리트로 기르고자 했다. 퍼블릭스쿨은 말하자면 산업화 시대에 새롭게 부상한 지배집단과 기존 지배집단 간에 존재하던 사회적 균열을 봉합해 새로운 엘리트층을 길러내는 기관이었다. 앞서 언급한 하우스에서 학생들이 자치 정신에 기반해 공동생활을 함께 하는 것은 두 계급의 융합이라는 면에서도 매우 중요한 의미가 있었다.[4]

이처럼 퍼블릭스쿨의 존재 이유를 엘리트 양성에서 찾았던 토마스 아놀드에게 기존의 이른바 '급비생', 즉 영국 전역에서 모여들어 무상으로 교육을 받는 하층 출신 학생들의 존재는 부차적일 수밖에 없었다. 그는 급비생의 수업료를 갑자기 2배로 인상해 결과적으로 급비생과 자비생의 비율이 역전되게 했다. 결국 아놀드의 취임 이후 럭비스쿨은 공공연하게 지배계급의 교육기관으로 전환되어버렸다. 이러한 경향은 다른 퍼블릭스쿨에도 급속히 파급되었다.

그런 점에서 토마스 아놀드의 퍼블릭스쿨 개혁에는 양면성이 있었다고 할 수 있다. 한편으로는 애초의 설립 취지와는 정반대로 고도로 계급재생산적이며 엘리트주의적인 방향으로 퍼블릭스쿨을 환골탈태하게 했다는 점에서 부정적인 지적의 대상이 된다. 그러나 동시에 이러한 부정적 측면이 오히려 긍정적으로 평가되어 영국이 근대 엘리트를 양성하는 데 필요한 전형적인 교육적 틀을 발전되게 한 것으로 간주되기도 한다.

누가 퍼블릭스쿨에 들어갈 수 있었을까. 이른바 '복선제'의 학제를 취하는 영국의 교육체제에서 입학생이 밟아온 경로에 주목해보면 거기에는 다음과 같은 뚜렷한 측면이 존재한다. 적어도 20세기 중반 이전까지 영국에서 퍼블릭스쿨에 들어갈 수 있었던 사람들은 그 이전 단계의 교육, 즉 초등교육 단계부터 다른 경로를 밟았다. 19세기 중반 퍼블릭스쿨의 입학 연령은 8~9세였는데, 그보다 어린 연령의 사람들은 점차 퍼블릭스쿨 이전 단계의 특별한 학교, 즉 프레프스쿨prep school에 먼저 취학했다. 프레프는 '프레퍼러토리preparatory' 즉 준비 또는 예비의 의미다. 따라서 프레프스쿨이란 퍼블릭스쿨 진학을 위한 예비학교다. 퍼블릭스쿨에 진학하는 사람은 그 전에 프레프스쿨에 진학하며 거기서 특별한 초등교육을 마친 이후에 13세 전후가 되어 퍼블릭스쿨에 진학하는 오늘날과 같은 체제가 만들어졌다. 그리고 퍼블릭스쿨을 졸업한 후에는 옥스브리지(옥스퍼드와 케임브리지)에 진학했다.

옥스퍼드나 케임브리지라 할지라도 그 안에는 다양한 칼리지가 속해 있으며 각 칼리지 간에는 전통과 사회적 위신의 차이가 있었다.

그런데 퍼블릭스쿨과 옥스브리지의 특정 칼리지 간에는 독특한 관계가 성립해 있었다. 특정 칼리지에 특정 퍼블릭스쿨 출신자가 많다고 하는 관계다. 특정 퍼블릭스쿨의 교사 대부분이 어느 대학의 어느 칼리지를 나왔는가에 따라 또는 그 교장의 출신 대학 및 칼리지에 따라 이 관계가 형성된다거나 했는데, 예컨대 케임브리지의 킹스칼리지에 이튼스쿨 조정부 출신자 그룹이 강하다거나 트리니티칼리지에 해로 파벌이 무성하다는 것이 그 예다.[5] 이처럼 특정 퍼블릭스쿨과 옥스브리지의 특정 칼리지의 관계가 성립할 수 있는 가장 큰 이유는 옥스브리지의 학생 선발이 학력 경쟁에 의한 객관적인 평가를 근거로 하지 않았다는 데 있었다. 현재는 A-레벨 테스트[6]와 같은 전국 공통 시험 성적이 옥스브리지 입학에 중요한 조건으로 작용하지만, 그것이 존재하지 않았던 19세기 말에서 20세기 중반까지 입학은 중등학교장의 추천과 내신서, 면접 및 구술시험, 중등학교 시절의 성적 등으로 이루어지는 경우가 대부분이었으며 이때 교장의 추천이 결정적인 역할을 발휘했다.

그렇다면 퍼블릭스쿨 입학의 절차는 어떠했을까. 이 또한 옥스브리지와 마찬가지로 객관적인 학력 평가를 토대로 하지 않았다. 오늘날에는 사실상 폐지되었지만 예전에 퍼블릭스쿨에는 '하우스 명부'라는 것이 있었다. 하우스 명부란 퍼블릭스쿨에 존재하는 여러 개의 하우스별로 만들어져 있는 입학예정자 명부다. 이 명부에 이름이 올라 있으면 퍼블릭스쿨 입학에 매우 유리하다. 그 운용 방식은 다음과 같았다.

태어난 아이에 이름을 지으면 그 길로 부친은 모교에 그 아이의 이름을 등록한다는 이야기를 자주 듣는데 그것은 결코 과장이 아니다. 적어도 역사가 오랜 집안으로 일컬어지는 가정에서는 남자아이가 성장하여 들어갈 3단계 학교는 태어나기 이전부터 이미 결정되어 있다고 보아도 좋다. 부친의 학력을 그대로 아동이 계승하는 것이 보통이기 때문이다. 조부 증조부와 조금도 다르지 않은 것이 보통이기 때문이다. 그리고 그 아이 그 손자도 또한 같은 것을 동일하게 반복할 것이다. 지금으로부터 백 년 이백 년 후에 모교의 크리켓 경기장에서 그들의 자손이 또한 배트를 휘두를 것이라는 것은 내일의 태양이 동쪽에서 뜰 것처럼 그들이 전혀 의심하지 않는 바이다. 1923년 국왕에게 남자 외손이 태어났다. 며칠 후 《타임스》 궁정란에는 1936년도 이튼스쿨 명부에 지체 없이 그 이름이 등록되었음이 보도되었다.[7]

자기의 자손이 자기가 다녔던 퍼블릭스쿨의 푸른 잔디밭에서 크리켓 배트를 휘두를 것임을 의심하지 않는 가문이 퍼블릭스쿨의 고객이었다. 그들은 아들을 낳으면 지체 없이 자기가 다녔던 퍼블릭스쿨의 '하우스 명부'에 아들의 이름을 올렸다. 그리고 13년째가 되면 바로 그 하우스에서 입학에 지원하라는 통보가 날아온다.

그런데 왜 하우스별로 명부가 만들어져 있었던 것일까. 그것은 퍼블릭스쿨의 교육에서 '하우스' 즉 기숙사가 지닌 교육 효과가 매우 컸기 때문이다. 하우스에서 길러진 충성심과 집단 정체성은 그들이 이후 옥스브리지로 진학하고, 졸업 후에 정부나 정당이나 대학이나 다른 직장으로 진출할 때에도 여전히 강력한 네트워크의 힘을 발휘다. 이 네트워크를 사회학 개념 '사회자본(social capital)'으로 표현해도 무방할 것인데, 그것을 대를 이어 자자손손 계승해주는 장치가 '하우스 명부'를 통한 선발이었다고 해도 좋다.

이와 같이 살펴본 퍼블릭스쿨의 교육과 학생문화는 소설이나 영화 등을 통해 여러 차례 소개되기도 했다. 아마도 독자들에게 가장 익숙한 예를 들어보면 그것은 조앤 롤링Joan Kathleen Rowling의《해리 포터Harry Potter》시리즈가 될 것이다.《해리 포터》는 마술사들의 세계를 주제로 한 판타지 소설이지만 그 안에서 주된 무대가 되는 '호그와트' 마법학교는 실은 퍼블릭스쿨을 모델로 한 것이라고 보아도 좋다. 소수의 마법사 명문가 출신의 선천적인 재능과 배경을 지닌 엘리트들만이 다니는 곳이고 '퀴디치'와 같은 그 학교만의 스포츠가 있으며, 전원이 기숙사 생활을 하고 기숙사라도 '그리핀도르'나 '슬레드린' 같이 기숙사별로 고유한 전통이 있으며, 그것을 단위로 정체성이 형성되는 과정에 대한 조앤 롤링의 묘사는 그야말로 퍼블릭스쿨의 실제에 마법의 옷을 입힌 듯한 느낌을 준다. 주인공 해리 포터가 어떤 과정을 통해 호그와트에 입학하게 되는지 독자들은 기억할 것이다. 해리 포터는 수험 공부를 하지도 않았고 경쟁적인 입학시험을 치르지도 않았다. 다만 어느 날 호그와트로부터 해리 포터에게 '입학통지' 편지가 날아들었다. 그것은 퍼블릭스쿨의 '하우스 명부'에 이름이 실린 사람에게 13세 때 전해지는 입학통지와 다르지 않았다. 그런데 왜 다른 사람이 아닌 해리 포터에게 전해진 것일까? 그것은 바로 그의 부모가 호그와트의 동창생이었기 때문이다.

그러나 그것이 허구적인 소설의 세계라는 점을 고려할 때, 좀 더 실제에 가까운 예로 들 수 있는 것은 영국의 법률가이자 작가였던 토마스 휴즈Thomas Hughes(1822~1896)가 다녔던 럭비스쿨 및 거기서 만났던 토마스 아놀드에 대한 기억을 바탕으로 쓴 자전적 소설《톰 브라운의 학창시절Tom Brown's School Days》(1857)이 될 것이다. 그 안에서 럭비스쿨의 내부 세계 및 토마스 아놀드와 학생들의 관계가 생생하게 묘사돼 있다. 영화 쪽에서 들 수 있는 좋은 예로는 1939년에 할리우드에서 제작된 영화 〈브룩휠드의 종〉이 있다. 이 또한 영국의 작가이자 교육자 제임스 힐턴James Hilton(1900~1954)이 1934년에 쓴 소설《Goodbye Mr. Chips》를 바탕으로 했는데, 힐턴은 명문 퍼블릭스쿨의 하나인 리스스쿨The Leys school(1895년 개교)에 재학한 바 있었다.

그렇다면 지금부터는 퍼블릭스쿨과 구제고교를 대비해 비교해보자. 먼저 퍼블릭스쿨의 학생과 구제고교의 학생이 누구인가에 주목해보자. 앞에서 구제고교생의 '학력 경쟁의 문화'에서 보았듯이 구제고교의 학생 선발은 철저히 학력에 대한 객관적인 평가에 의거했다. 그들이 구제고교에 진학할 때 그들의 출신 가문은 적어도 수업료 부

〈그림 41〉 소설 《톰 브라운의 학창시절》 표지　　　〈그림 42〉 영화 〈브룩휠드의 종〉 포스터

담 능력을 제외한다면 문제가 되지 않았다. '면강'을 통한 입신출세가 일본에서는 가능했다. 그러나 영국의 퍼블릭스쿨은 달랐다. '면강' 즉 공부나 노력, 학력보다는 그 지원자의 배경과 아버지의 '가문'이, 무엇보다도 아버지 이름이 동창생 명부에 실려 있거나, 아들의 이름이 '하우스 명부'에 실려 있는가가 중요했다. 그런 만큼 영국에서는 '면강입신'은 어려웠다.

　요컨대 퍼블릭스쿨 학생이 '계급엘리트'라면 구제고교의 학생은 '학력엘리트'라 할 수 있다. 퍼블릭스쿨이나 구제고교나 공히 엘리트 교육기관이라는 점은 공통적이지만 전자가 '신분엘리트' 또는 '계급엘리트'의 성격이 강했다면 후자는 기본적으로 '학력엘리트'였다. 이러한 차이는 영국이 일본 등의 동아시아 세계보다도 계급적·계층적인 구별이 강한 사회라는 점에서 비롯된다. 영국은 특권계급과 서민층 간에 큰 격차가 있는 '두 국민(two nations)'으로 구성되어 있다고 이야기된다. 영국에서는 자타의 인식에서 여전히 '계급'이라는 범주가 큰 위치를 점한다. 지금도 '클래스'라는 말이 사회과학용어에 그치지 않고 일상 회화에서도 사용된다. 영국인이 '계급'이라 말할 때 그것은 경제적 구분인 동시에 생활방식이나 가치·취미 등 공통성을 지닌 문화집단을 의미한다.

계급이 귀속적인 범주라면 학력은 성취적인 범주에 속한다. 전자는 개인의 능력과 노력으로 바꿀 수 없는 반면, 후자는 적어도 능력과 노력으로 바꿀 수 있는 것으로 기대되고 믿어진다. '학력엘리트'란 바로 그런 점에서 '각고면려'를 통해 도달하고 성취할 수 있는 목표가 될 수 있다. 요컨대 퍼블릭스쿨의 학생은 귀족이나 자본가·지주·전문직 계급 출신이 아닌 사람들이 꿈꿀 만한 목표가 되기는 어려웠다. 그러나 구제고교의 학생은 달랐다. 비록 고액의 교육비와 같은 경제적인 요건이 충족되어야 한다는 조건은 따랐을지라도 그것은 개인의 능력과 노력으로 도달할 수 있는 범위 내에 있는 목표로 간주되었다. 1편에서 언급한 것처럼 다케우치 요는 구제고교의 학생을 '학력귀족'이라는 흥미로운 개념으로 포착한다. 이 '학력귀족'이라는 개념은 '학력'과 '귀족'의 두 개념이 결합해 만들어졌다. '귀족'은 후천적이기보다는 선천적이며 성취적이기보다는 귀속적인 개념이다. '학력'은 그와는 달리 선천적이기보다는 후천적, 귀속적이기보다는 성취적인 개념이다. 이렇게 대립되는 개념이 결합해 탄생한 '학력귀족'이란 개념은 학력을 통해 선발되고 길러지는 엘리트로서의 구제고교생의 특질을 적확하게 잡아내고 있다고 할 수 있다.

또 한 가지 퍼블릭스쿨과 구제고교의 대비에서 중요한 것은 '교양'의 성격 차이다. 퍼블릭스쿨에는 라틴어·그리스어를 비롯한 고전어와 고전문학 등 인문교양교육의 가치가 확고하게 정착돼 있었다. 토마스 아놀드는 그리스와 로마의 고전과 그 언어에 대해 다음과 같이 가치를 부여했다.

이른바 고대사의 일부를 이루는 그리스 공화정의 역사와 로마제국의 역사 등은 내용으로 보면 근대사라고 해도 좋을 정도다. 적어도 알프레드대왕 시대보다는 훨씬 근대적이다. 페리클레스에서 알렉산더대왕에 이르기까지 그리스의 상태를 당시의 역사가·시인·웅변가·철학자들이 상세히 기록했는데, 거기에는 18세기 이전 유럽 역사의 어느 부분보다도 훨씬 근대에 적합한 정치적 교훈이 담겨 있다. 거꾸로 우리의 교육과정에서 그리스어와 라틴어를 제외한다고 가정하면 대체 어떻게 될지 생각해보라. 그렇게 되면 여러분의 눈은 다만 영국인과 그 직접적인 선조에게만 향하며 십수 세기의 세계 역사는 상실되고 인류는 1500년 무렵에 처음으로 이 세상에 출현한 것 같은 이야기가 되어버릴 것이다. 플라톤·아리스토텔레스·투키디데스 등은 고대인임이 분명하지만 이들을 단지 옛날 사람으로만 생각하는 것은 잘못이며 어떤 의미에서 그들은 현대인이자 우리와 같은 나라 사람이라고 해도 좋다. 더구나 그들은 우리와 같은 유의 인간의 눈이 미치지 못하는 곳까지 보며 이 점이 오늘날의 인간과 다른 점이다.[8]

토마스 아놀드는 플라톤·아리스토텔레스·투키디데스를 현대인 아니 그 이상으로 넓고 높은 눈을 가진 인간으로 평가하며, 그들의 역사를 '근대사'로 평가했다. 이는 바꿔 말하면 영국의 엘리트 집단의 문화와 그리스, 로마 문화가 연속되어 있다는 의미다. 그에게 이러한 인문주의적 고전은 이국적이거나 낯선 먼 과거의 유산이 아니라 영국인 엘리트의 내면을 구성하는 필수 요소로 간주되었다. 그것은 비단 내용의 가치만이 아니라 강력한 전이 효과를 가지는 것으로 인식되었다. 다시 아놀드의 주장으로 돌아가보자.

사람들이 언젠가 라틴이나 그리스 책을 버린다 해도 그 때문에 그 책에서 배운 것을 전부 잃게 되는 것은 아니다. 가령 어떤 사람이 예전에 학습한 고전교육의 결과를 전혀 자각할 수 없을 정도로 잊어버린다 해도, 여전히 그 사람의 마음에는 이전의 학습의 성과가 보지되어 있다. 또는 그 사람의 취미가 되고 또는 그 사람의 식견이 되고 또는 그 사람의 행위가 되어 남아 있는 것이다.[9]

그리스어, 라틴어 및 그 언어로 쓰인 사상과 문학의 고전을 배워 엘리트가 된다고 하는 것이 퍼블릭스쿨 교육의 핵심이자, 퍼블릭스쿨 학생의 '교양'의 핵심이기도 했다.

그러나 2편에서 확인했듯이 구제고교생이 자신들을 '정신상의 귀족'으로 만들어주는 구별짓기 문화의 내용으로 삼은 '교양'은 퍼블릭스쿨 학생의 그것과 달랐다. 그 교양은 동아시아에서 오랜 역사와 전통을 지니며 과거로부터 계승되어 온 것이 아니었다. 물론 근대 이전에 중화문명권이었던 동아시아에서 서구의 '교양'에 필적할 만한 것, 말하자면 '유교적 교양'이 엄연히 존재했다. 그것은 사회의 지배엘리트가 되기 위해 오랜 기간의 교육과 학습을 통해 내면화해야 하는 것이었다. 이른바 사서오경으로 대표되는 고전, 그것의 표현 매체로서의 한문 등을 주된 내용으로 하는 유교적 교양은 신분의 표식이기도 했고, 지배계층의 자기 정당화를 위한 문화적 장치이기도 했다. 서구의 교양에 라틴어·그리스어가 있었다면 동아시아의 전근대 교양에는 한문이 있었다. 서구에 플라톤과 베르길리우스가 있었다면 동아시아에는 공자·맹자와 두보·이백 등의 당나라 시인이 있었다.

그러나 근대 이후 이 동아시아의 '유교적 교양'은 급격히 그 위신을 상실했다. 이를 아마노 이쿠오天野郁夫는 다음과 같이 지적했다.

메이지유신 이후의 사회와 교육의 혁명적 변혁은 사무라이계급의 해체만이 아니라 번교의 전면적 폐지 및 전통적 문화 모델의 부정, 나아가 전통적 교양의 붕괴를 수반했다. 그 대신에 근대화를 꾀하는 사회의 새로운

'고등문화'로서 지위가 부여된 것은 근대 서구문화였다. 학교교육제도에서도 사회의 상층·중층을 점하는 사람들의 새로운 '교양'으로서 전통적·중국적인 문화 모델 대신에 근대적·서구적인 문화 모델에 정통의 지위가 부여되었다. (…) 그러나 이 새로운 '교양'은 제도적으로는 정통적인 지위가 부여되었지만, 사회적 실체 즉 그 담지자가 될 사회집단을 결여했음을 지적하지 않을 수 없다. (…) 결국 일본의 근대 학교교육은 베버가 말한 '문화인' 내지 '교양인' 대 '전문인'이라는 교육이념을 둘러싼 '투쟁'을 결여한 채 출발했다.[10]

요컨대 근대 일본의 교육과 엘리트 형성에서 '교양'은 부재했거나 새로운 '교양'이라 할지라도 그 담지자가 특정 계층은 아니었다. 그렇기 때문에 그러한 외래문화로서의 교양에 접근할 기회는 기본적으로 사무라이 출신이건 평민이건 같을 수밖에 없었다. '각고면려'의 '면강' 결과로 구제고교에 입성한 학생들이 자신들을 일반인들과 구별하기 위해 섭취한 낯선 '외래품'이 곧 '교양'이었다. 그런 만큼 그 교양은 그에 접근할 수 없었던 일반 서민들에게 선망의 대상이 될 수는 있었겠지만, 그 교양 자체가 일본 사회에서 엘리트의 계급문화로 정착해 정교화된다거나 독보적인 위신을 누리며 진화와 발전의 과정을 밟아나가기는 어려웠다.

그런데 근대 이후 동아시아에서의 '교양'의 운명을 이상과 같이 부정적인 맥락에서 보아야만 하는 것은 아니다. 구제고교생의 교양주의

에서 '교양'의 위와 같은 특질은 일본만이 아니라 동아시아의 다른 사
회에서 교육을 통한 '입신출세'의 욕망을 자극하고 이른바 '교육열'
을 고양하는 요인으로 작동했다는 측면도 놓쳐서는 안 된다. 다시 퍼
블릭스쿨과 구제고교의 차이점으로 돌아가보면 이렇게 말할 수 있다.
퍼블릭스쿨은 영국의 일반 대중에게 노력하여 도달할 수 있는 목표
로 받아들여지기 어려웠다. 그러나 구제고교는 일본의 일반 대중에게
는, 자제에게 지적 능력이 있고 집에 교육비 부담 능력이 있다는 조건
하에서이기는 하나, 노력해서 도달할 수 있는 목표로 받아들여지기가
영국 등의 서구사회에 비해 상대적으로 쉬웠다. 그런 점에서 서구사
회와는 달리 동아시아에서 '교육열'은 사회 내의 제한된 특정 계층이
나 집단의 현상이 아니라, 전 계층, 전 집단으로 확산되어 나갈 수 있
었다. '교양'으로 대표되는 계급·계층문화의 '장벽'이 존재하지 않았
거나 취약했기 때문에 가능한 일이었다.

2

제국 일본과
식민지 타이완·조선의
학생문화 비교

지금까지 2편에서 제국 일본의 구제고교 학생문화를, 그리고 4편에서 식민지 타이완 및 조선의 고교와 제국대학 예과를 대상으로 각기 두 세계의 학생문화를 삽화적으로 검토해보았다. 그리고 크게 보면 제국과 식민지라는 두 세계의 학생문화 사이에 기본적으로 존재하는 공통성 또는 연속성을 확인할 수 있었다. 그러나 식민자와 피식민자의 운명이 같지 않듯 제국과 식민지의 학생문화가 어디까지나 같을 수는 없다. 이 장에서는 이 문제, 즉 동아시아에서 제국과 식민지 학생문화의 연속성과 불연속성 문제를 다루어보자.

불연속성을 논의하기 전에 먼저 지금까지 확인할 수 있었던바 연속성의 측면을 검토할 필요가 있다. 이 연속성을 어떻게 이해해야 할까. 우선 일차적인 이해의 근거는 식민지의 고교나 제국대학과 같은 교육기관이 공학제를 기본적으로 취했고, 따라서 일본인 학교의 성격이 강하다는 것에서 찾을 수 있다. 그런데 피식민자 학생들의 경우는 어떠할까. 논리적으로 생각해 본다면 같은 학교 안에서도 일본인 학생에 대한 교육방침과 타이완인이나 조선인 학생에 대한 방침을 달리할 수도 있었다. 하지만 지금까지 살펴본 것처럼 양자 간에 본질적으로 차이가 있지는 않았다.

예컨대 경성제대 초대 수석합격자 유진오의 회고를 보자. 제국대학 예과의 "교실에서는 학생들을 성적순으로 앉혔다. 따라서 문과 A(법과)에서는 내가 맨 첫 번째로 앉고 문과 B(문과)에서는 이종수 군이 맨 첫째로 앉았다. 일본 사람의 우월감으로 본다면 이러한 일은 참기 어려운 일이었겠지만 그것을 그렇게 단행한 것은 역시 조선인 학생들의 민족감정을 자극하지 않기 위한 것으로 생각된다. 학생들의 호연지기를 길러준다고 학교에서 학생들을 치켜 올리고 학생들의 언동을 대범하게 대한 것도 민족감정 완화에 도움이 되었다 할 수 있다."[1] 즉 공학제를 취한 고등교육 단계에서 학생의 민족 배경에 따른 차별이 노골적으로 의도적으로 전개되지는 않았다는 것이다. 이에 대해 유진오는 '피식민자 학생의 민족감정을 자극하지 않기 위한 것', 즉 정치적·치안적인 고려에서 비롯된 것으로 해석했다.

그런데 단지 '민족감정의 자극' 차원을 넘어서서 연속성을 설명할 수 있는 더 설득력 있는 요인이 있지 않을까. 제국 일본과 식민지의 학생문화 연속성을 설명하는 구조적 요인의 하나는 일본제국의 식민지 통치방침 자체가 지닌 특질이다. 고마고메 다케시駒込武에 따르면, 일본제국의 타이완 및 조선에 대한 식민지 통치방침은 이른바 '혈족 내셔널리즘에 의한 배제'와 '언어 내셔널리즘에 의한 포섭'의 병존, 또는 민족 차별과 일본인으로의 동화의 병존으로 특징지어진다. 그리고 언어 내셔널리즘에 의한 포섭은 결국 '교육을 통한 문화통합'의 과정이다.[12] 물론 그 문화적 통합은 제도적·법적인 차별과 배제를 부정하거나 무화하지 않는다는 점에서 모순에 가득 찼지만, 적어도 식민지 학교의 학생문화라는 제한된 영역에서 확인할 수 있는 일본 본국 학생문화와 연속성은 이러한 모순에 찬 식민지 통치방침으로 설명될 수 있을 것이다.

이와 관련된 또 하나의 요인은 협력 메커니즘의 창출 필요성이다. 세계사적으로 볼 때 식민지 지배는 늘 협력 메커니즘의 성립을 필연적인 요건으로 하여 유지된다. 즉 피식민자 안에서 식민지배체제의 협력자를 확보하지 않으면 안 되었다. 그리고 이 협력자들은 주로 피식민자 엘리트층 안에서 확보되는 것이 효율적일 것이다. 그런 맥락에서 본다면 타이완 및 조선의 고교나 제국대학 예과에 입학해 '입신출세'의 기회를 추구하는 피식민자 학생들은 협력 메커니즘의 창출에 으뜸가는 후보자이며, 그들에게 피차별 의식과 경험을 심어주는 것이야말로 식민지배체제의 유지에 오히려 위협이 될 만한 것이었다고도 판단했을 수 있다.

그러나 협력은 일방적이지 않다는 점을 기억해야만 한다. 그것이 결과적으로 확보되기 위해서는 어떤 조건이 충족되어야 한다. 협력은 일종의 거래인 셈이고, 협력 메커니즘의 대상이 요구하는 조건이 충족되지 않는 한 그 안으로의 포섭은 그만큼 어려워진다. 그런데 식민지 지배라는 구조 자체가 민족 차별을 필연적인 조건으로 그 안에 담고 있을 수밖에 없다. 그 점은 학생문화를 고찰할 때에도 간과해서는 안 된다. 타이완과 조선의 학생들은 제국대학 예과나 식민지 고교라는 공간에서는 일본인 교수나 교사에게 노골적인 차별을 당하지 않는다. 그들은 학교라는 '상대적 자율성'을 지닌 공간에서 일본인 학생과 같은 책을 읽고 유사한 꿈을 꿀 수도 있었다. 스크럼 짜고 고성방가하며 시내를 활보하며 공속감정을 주관적으로 형성할 수도 있었다. 그러나 학교의 담장 밖에는 식민지적 착취와 억압의 세계가 버티고 있었다. 그들은 영원히 학교 안에 머무를 수 없었다. 그들은 언젠가는 백선모를 벗어야 했다. 학교 밖으로 한 걸음만 나와 보면 바로 그러한 식민지 현실에 직면할 수밖에 없다. 주관적인 의식 속에서 '정신상의 귀족'이라는 가면을 쓰고 있어도 실제 현실에서는 '타이완인' 또는 '조선인'이라는 피부를 벗어버릴 수 없었다.

예컨대 평양사범학교를 나와 보통학교 훈도가 된 김규민의 다음 증언을 보자.

모리까와라고 나와 같이 부임한 일본 여자 선생이 있었는데 사범학교 못 나오구 검정고시 쳐서 올라온 삼종훈도였습니다. 그런데 월급날 보니까

나보다도 월급을 배로 받는 것입니다. (…) 그 당시까지만 해도 식민지다 그런 생각 없었는데 식민지라 역시 그렇구나 라는 생각이 들면서 1종 훈도가 되면 좀 나을까 했더니 이 역시 마찬가지구나 하고 할머니 말씀처럼 이제 무슨 다른 방도를 생각해야겠다고 생각했습니다.(…) 진짜 고등관이 되야겠다, 선생 걷어치고 대학을 가야겠다 생각을 했습니다.[13]

학교에 재학할 때만 해도 식민지라는 생각을 하지 못했지만 학교 현장으로 나가 월급을 받으면서 민족 차별과 식민지 지배의 현실을 깨닫는 과정이 단적으로 드러나 있다. 특히 보통 사람들과는 달리 예외적으로 고급교육을 받을 기회를 가졌고 자신의 능력과 노력에 대해 유달리 자긍심이 강한 고학력자에게 이러한 현실에서의 차별 경험은 특히 선명하고 강렬하게 받아들여지며 그것이 피식민자의 '르상티망'의 씨앗이 된다는 점을 기억할 필요가 있다.

일본 구제고교 학생문화에서 '저항문화'는 '교양주의의 고급 버전' 으로서의 '마르크스주의적 교양주의'에 대한 욕망이나 동조 심리에 뿌리를 둔 취약한 기반 탓에 대대적인 전향으로 종결되었음은 1편에서 살펴본 바 있다. 그러나 식민지에서 학생들의 저항문화는 그렇게 한 때의 유행처럼 소멸되어 가지는 않았다. 식민지 억압과 차별의 온존이라는 단단한 구조적 현실이 그 배경에 존재하고 있었다.

이 책에서 다룬 식민지의 학생 집단은 미래의 '엘리트'가 될 수 있다고 하는 자의식을 가진 존재였고, 식민지 지배하에서 극히 제한된 고등교육의 기회를 확보할 수 있었던 행운의 존재였다고도 할 수 있다. 그러나 치열한 입시 경쟁을 뚫고 고교나 제대 예과에 입학해 선배들에게서 '방카라'와 '폐의파모'와 '스톰'을 계승하며 자부심을 느끼고 구제고교생이 읽는 책들을 읽거나 적어도 읽어야 한다는 생각으로 책꽂이에 꽂아두며 행복한 고교생활 또는 예과생활을 보내던 호기로운 식민지 청년들에게 과연 엘리트로서의 미래가 보장되었을까. 그들은 기숙사에서 같은 방을 쓰며 같이 춤추고 술 마시고 노래하던 일본인 동학들처럼 고등관이 되고 대신이 되고 교수가 될 수 있었을까. 적어도 교정 안에서는 노골적인 차별을 겪지 않고 배우고 읽고 춤추며 지냈던 식민지 청년들을 기다리고 있었던 학교 밖의 현실은 그들이 꿈꾸었던 것만큼 그렇게 안온하거나 탄탄하지는 않았다.

(…) 둘째는 취직난이니 이것은 중등 이상의 교육을 바든 지식계급의 생활난의 별명이다. 일본 유학생으로 중등학교 이상 출신자 1302명(작년도까지) 중에 순무직이 284인, 준무직이라 할 만한 농업(대개 농업이라 함은 지주라는 뜻이니 그네는 소작료를 밧는 것 외에 아모 사업이 업기 때문이다)이 288인 도합 572인을 제하면 진정한 의미로 업을 가젓다 할 만한 자가 740인 즉 5할 6분 강에 불과하고 남어지 4할 4분은 무직이다. 이 비를 조선 내의 전 지식계급의 취직율로 본다 하더라도 기실 조선 내의 학교 출신으로는 그만한 취직율도 못될 것이다 전 지식계급의 4할 4분은 무직이라 할 것이다. 금춘의 조선내 각 전문학교 출신자의 취직상황은 아직 미상하나 보전과 연전을

합하야 백여인 중에 이미 취직의 약속이 잇는 자는 1할 5분 미만이라 한즉, 남아지 8할 5분은 역시 무직의 부류에 편입될 것이오 금년에 졸업 귀국할 동경유학생도 쏘한 가튼 운명을 당할 것이다.[14]

위의 신문기사에서 단적으로 볼 수 있듯이 미래에 확보할 엘리트 지위를 예상하며 호기 있게 청춘을 보냈을 수도 있었던 유학생조차 힘겨운 수학을 마치고 귀국해 맞는 것은 취업난이었다. 이는 단단하고 엄혹한 현실이었고, 개인의 각고면려 여하에 따라 극복할 수 있는 난관이 아니라 식민지 지배라는 구조가 만들어낸 견고하고 거대한 장벽이었다.

이런 점은 타이완도 기본적으로 마찬가지였다. 일본 유학이 반드시 좋은 취직으로 이어지지는 않았다. 타이완 유학생은 돌아온 이후에는 왕왕 '배일론자'로 간주되곤 했으며 취직에서 채용 시에 경원되는 경향을 보였다고 한다.[15] 그런 만큼 이들이 타이완 민족운동에 투신할 가능성도 높아졌다.

물론 식민지기에 제국대학 예과나 고등학교를 다니던 식민지 출신의 학생들이 한결 같이 민족운동에 투신하는 길을 밟지는 않았다. 식민지의 학생운동 참여에 학교에 따른 차이가 존재한 것이 사실이다. 제국대학 학생들의 참여는 다른 사립전문학교 등에 비해 상대적으로 소극적이었다. 경성제국대학을 연구한 정선이의 지적에 따르면, "(…) 미묘한 민족적 갈등 속에서 조선인 (제국대학 - 인용자) 학생들의 저항은 대체로 지극히 소극적인 것이었다. '기숙사에 입사하는 학생을 친일파로 보거나', '숨어서 교가를 한글로 부르고', '조선어학회를 찾아 몰래 한글을 배우는 수준'이었다. 독립정신이나 항일정신을 고취하는 적극적 성격의 것은 찾아보기 어렵다."[16]

그러나 이러한 학교급에 따른 차이, 또는 개인의 성향 등에서 비롯된 차이를 넘어서서 좀 더 근본적으로 식민지의 학생이라는 존재를 고찰할 필요가 있을 것이다. 식민지에서 고등교육을 받은 지식인은 다음과 같은 의미에서 이중적인 존재라고 할 수 있다.

식민지 지식인은 식민지교육 때문에, 다른 말로 하면 이데올로기적으로 식민체제의 한 위치를 이미 점유하고 있기 때문에, 그 스스로를 식민체제의 피식민 집단에 곧바로 편입시킬 수는 없다. 말하자면 그는 식민 지배와 피지배 사이의 중간이라는 긴장의 영역에 속해 있다. 이러한 중간 지점이야말로 식민주의의 이데올로기가 피식민인에게 작용하기 시작하는 지점임과 동시에 또한 이데올로기적 저항이 가능한 지점이기도 하다. 물론 식민지 지식인은 식민체제를 자기 자신의 한 부분으로 인정하고 받아들임으로써 체제 순응적이고 따라서 특권을 향유하는 존재가 될 수 있다. 그러나 다른 한편 식민지 지식인은 그 원래의 출신인 피식민 집단을 의식하면서 식민체제에 저항하는 자세를 갖춤으로써 비판적 지식인이 될 수도 있다.[17]

설사 협력 메커니즘 안에 포섭되는 듯 보이는 피식민자 지식인들이라 할지라도 반드시 식민지 지배자들이 원하는 방식대로 행동하지는 않는다. 협력자들이 아무런 판단도 없는 식민주의의 도구는 아니며, 앞서 말한 일종의 거래가 성사되지 못할 경우 그들은 결국 협력 메커니즘을 창출한 체제와 구조 자체에 저항한다. 세계사적으로 제국 및 식민지의 역사를 볼 때, 식민지 독립운동을 이끈 지도자들은 거의 대부분 한때 식민지 지배체제에서 고등교육을 받은 협력 메커니즘의 대상자들이었다.

잘 알려진 대표적 예를 들어보자. 민족독립운동의 영웅, '마하트마 간디Mohandas Karamchand Gandhi(1869~1948)'의 경우다. 물레를 돌리는 민족운동의 지도자 이미지로 남아 있는 간디는 젊은 시절에는 영국의 식민지 지배체제에서 이른바 '입신출세'를 꿈꾸며 런던대학교 유니버시티 칼리지에 유학했고 법학을 공부해 1891년에 변호사 자격을 취득했다. 그랬던 그가 30여 년 후에는 인도의 독립운동을 지도하는 인물로 변했다. 이러한 극적인 전신은 물론 간디의 인물됨에 기인하는 바 크겠지만, 동시에 그 전신의 배경에는 영국의 변호사 면허를 가진 엘리트의 자의식을 갖고 남아프리카공화국에서 출세의 기회를 잡으려던 그가 유색인이라는 이유로 객차의 1등석에서 쫓겨나게 만들었던 견고하고 거대한 식민지배 체제의 현실이 존재했다고 보아야 한다.

말하자면 제국이 식민 지배를 위한 '문화 통역자'로 기른 집단이 결국에는 체제 자체를 떠맡겠다고 나서며 민족주의운동의 선두에 서는 것이다.[18] 앞의 2편에서 구제고교 학생문화의 저항적 성격을 고찰할 때, 이른바 '마르크스주의적 교양주의'에 근거한 그들의 저항문화는 지속적인 생명력을 유지하지 못한 채 전향 과정을 밟으며 체제 내로 흡수되어 갔다는 점을 지적한 바 있다. 이는 고교 졸업 이후 제국대학을 거쳐 엘리트로의 진입이 약속되어 있었던 것과 무관하지 않을 것이다. 그러나 식민지의 학생에게는 그러한 약속이 보장될 수 없었다. 식민지의 학생문화는 학력 경쟁의 문화나 정체성 형성의 문화, 교양 형성의 문화 등에서 제국의 학생문화와 연속성을 보이기도 한다. 동시에 저항문화의 강도와 내용 및 지속성, 그리고 그것을 빚어낸 식민지 지배라고 하는 구조적인 현실의 차원에서 식민지의 학생문화는 제국의 학생문화와 같을 수는 없었다.

3

근대 학생문화의
동아시아적
특질

지금까지 근대 동아시아의 학생문화를 일본의 구제고교·사범학교·
고등여학교와 식민지 타이완 및 조선의 고교와 제국대학 예과, 또 한
편으로 영국의 퍼블릭스쿨 등의 학교에 다녔던 학생들을 대상으로 고
찰했다. 마지막으로 '근대 동아시아의 학생문화'가 지니는 역사적·사
회적 특질에 대해 종합적으로 논의해보자. 다만 서론에서도 언급한
바와 같이 동아시아의 중요한 지역인 중국의 근대 학생문화는 고찰의
대상에 포함하지 않았다는 점에서 '동아시아적' 특질에 관한 여기서
의 논의는 그만큼 한계를 지닐 수밖에 없다는 점을 미리 밝힌다.

여기서는 근대 동아시아 학생문화의 특질을 '학력엘리트'·'외래적
교양'·'계몽주의' 등의 세 키워드를 중심으로 논의하기로 한다.

첫째 근대 동아시아의 학생문화가 지니는 특질의 하나는 '학력엘

리트'의 문화라는 점이다. 근대 동아시아의 엘리트는 귀속적인 요인이나 신분 등에 큰 영향을 받는 근대 서구의 이른바 '계급엘리트'와는 다르다. 동아시아에서 엘리트는 개인이 후천적인 노력을 통해서 성취할 수 있는 목적이 된다. '학력엘리트'의 출현 자체가 동아시아의 역사적인 특질을 보여준다. 근대 동아시아에서는 산업혁명과 근대화 등을 내용으로 하는 자본주의화 과정이 근대적인 학교제도 및 선발제도가 성립하는 과정과 병행하거나 심지어 후자가 전자에 선행하는 식으로 역사가 전개되었다. 그렇기 때문에 교육제도는 기존하는 계층 및 계급 구조를 재생산하기보다는 오히려 새롭게 형성하는 기능을 담당했다. 반면에 서구는 산업혁명과 자본주의를 거쳐 계급 구조가 고착화된 이후에 근대적인 중등교육 및 고등교육제도가 발전하는 과정을 거쳤다. 따라서 교육제도는 새롭게 계층 및 계급 구조를 형성하기보다는 오히려 기존하는 계층 및 계급 구조의 재생산 기능을 주로 담당했다.[19]

한편 근대 교육제도는 서구의 경우에 오랜 시간에 걸쳐 위에서 그리고 동시에 아래에서 발아하고 성장하고 진화하는 과정을 통해서 형성된 데 비해 일본의 경우에는 단기간에 국가가 위로부터 만들었다. 이렇게 위로부터 국가가 교육체제를 만들면 그 체제는 기존하는 계층적·계급적 이익과는 상대적으로 독립해 개방적이고 기회균등적인 제도가 될 가능성이 매우 커진다. 메이지 정부는 근대 국가 형성 및 사회 근대화를 견인할 수 있는 인재의 발탁과 양성을 위해 처음부터

'교육은 입신의 재본'이라는 모토를 일본인들에게 제시했고, 그것을 실현할 수 있는 제도를 위로부터 단기간에 만드는 데 성공했다. 이 책에서 다룬 제국대학 및 그 예과적 성격으로서의 구제고교는 가장 대표적인 예라 할 수 있다. 그리고 그 제도에 접근할 수 있는 기회를 입학시험을 통해 결정하는 틀이 정착되었다. 그로써 '수험 경쟁의 문화'가 학생문화의 중요한 일부로 자리 잡았다. 근대 일본에서 만들어진 이와 같은 교육 및 선발체제는 동아시아의 다른 사회에도 식민지적 이식이나 아니면 모방과 복제 등의 과정을 통해 유사한 내용으로 퍼져 나갔다.

일본뿐만 아니라 동아시아의 근대교육에서 주요한 특징의 하나는 한 단계 학교의 졸업 자격이 그대로 다음 단계 학교의 입학 자격이 되는 '졸업시험제도'를 취하기보다는 각급 학교가 입학자 선발을 위해 독자적인 시험을 행하는 '입학시험제도'를 취했다는 것이다.[20] 서구는 전자의 제도가 일반적이며 입학시험제도는 오히려 예외적이라고 할 수 있다. 독일의 대학진학을 위한 선발 장치인 '아비투어'는 기본적으로 김나지움 졸업시험제도이고, 프랑스의 유명한 '바칼로레아'도 대학 입학시험이라기보다 리세 등 중등학교의 졸업시험제도에 해당한다. 영국의 A-레벨 테스트도 마찬가지다. 그런데 왜 동아시아는 중등학교 졸업시험을 선발장치로 활용하기보다 입학시험제도의 도입에 주력했을까. 역사적으로 보면, 메이지유신 이후 단기간에 국가가 위로부터 고등·중등·초등교육제도를 만들어내는 과정에서 각급 학교교육의 수준 간에 연속성을 확보하기가 어려웠다고 하는 사정이 있다. 예컨대 제국대학 및 그 예과적 성격으로서의 고등학교를 만드는 시기와 기본적으로 같은 시기에 중학교도 만들었는데, 당시 이루어졌던 중학교 교육의 내용과 수준이 졸업 후 제국대학이나 고등학교에서 수학하는 데 적합할 정도로 높지는 않았다. 중학교 졸업자에게 자동적으로 고등학교 및 제국대학의 입학 자격을 부여하기 어려웠다는 뜻이다. 이는 근대교육체제 형성의 과도기에 발생하는 난점이라 할 수 있는데, 이에 대한 일본 정부의 대응책은 입학시험의 도입이었다. 이 과도기에 발생하는 문제는 시간이 흐르면서 점차 해결되었다. 중학교 제도가 정비되고 그 수준도 높아졌다. 그런데 이번에는 고등학교 선발 과정에서 수요와 공급의 현저한 불일치 문제가 발생했다. 소학교의 의무화 실현 이후 중학교의 급격한 팽창은 고등학교 진학 희망자의 급증을 초래했다. 교육기회의 공급을 초월하는 수요의 비대화 문제는 결국 입학시험제도의 도입을 통해 대응할 수밖에 없었다.

그리고 입학시험을 통한 선발에 의존함으로써 독특한 수험 경쟁의 문화가 만들어졌고, 그것이 심지어 배우는 일의 성격 자체를 결정했다. 이른바 일본에서의 '면강'의 출현, 또는 한국에서의 '공부'의 출현이 그것이다. 근대 동아시아의 중등교육 및 고등교육은 그것을 통한 계층 이동의 주요한 통로로 기대되었고, 그런 만큼 학생문화에서도 '각고면려를 통한 성실한 수험 공부'에 의한 '입신출세'를 추구하는

'학업과 노력의 가치'가 강조되었다. 이른바 '사당오락四當五落'이라는 말은 그것을 단적으로 보여준다. 졸음을 참고 수면 시간을 한 시간이라도 줄여 수험 공부를 열심히 하면 성공할 수 있다는 것인데, 그것은 학생문화 안에서 인내와 노력을 바탕으로 한 일종의 도덕 규범으로까지 통용되었다.

그런데 영국의 퍼블릭스쿨과 같은 서구의 엘리트학교의 학생문화는 이와는 다르다. 거기서도 물론 학업을 게을리 하지 말아야 한다는 규범은 존재했겠지만, 또 한편으로는 남들이 쉴 때 혼자서 공부한다거나 하는 것이 금기시되는 경향도 있었다. 또 인내심을 발휘해야 하는 극기적인 학습은 오히려 선천적인 무능의 표현으로도 간주되었다. 영국의 퍼블릭스쿨 등 엘리트학교의 학생문화에서 공통으로 보이는 문화 가치는 '우아함'·'관용'·'사려분별'·'독창성' 등인 반면, 일본·타이완·조선 등 동아시아 학생문화에서 공통으로 발견되는 문화 가치는 '성실성'·'근면'·'각고면려'·'인내' 등이었다.

둘째 근대 동아시아 학생문화의 특질로 들 수 있는 것은 그것이 대중문화와는 다른 고차원적인 것의 근거로 내세우는 문화의 내용이 '외래적 교양'이라는 점이다. 앞에서 검토한바 구제고교생들 또는 제국대학 예과생들은 저 이해하기 어려운 외래어투성이의 난문,《산타로의 일기》처럼 그들만이 읽을 수 있는 것들을 이른바 교양으로 내세웠고, 그것을 자긍심과 정체성의 원천으로 삼았다. 그 교양은 분명 일반 대중이 쉽게 접근할 수 없다는 점에서 '엘리트주의적'이기는 했다.

그러나 그것은 동시에 '외래적'이기도 했다.

그렇다면 동아시아 학생문화에서 교양의 '외래성'은 어떤 의미를 지닐까. 그것은 서구의 엘리트교육에서 핵심을 이루는 '교양'과 어떻게 달랐을까. 예컨대 퍼블릭스쿨 교육의 핵심은 라틴어·그리스어 등의 고전어와 베르길리우스·키케로 등의 고전 저작을 중심으로 하는 교양이었다. 실생활에서 더는 사용하지 않는 일종의 '사어死語'인 라틴어와 그리스어가 교양의 핵심을 이루고, 또 그런 언어로 쓰인 낡은 책들이 '고전(Classics)'이 되어 엘리트들에게 일종의 필독서가 된 것은 르네상스 이후였다고 할 수 있다. 그리스·로마의 문화가 휴머니즘의 핵심 내용으로 부활했고 그것이 엘리트교육의 요체를 이루었다. 그러한 내용에 접근하고 또 그것을 또 향유함으로써 자신들의 신분적 표식을 강화한 계층은 우선은 성직자, 귀족, 고급 관리, 그리고 법률적·의학적 전문직이었다. 그들이 독점적으로 향유한 이 '교양'은 산업혁명 이후 등장한 새로운 지배 세력 즉 부르주아지 및 신흥중간계층의 욕망의 대상이 되었고, 이는 퍼블릭스쿨과 같은 엘리트중등교육에 이 신흥 지배세력들이 쇄도하는 현상으로 이어졌다. 산업혁명 이후에 등장한 새로운 하위 계층으로서의 프롤레타리아 계층은 라틴어·그리스어 중심의 고급문화로서의 교양에서 배제되었다. 이 과정에서 확인할 수 있는 것은 고대 그리스·로마에까지 기원이 거슬러 올라가는 이 '교양'의 수혜층은 시간이 흐르면서 바뀌거나 보충되거나 했지만 적어도 그것의 가치에 대한 확신은 흔들리지 않았다는 점이다. 근대 이후 유럽의 중등교육-특히 인문적 성격의 준비교육으로서의 엘리트 중등교육 및 고등교육은 신분문화로서의 교양을 엘리트 계층의 자제에게 대를 이어 전수하는 재생산 기능을 담당해 왔다.

그러나 근대 동아시아에서 '교양'의 운명은 매우 달랐다. 근대 이전에 동아시아에도 서구의 '교양'에 상응하는 고차원적인 문화가 존재했고 그것을 향유하는 집단은 엘리트로 간주되었다. 그 핵심은 다름 아닌 유교 경전에 대한 지식과 이해 및 거기서 비롯되는 생활방식을 내용으로 하는 유교적 교양이었다. 그러나 이 '동아시아적' 교양은 근대로 접어드는 과정에서 급격하게 그 권위와 사회적 영향력을 상실해 버렸다. 아울러 그것을 교육내용의 중핵으로 삼았던 전통적인 교육기관 역시 쇠퇴했다. 전통적인 엘리트 양성 및 충원 장치가 무너졌을 뿐만 아니라 엘리트문화의 핵심을 이루는 교양 자체가 위력을 상실한 것이다. 그리고 그것을 대신해 새로운 엘리트 양성 및 충원 장치로 근대교육체제가 국가에 의해 만들어졌다. 그런데 그 교육의 내용은 전통적인 '동아시아적 교양'과 무관했을 뿐만 아니라 그것이 어떤 내용이건 '교양' 그 자체와도 독립되어 있었다. 아마노 이쿠오는 일본 고등교육체제의 형성과 관련해 다음과 같이 지적했다.

제국대학을 비롯한 관립학교는 〈제국대학령〉 1조에 분명히 쓰어 있듯이 '국가의 수요에 응'하기 위해 만들었다. 그리고 이 시기 '국가의 수요'라면 그것은 국가의 최대 과제인 조속한 근대화의 담당자가 될 각종 인재의 양성이었다. 관료·군인, 대학이나 중등학교 교원 등 정부의 여러 활동에 종사하는 사람들, 의사로 대표되는 준 공적인 전문적 직업인, 그리고 공업화가 요구하는 각종 기술자-관립학교는 그러한 인재 양성을 위한 '전문교육'의 장이 되어야 했다. 베버식으로 말하면 '교양인'이 아니라 '전문인'의 양성이다. 서구의 선진 제국을 따라 잡고 능가하기 위해 조속한 근대화를 꾀하는 후발국에 '교양'이나 '인간 형성'을 추구할 여유는 없다. 효율적으로 바로 유용한 인재를 양성하기 위한 전문교육체제-관립학교에 기대된 것은 그러한 역할이었다.[21]

요컨대 근대 동아시아에는 옥스퍼드나 케임브리지도, 그리고 이튼이나 럭비와 같은 퍼블릭스쿨이나 김나지움도 존재할 수 없었으며, 그와 같은 성격의 교육기관을 만들려는 의도도 구상도 없었다. 서구 학교들이 교양의 전당이었다면 동아시아 학교는 기본적으로 전문 직업교육기관이었다. 구제고교나 제대 예과도 '서구적 교양'을 가르치기 위한 장치로 탄생한 것이 아니다.

그렇다면 구제고교생들의 '교양'이란 어디서 온 것이고 어떻게 길러진 것일까. 앞에서 보았듯이 그 교양은 얼핏 보면 서구의 그것과 유사한 것처럼 보여도 그 탄생의 기원을 볼 때에는 일본 사회의 특정한 지배 계층이나 계급의 문화와도 그리고 전통적인 유교적 교양과도 분리된 것이며, 구제고교생이 자신들을 일반 대중과 구별짓기 위한 수단을 찾는 과정에서 외국으로부터 수입된 것이라는 점이 크게 달랐다. 그리고 그런 만큼 동아시아의 학생들이 추구한 교양은 취약한 것일 수밖에 없었다.

그런데 여기에는 또 다른 측면이 있었다. 서구 사회에서 '교양'이 교육을 통해 엘리트가 되고자 하는 일반 대중의 욕망을 냉각하고 그들을 체념하게 하는 사회적 기능을 수행했던 측면을 고려한다면, 동아시아 학생문화의 '교양'이 지닌 '외래적' 성격, 특정 계층의 문화와 결합되지 않은 '계층중립적' 성격 등은 그것에 접근하는 것이 쉬운 일은 아니라 해도 애초부터 특정 계층에게 반드시 유리하거나 불리한 것만은 아니라는 점에서 서구의 그것에 비해 '개방적'인 측면을 지닌 것이었다. 그런 만큼 동아시아에서 교육을 통한 사회이동 가능성에 대한 기대가 범계층적으로 확산되기에 용이했고, 단기간에 근대적 교육체제가 정착될 수 있었던 것이다.

또 한편으로 근대 동아시아의 학생문화는 소위 '엘리트문화'로서 고고하게 독자성을 유지하며 그 나름으로 진화되어 나가기보다는 언제라도 '대중문화'로 흡수되어 버릴 가능성이 있었다. 전후 일본의 학력엘리트들의 문화가 대중문화에 훨씬 근접해갔음을 보여주는 다음 지적을 보자.

프랑스 사회학자 부르디외의 연구를 참고해 일본 대학생의 문화 취향을 조사한 결과에 따르면, 고전음악 감상이나 전람회 관람 등으로 측정되는 '고급문화'의 기호와 대학생 출신 계층 사이에는 (…) 그다지 명확한 관계가 드러나지 않았다. 오히려 현대 일본의 대학생은 대부분 가라오케나 주간지 등 '대중문화'를 즐긴다. 음악이나 미술·영화의 경우에도 프랑스에서라면 '대중문화'적 취미로 간주되는 비발디의 〈사계〉나 스필버그의 〈E. T.〉, 밀레의 〈만종〉 등의 작품을 좋아하는 사람이 출신 계층을 불문하고 다수를 점했다. 일본에서는 고학력자가 고급문화, 정통한 문화를 지닌 자라고 하기는 어려운 것이다.[22]

예전이라면 '대신이 될까, 재상이 될까' 하고 호언장담하며 폐의파모의 차림으로 옆구리에 데카르트·칸트·쇼펜하우어 등의 책을 끼고 거리를 뽐내듯 활보했던 구제고교생의 후신은 1945년 이후 도쿄대학 학생일 것이다. 그런데 그들의 문화는 '고급문화'·'정통한 문화'라고 하기는 도저히 어려울 정도로 대중적이 되어버렸다. 고급문화라고 해야 비발디의 〈사계〉나 밀레의 〈만종〉인데 그것이 일반 대중이 범접하기 어려운 고도의 고급문화라고 하기는 어렵다. 아니 노래방이나 주간지 구독이 대학생의 문화가 되어 버렸다. 이는 바꿔 말하면, 구제고교생이 '정신상의 귀족'이라는 자의식 속에서 만들어낸 '교양'의 문화는 '외래적'이며 그것과 결합된 사회계급이나 계층이 부재했던 만큼, 고등교육이 대중화되는 과정에서 순식간에 그 권위가 허물어지는, 말하자면 사상누각처럼 외양은 화려했지만 그만큼 기반이 취약했던 것임을 의미한다. 이러한 지적은 전후 일본의 대학생에게만 해당되지는 않을 것이다.

셋째 근대 동아시아 학생문화에서 확인할 수 있는 '계몽주의'적 특질이다. 근대 동아시아에서 구제고교나 제국대학 예과의 교육을 받은 학생층은 '근대성', 더 분명하게 말하면 서구에서 이입된 '근대성'을 자신이 속한 사회에서 가장 잘 이해하고 가장 잘 습득한 존재로 자임했다. 그리고 그들은 자신이 속한 사회-그것이 제국 일본이건 식민지 타이완 또는 조선이건 간에-가 서구의 발전 과정을 후발 주자로 동일하게 밟아야 한다고 생각했고, 그 발전을 자신들이 이끌어야 한다고 믿었던 소명의식을 지닌 계몽주의자들이었다. 학생의 지도적 역할에 대한 기대는 그들에 대한 일반 대중의 시선 속에도 강하게 드리워져 있었다. 1920년대 초 조선인들은 일본 유학생에 대해 다음과 같은 기대를 드러냈다.

제군은 하날이 나리운 메시야오, 땅이 낸 신인新人이라. 메시야 나려왔거늘 엇지 환영하는 자 수인의 목동 초부뿐이며 신인이 나타낫거늘 엇지 이리 만상이 숙연하냐. 조선사회야 떡을 치고 소를 잡으며 남녀노소초목금수 할 것 없이 모도다 게기열등揭旗列燈하야 우리 신인을 환영할지어다. 우리 동포야 소리를 높혀 만세를 환호하며 힘잇는 대로 박장창화拍掌唱和하야 우리 메시야를 축하할지어다. 나는 이에 잇어 수무족도手舞足蹈함을 금치 못하며 만공의 열성으로 제군의 장래를 축하는 바이로다.[23]

동포들이 마치 하늘이 내려 보낸 '메시아'처럼 기다리고 만세를 부르며 환영해야 할 존재가 유학생이라는 것이었다. 오늘날에는 황당하게 느껴질법한 이러한 학생에 대한 '과도한' 기대는 '근대 동아시아'라는 시공간이었기 때문에 등장할 수 있었던 것이 아닐까. 바로 이러한 기대 그리고 그것과 결합된 학생들의 '계몽주의적 자의식'이야말로 학생층을 사회운동에 참여하도록 이끄는 힘이기도 했다. 구제고교생들이 형성한 마르크스주의적 저항문화는 그 예라 할 수 있을 것이다. 그리고 이러한 계몽적인 소명의식은 제국 일본의 학생보다도 식민지의 학생들에게서 더욱 선명하고 뚜렷한 형태로 형성되었다. 제국의 학생과 동일한 교육을 받으면서도 식민지 차별 구조에서 자신들의 능력이나 학력에 걸맞는 지위와 역할·보상을 부여받지 못한 식민지 학생들의 운명이 그들의 계몽주의자적인 의식을 더욱 강화했다고도 할 수 있을 것이다.

근대 동아시아의 학생들, 특히 식민지의 학생들 안에서 혁명가로서 정치적 헌신을 하거나 문화운동의 선구적 리더가 되는 등의 이른바 앙가주망engagement의 예를 숱하게 볼 수 있다. 그러한 참여 지식인으로서의 자의식이 부분적으로는 그들이 경험한 학창 시절의 학생문화 속에서 배양되었다는 점을 생각할 때 이러한 계몽주의적인 문화 또한 근대 동아시아 학생문화의 한 특질로 보아도 과장은 아닐 것이다. 특히 식민지 사회에서 학생층은 근대적이고 민족주의적인 정치·사회·문화운동의 비옥한 토양이 되었다. 그것은 3·1운동이나 6·10만세운동, 광주학생항일운동의 빛나는 역사가 이어진 조선에서도 그

러했을 뿐 아니라, 비록 민족운동의 양상과 내용은 조선과 동일하지
않았을 지라도, '육삼법철폐운동'·'타이완의회설치청원운동'·'타이
완문화협회운동', 나아가 '타이완민중당'의 계급운동 등 민족운동의
역사를 면면히 이어간 타이완에서도 마찬가지였다. 그러한 운동에서
늘 교육받은 지식인들이 지도적 역할을 발휘했다. 요컨대 근대 동아
시아 사회에서 혁명적·개혁적인 사회운동·민족운동의 역사는 학생
운동의 역사를 빼놓고는 이야기될 수 없다.

결론

지금까지 근대 동아시아의 학생문화를 살펴보고 그것이 지닌 역사적·사회적 특질을 논했다. '근대 동아시아'의 학생문화는 1945년 이후 어떻게 변모했을까.

1945년 8월 15일 제2차세계대전에서 일본의 패전은 제국의 운명만이 아니라 동아시아 세계의 운명을 바꾼 결정적인 전기가 되었다. 근대 동아시아의 학교교육 및 학생문화도 역사적인 전환의 계기를 맞이했다.

동아시아 학교의 학생문화 중에서도 패전으로 인해 근본 변화가 일어난 것의 하나는 사범학교의 학생문화였다. 3편 1장에서 확인한 바와 같이 근대 일본의 사범학교 학생문화는 군국주의적·국가주의적 이데올로기가 지배해왔고 그 안에서 이른바 '사범형 인간'이라고 하는 국가가 주조하는 인간형이 배양되었다. 그것이 일본을 침략과 전쟁으로 이끈 요인의 하나로 작동했음을 부인할 수는 없다. 1945년 8월 이후에 패전 일본을 점령한 미군정이 추진한 민주적 교육개혁의 일환으로 사범학교제도의 혁파가 전개된 것도 그러한 맥락에서 이해할 만한 것이었다. 1945년 이후 일본에서 교사양성학교, 즉 예전의 사범학교가 교양교육을 강조하는 좀 더 일반적이고 종합적인 학예대학學藝大學[1]이나 교사 양성 기능을 겸비하는 종합대학의 교육학부로 개편된 뒤, 사범학교의 학생문화에서 살벌한 철권제재나 급비제, 가입학제도, 군대식의 기숙사제도, 상급생과 하급생의 군대식 상하관계 등을 찾아볼 수는 없었다. 남녀공학으로 바뀐 대학에서 학생들은 더 자유로운 분위기 속에서 전전에는 찾아보기 어려운 새로운 대학생문화를 누렸다.

그런데 이러한 사범학교 학생문화의 질적인 변화가 1945년 이전에 식민지였던 국가에서도 동일하게 전개되지는 않았다. 일제의 식민지에서 해방된 한국 사회의 경우 중등교사 양성 기능은 종합대학교의 사범대학에서 행하는 것으로 좀 더 개방되었으나 초등교사 양성 기능은 식민지 시대와 유사하게 사범학교제도를 유지하면서 그것이 담당하는 체제를 유지했다. 바로 그런 만큼 식민지 시대의 사범학교 학생문화가 말하자면 '관성inertia'처럼 역사적 유산으로 남겨지고 재생산될 여지가 컸다. 그것은 타이완의 경우에도 마찬가지였다. 식민지 시대의 지배자였던 일본제국을 대신해 새로운 지배세력으로 등장한 장제스의 국민당 정부는 식민지기의 사범학교체제를 그대로 유지하는 방침을 취했다. 단지 사범학교체제만이 아니라 사범학교의 교육과 훈련 관행까지 그대로 유지했다. 1945년 이전에 순종적이고 폐쇄적이며 권위주의에 물든 사범형 인간을 만들어내는 장치로 작동했던 급비생제도나 군대식의 기숙사제도, 선후배 간의 상하관계가 큰 변화 없이 유지되고 재생산되었다.[2]

그러나 역시 일본제국의 패전과 몰락 및 민주화라고 하는 거대한 역사적 전환은 동아시아 학생문화의 방향과 성격에 질적인 변화를 초래하지 않을 수 없었다고 보아야 한다. 구제고교와 제국대학 예과로 대표되는 엘리트양성기관의 학생문화에서 일어난 변화에 좀 더 주목해보자.

1945년 이후 일본 그리고 한국과 타이완에서 전개된 교육개혁의 주요 내용 중에서 학생문화의 변화와 관련해 가장 중요한 의미를 가지는 것은 학제가 이른바 6-3-3제로 단선형으로 변화되었다는 것이다. 제국과는 달리 식민지에서 의무교육의 실현이 지체되었다고 하는 차이가 있었고, 중등교육 및 고등교육이 식민지에서 극도로 억제되었다고 하는 사정으로 1945년 이후에도 각급 수준의 학교교육의 팽창 규모와 추이에서 일본과 타이완, 한국 간에 격차가 존재했던 것은 사실이다. 그러나 그 격차는 한국과 타이완의 경이적인 교육열과 경제성장 등의 요인으로 빠른 시간 안에 좁혀졌다. 여기서 더 주목해야 하는 것은 전기 중등교육의 완전 취학, 후기 중등교육의 보편화,

고등교육의 대중화라고 하는 학교교육 팽창이 일본·한국·타이완을 불문하고 어느 정도의 시차를 두면서도 공히 전개되었다고 하는 점이다.

바꿔 말하면, 1945년 이후에는 고등학생·대학생 등 '학생'은 그것이 일본의 가쿠세건 한국의 학생이건 타이완의 쉐성이건 불문하고, 예전과 같은 위광과 자긍심을 지닌 존재일 수 없게 되어버렸다. 제국대학의 예과적 성격으로서 엘리트 선발과 양성기관으로 뚜렷하게 성격이 규정되어 있던 구제고교는 해체되고 새로운 종합대학의 교양학부로 재편되어버렸다. 새롭게 신설된 고등학교는 '엘리트'교육기관이 아닌 '대중'교육기관으로 애초부터 자리매김되어버렸다. 이제는 누구도 고등학생을 우러러보지 않는 세상이 되었다.

대학의 경우에는 전전 학생문화의 유산이 고등학교에 비해 상대적으로 더 지속될 가능성이 컸다. 특히 왕년의 제국대학이 최정점에 위치하며 그 아래에 다른 사립대학이나 신제 대학이 자리 잡는 위계체제가 심지어 현재까지도 유지되는 상황에서 엘리트 대학으로 간주되는 이른바 명문대학에서 근대 학생문화의 흔적이 상대적으로 더 오래 관성을 유지하며 재생산되는 경향이 있었다. 1945년 이후의 학제개혁으로 구제고교는 폐지되었지만 구제고교가 교양학부로 계승되어 그 교사들이 교양학부의 교수가 되는 경우가 많았다. 무엇보다도 교수 대부분이 구제고교 출신자였던 탓에 구제고교적인 교양의 분위기를 학생들에게 전했다. 스톰·료우·만년상 등의 관행도 전후 대학의 기숙사 문화에 계승되었다. 이른바 구제고교생의 필독서 목록이 거의 그대로 계승되었음은 물론이다. 전후의 출판은 전전의 교양주의 대표 서적을 재출판하는 과정을 통해 활성화되었다. 예컨대 가도카와쇼텐角川書店은 1945년에 창업해 아베 지로의 저작집과 아베 지로가 번역한 괴테의《빌헬름 마이스터의 편력시대》, 구라타 하쿠조의《사랑과 인식의 출발》,《출가와 그 제자》등을 다시 찍어냈다. 가도카와문고판《합본 산타로의 일기》는 1950년 초반에서 1956년까지 21판을 거듭했다. 가와이 에지로가 편집한《학생과 교양》도 재발매되었다.《독서와 인생》은 1952년에 초판이 나왔는데 1962년까지 22쇄가 발행되었다.

그러나 그 관성이 언제까지나 계속될 수는 없었다. 시간이 흐르며 고교생과 대학생의 규모가 늘어나 그들의 사회적 희소가치가 떨어지면 그들이 구축했던 '교양주의'적 학생문화의 기반도 허물어지고 그것이 대중문화적인 것으로 회귀했다. 1945년 이후 일본에서 대학생들의 학생문화가 타락한 현상을 개탄하는 다음 신문의 기사를 보자. 천하의 제국대학이었던 도쿄제대의 후신 도쿄대 교양학부의 신입생, 바로 20년 전이라면 도쿄의 구제고교·제일고의 '학생님'이었을 교양학부 신입생들의 모습은 이렇게 변했다.

도쿄대 교양부에서 행한 신입생 환영 점심식사 모임에서 한 신입생이 말했다. "나도 도쿄대에 입학한 다음에는 크게 공부할 생각이었지만, 선배들은 대체로 마시고 노름하고 노는 것 같다. 그걸 들은 후에는 나도 크게 놀고 싶어졌으니, 이쪽을 확실하게 지도해 달라."-그리고 우레와 같은 박수. 오랜 수험 공부에서 해방된 신입생을 맞이해 속세의 골든위크와 나란히 대학은 5월부터 '레저 시기'에 들어간다. (⋯) "세상은 레저를 즐기는 시대가 된 듯한데, 대학이라는 곳도 마음먹기만 하면 지나치게 여가가 많은 곳이다. 대개 교양 수업은 시시하기 때문에 체육과 어학 수업을 적당히 해두면 그다음은 자유다. 신입생 제군에게 놀아라 놀아라 라고 권하는 것은 아니다. 그러나 (⋯) 여가 이용을 한마디로 말하자면 '일어서면 파친코, 앉으면 마작, 걷는 폼은 댄스형'이라는 것이다."[3]

일어서면 파친코, 앉으면 마작, 걷는 폼은 댄스형으로 변한 도쿄대 학생에게 대학은 놀이동산처럼 되어버렸다. 이제 그들은《산타로의 일기》도《가난이야기》도 읽지 않는다. 물론 그들은 전전보다도 더 치열한 입시경쟁을 뚫고 도쿄대학에 입학한 학력엘리트다. 그들에게는 졸업 후에 대장성·내무성 또는 미쓰비시三菱 등 재벌기업의 고소득 봉급생활자로서의 기회가 약속되어 있다. 그럼에도 그들은 이제는 '정신상의 귀족'은 아니다.

극단적으로 말하면 '읽는 거라곤 스포츠신문, 말하는 거라곤 영화, 하는 거라곤 마작'과 같은 생활이 이상하지 않게 통용된다. (⋯) '와리캉割勘,[4] 대리출석, 컨닝은 학생의 관례다' 라고 말하는 친구도 있다. 앉기만 하면 천하

국가를 논한다고 하는 종류의 기골은 적어도 지금은 옛날이야기가 되었다.[5]

이미 구제고교적인 엘리트 의식이나 교양주의 문화는 '옛날이야기'로 사라지고 말았다는 지적이다.

그런데 이러한 변화가 반드시 일본만의 것은 아닐 것이다. 여전히 타이완 최고의 엘리트양성기관으로 자타가 공인하는 '타이완대학'-타이페이제국대학의 후신-의 학생문화와 한국 최고의 엘리트양성기관으로 자타가 공인하는 '서울대학'-그 일부에 경성제국대학이 계승되어 있다-의 학생문화는 일본과는 달리 대중문화와 격리되어 독자적으로 발전했을까? 타이완대학생이나 서울대학생의 서가에는 데카르트의《방법서설》, 칸트의 3대 비판서, 쇼펜하우어의 저작이 진열되어 있을까. 그것을 반드시 읽고 있지는 않다 해도 "'서울대생이니까'읽어야지 않겠나"라는 의식만큼은 유지되고 있는 것일까. 아마도 일본이나 타이완, 한국에서의 대학생문화의 변화 추세에 어느 정도의 시간차가 존재할 수는 있겠지만, 고등교육이 급격하게 대중화, 심지어 보편화되어가는 상황 속에서 대학생들에게 이른바 '정신상의 귀족'이라는 자의식, 그리고 그것의 배양기 역할을 해야 할 '교양 문화'가 발전할 가능성은 급격히 약화될 수밖에 없을 것이다. 그들은 여전히 학력엘리트로서 자신들이 선발된 소수 집단이라고 하는 정체성을 유지하려 노력하겠지만, 그것은 '수입된 문화'의 흔적인 '데칸쇼'의 저작에서 비롯되기보다는 치열한 수험 경쟁에서 승자가 되었다고 하는 제로섬적인 경쟁 상황 자체가 유발하는 선민의식에서 비롯되었을 가능성이 크다. 엘리트문화와 대중문화의 습합이 급속도로 진행된다는 것이다.

이러한 변화는 단지 동아시아의 학생문화에서만 전개되는 것은 아닐 것이다. 예컨대 퍼블릭스쿨의 계급적·엘리트주의적 학생문화도 일본처럼 고등교육의 기회가 점차 확장되면서 변용을 겪기 시작했다. 명문 퍼블릭스쿨 학생들은 이전보다 더 학업에 몰두하고 있으며, 옥스브리지에 입학하거나 좋은 직장에 취업하기 위해서는 학업을 중시해야 한다는 것을 점점 더 자각하고 있다. 그들에게 옥스브리지 진학이 자동적으로 보장되는 것도 아닐뿐더러 거기에 진학하기 위해서는 일반 그래머스쿨 또는 종합학교 출신의 학력우수자와 경쟁해야 한다. 그들도 앞서 말한 A-레벨 테스트에서 좋은 성적을 받아야만 한다. 그뿐만 아니라 기숙제와 통학제를 병용하거나 남녀공학제도를 취하는 퍼블릭스쿨들이 늘어나고 있다.[6] 그리고 이들 변화는 퍼블릭스쿨 학생문화의 엘리트주의적 기반을 침식하는 방향으로 작동할 것이다.

그런데 이러한 고등교육의 대중화 과정과 병행하는 학생문화의 '대중화' 경향이 큰 흐름으로 진행된다는 점을 인정하지만 또 한편으로 '현대' 동아시아의 학생문화 내부에 존재하는 중요한 차이점도 간과해서는 안 된다. 그것은 각 사회에서 학생층이 특정한 시기에 담당한 역사적·사회적 역할의 차이에 주목할 필요가 있다는 의미다. 좀 더 분명하게 말하면 한국과 타이완 등에서 1945년 이후에 학생 집단이 담당해 온 정치적·사회적인 역할의 진보성에 주목해야 한다. 우리한국 사회의 경우 1960년의 '4·19혁명', 1980년의 '5·18민주화운동', 1987년의 '6·10민주항쟁' 등으로 이어지는 일련의 민주화운동, 그리고 타이완의 경우에는 비록 1987년까지는 세계 최장기간의 계엄령하에서 극단적으로 억압되어 왔으나 이후 타이완의 정치사회적 민주화 과정에서 전개된 민주화운동, 대표적으로는 1990년의 '야백합野百合학생운동'이나 2014년의 '태양화太陽花학생운동' 등에서 확인할 수 있듯이[7] 현대 동아시아에서 학생들은 정치사회 민주화의 견인차 역할을 했다. 이는 역사적으로 보면 근대기에 식민지의 학생문화 속에서 형성되어온 '계몽주의적 문화' 요소의 발전으로 볼 수 있다. 동시에 그것은 현대 일본의 학생층 동향과는 또 다른 의미를 지니는 역사적·사회적 현상으로 보아야 할 것이다.

'근대' '동아시아'의 학생문화는 불변하는 '동아시아'의 고정적 특질이라기보다는 역사적·사회적 산물이라고 할 수 있다. 좀 더 근본적으로 생각해 볼 때 20세기 후반에 전개되어 지금도 계속되고 있는 변화 과정 속에서 서구와 동아시아의 관계 자체가 변화되고 있는 것은 아닐까. 즉 문화와 교육에서 근대의 모델이나 말하자면 '교사'로서의 서구, 그리고 그것을 서둘러 따라잡으려는 '학생'으로서의 동아시아의 위계적이고 불평등한 관계는 19세기 말부터 20세기 중엽까지는 확고부동한 것으로 유지되는 듯이 보였지만, 이제는 다른 상황이 되어가고 있다. 서구가 동아시아에 근대를 가르치는 관계가 완전히 역전되어 이제 서구가 동아시아에게 배우는 관계가 되었다고 할 수는 없어도, 서로의 특질 및 장단점에 대해 객관적으로 인식하고 이해하려는 균형이 나타나고 있다.

이러한 변화 속에서 과연 현대, 특히 제2차세계대전 이후 서구 및 동아시아의 학생문화에 어떠한 변화가 전개되었는가를 밝히는 또 다른 지적인 시도가 요구된다는 점은 다시 말할 필요도 없을 것이다. 이 책에서 거칠게 시도한 것의 시대적 확장이 요망된다는 의미이다. 그런데 그때는 동아시아 사회의 범주에 일본과 타이완, 한국만이 아니라 중국·홍콩·싱가폴, 그리고 북한이라는 또 다른 세계를 적극적으로 포함해 접근할 필요가 있다.

특히 이 책에서는 다루지 못한 근대 이후 중국의 학교와 학생문화에 대한 접근은 매우 중요한 시사점을 제공할 것이다. 아편전쟁 이후부터 1949년 중화인민공화국의 출범에 이르기까지 근대 중국은 유럽 제국의 반식민지적 지배 상황 속에서 그 나름의 근대교육을 부단히 시도해 왔다. 그 과정에서 형성된 근대교육체제 및 학생문화의 특질은 제국 일본이나 그 식민지였던 타이완 및 조선과 동일한 것이었다고 단언할 수는 없다. 그뿐만 아니라 1945년 이후 자본주의와는 다른 이념하에서 형성된 사회 안에서 어떤 학생층들이 어떠한 교육적·사회적 제도에서 탄생했고 그들이 어떠한 학생문화를 만들어나갔는가,

그것은 1945년 이전의 근대적 유산 및 동아시아의 문화적·사회적 유산과 어떤 관련을 가지는가 등의 질문을 던지고 그에 대한 답을 찾을 때 비로소 이 책에서 궁극적으로 답하고자 했던 질문, 교육과 학생문화에서의 '동아시아적 특질'이라는 질문에 대한 더욱 믿을 만한 답의 단서가 찾아질 것이기 때문이다.

주

1. 서론

1 Zeng Kangmin, *Dragon Gate: competitive examinations and their consequences*, Cassell, 1999 참조.

2. 일본 구제고교의 학생문화

1 앤드루 고든 저, 문현숙·김우영 역, 《현대일본의 역사》, 이산, 2005, 160쪽.

2 쇼헤코昌平黌라고도 하며, 1790년에 에도(오늘날의 도쿄)의 간다神田 지역 유시마湯島에 설립된 막부 직할 교학기관이다. 유학과 황학을 가르쳤다.

3 唐澤富太郎, 《學生の歴史》, ぎょうせい, 1991, 33쪽.

4 마리우스 B. 잰슨 저, 김우영 외 역, 《현대일본을 찾아서》 2, 이산, 2006, 639~640쪽 재인용.

5 참의란 1869년 다이조칸太政官 안에 설치된 관제로서 대신·납언納言을 보좌해 정치와 행정에 참여하는 고급 관료로서 참의제도는 1885년 관제개혁까지 지속되었다.

6 野間淸治, 《私之半生》, 千倉書房, 1936, 297~298쪽.

7 아카몬은 오늘날의 도쿄대학 혼고本鄕캠퍼스의 남서쪽에 자리 잡은 일본 전통양식의 문이다. 1827년에 예전 번주 저택의 문으로 건조되었으나 그 부지가 도쿄제국대학으로 전환되면서 이 문은 도쿄제국대학을 상징하는 것으로 남았다(〈그림 3〉 참조).

8 일본 도시의 한 형태로서 근대 이전에 각 번의 영주의 성을 중심으로 하여 성립된 도

주시를 가리킨다.

9 鳩山一郎,《私の自叙伝》, 改造社, 1951, 197쪽.

10 秦郁彦,《舊制高校物語》, 文藝春秋社, 2003, 115~122쪽.

11 竹內洋,《日本の近代 12: 學歷貴族の榮光と挫摺》, 中央公論社, 1999, 32쪽.

12 唐澤富太郎,《學生の歷史》, ぎょうせい, 1991, 51쪽.

13 野間淸治,《私之半生》, 千倉書房, 1936, 240~241쪽.

14 石坂泰三 外,《私の修業時代》, 實業之日本社, 1952, 4쪽.

15 竹內洋,《立身出世主義 增補版: 近代日本のロマンと欲望》, 世界思想社, 2005; 竹內洋,《敎養主義の没落 – 変わりゆくエリート學生文化》, 中央公論新社, 2003; 竹內洋,《日本の近代 12: 學歷貴族の榮光と挫翼》, 中央公論社, 1999; 竹內洋,《立志·苦學·出世 – 受驗生の社會史》, 講談社, 1991.

16 竹內洋,《立身出世主義 增補版: 近代日本のロマンと欲望》, 世界思想社, 2005 참조.

17 竹內洋,《立志·苦學·出世 – 受驗生の社會史》, 講談社, 1991, 43쪽.

18 일본의 이른바 3대 예비교 중 나머지 둘은 1933년에 창립된 가와이주쿠河合塾와 1957년에 창립된 요요기제미나르代々木ゼミナール다. 수험생 사이에서는 '생도의 순다이生徒の駿臺, 책상의 가와이机の河合, 강사의 요요기講師の代々木'로 불리는데, 순다이는 수강생의 수준이 높고 가와이는 시설이 좋으며 요요기는 인기강사가 많다는 뜻이다. 이들 삼대 예비교를 영어 이니셜을 따서 SKY라 하기도 한다. 도시의 기차역 앞에는 반드시라고 해도 좋을 만큼 이들 삼대 예비교 건물이 들어서 있다.

19 竹內洋,《立志·苦學·出世 – 受驗生の社會史》, 講談社, 1991, 13~17쪽.

20 竹內洋,《立志·苦學·出世 – 受驗生の社會史》, 講談社, 1991, 18쪽.

21 手塚富雄,《一青年の思想の歩み》, 講談社, 1966, 33쪽.

22 手塚富雄,《一青年の思想の歩み》, 講談社, 1966, 31쪽.

23 마리우스 B. 잰슨 저, 김우영 외 역,《현대일본을 찾아서2》, 이산, 2006, 819~820쪽.

24 제일고의 학생 기숙사 이름이다. 고료는 제일고를 상징하는 이름이기도 했다.

25 第一高等學校,《校友會雜誌》154, 1909, 96쪽.

26 唐澤富太郎,《學生の歷史》, ぎょうせい, 1991, 94쪽.

27 石坂泰三 外,《私の修業時代》, 實業之日本社, 1952, 24~25쪽.

28 河合榮治郎,《敎壇生活二十年》, 鬼怒書房, 1948, 85쪽.

29 大浦八郎,《三高八十年回顧》, 關書院, 1950, 286쪽.

30 第一高等學校寄宿寮,《向陵誌》, 一高同窓會, 1913, 1~2쪽.

31 泉山三六,《トラ大臣になるまで》, 東方書院, 1953, 38~39쪽.

32 泉山三六,《トラ大臣になるまで》, 東方書院, 1953, 38~39쪽.

33 竹內洋,《日本の近代 12: 學歷貴族の榮光と挫摺》, 中央公論社, 1999, 202쪽.

34 唐澤富太郎,《學生の歷史》, ぎょうせい, 1991, 104쪽.

35 大河內一男 外,《抵抗の學窓生活》, 要書房, 1951, 104쪽.

36 第二高等學校明善寮,《明善寮編年譜》, 第二高等學校明善寮, 1936, 4쪽.

37 《惠迪》創刊號, 1919, 5, 51쪽.

38 第四高等學校時習寮,《第四高等學校時習寮史》, 第四高等學校時習寮, 1948, 112~113쪽.

39 "悠々たる哉天壤 遼々たる哉古今, 伍尺の小軀を以て此大をはからむとす. ホレーショの哲學竟に何'等のオーソリチィーを價するものぞ. 萬有の眞相は唯だ一言にして悉す, 曰く,「不可解」. 我この恨を懷いて煩悶, 終に死を決するに至る. 既に巖頭に立つに及んで, 胸中何等の不安あるなし. 始めて知る, 大なる悲觀は大なる樂觀に一致するを"(https://ja.wikipedia.org/wiki/藤村操).

40 竹內洋,《日本の近代 12: 學歷貴族の榮光と挫摺》, 中央公論社, 1999 참조.

41 阿部次郎,《新版 合本 三太郎の日記》, 角川學藝出版, 1990, 21쪽.

42 교토학파의 철학자로서 독일철학 및 파스칼철학의 대가였고, 말년에 마르크스주의 연구자가 되었다. 그의《독서와 인생読書と人生》등은 교양주의 필독서였다.

43 竹內洋,《日本の近代 12: 學歷貴族の榮光と挫摺》, 中央公論社, 1999, 245쪽.

44 竹內洋,《立身出世主義 增補版: 近代日本のロマンと欲望》, 世界思想社, 2005, 78쪽.

45 안톤 필립 레클람Anton Philipp Reclam(1807~1896)이 1828년에 설립한 출판사 레클람Reclam Verlag에서 1867년부터 출판되기 시작한 문고 총서다. 이와나미문고의 모델이 되었다.

46 竹內洋,《敎養主義の没落 - 変わりゆくエリート學生文化》, 中央公論新社, 2003, 19쪽.

47 唐澤富太郎,《學生の歷史》, ぎょうせい, 1991, 85쪽.

48 稻垣恭子·竹內洋 編,《不良·ヒーロー·左傾-敎育と逸脫の社會學》, 人文書院, 2002, 29~30쪽.

49 龜井勝一郎,《我が精神の遍歷》, 旺文社, 1968, 51쪽.

50 福岡高等學校學而寮史編纂委員會,《福岡高等學校學而寮史》, 福岡高等學校學而寮, 1949, 22~23쪽.

51 《東京朝日新聞》1926년 9月 20日,〈秀才と學問〉.

52 文部省 思想局 編,《左傾學生生徒の手記 第二輯》, 文部省, 1935, 287쪽.

53 大室貞一郎,〈新しき岩場-學生の過去(下)〉,《改造》, 1941.

54 龜井勝一郎,《我が精神の遍歷》, 旺文社, 1968, 55~56쪽.

55 林房雄,《文學的回想》, 新潮社, 1955, 9쪽.

56 菊川忠雄,《學生社會運動史》, 海口書店, 1947, 369쪽.

57 稻垣恭子·竹內洋 編,《不良·ヒーロー·左傾-敎育と逸脫の社會學》, 人文書院, 2002, 48~49쪽.

3. 일본의 사범학교 및 고등여학교 학생문화

1 에도 시대에 지배계급이었던 사무라이는 칼 두 자루를 허리춤에 차는 것을 평민과 구별하는 신분적 표식으로 삼았다. 따라서 그것의 폐지를 주장하는 것은 사무라이의 특권에 대한 전면적 부정과도 같은 의미였다. 바로 이 폐도론 때문에 후에 모리 아리노리는 분노한 몰락 사무라이에게 살해당한다.

2 메로쿠샤는 메이지 초기에 설립된 일본 최초의 근대적인 계몽학술 단체다. 1873년 7월에 미국에서 귀국한 모리 아리노리가 후쿠자와 유키치, 가토 히로유키, 나카무라 마사나오, 니시 아마네西周, 니시무라 시게키西村茂樹 등 기라성 같은 계몽적 인물들과 함께 결성했다. 그 명칭은 메이지 6년에 결성했다는 데서 유래했다. 1874년 3월부터 기관지《메로쿠잡지明六雜誌》를 발행했다.

3 唐澤富太郎,《敎師の歷史》, 創文社, 1955, 42쪽.

4 廣島縣師範學校,《六十年回顧錄》, 廣島縣師範學校, 1935, 63쪽.

5   御影師範學校同窓義會,《兵庫縣御影師範創立伍十周年記念誌》, 御影師範學校同
    窓義會, 1928, 84쪽.

6   德光八郎,《石川縣師範教育史》, 金澤大學教育學部明倫同窓會, 1953, 432쪽.

7   御影師範學校同窓義會,《兵庫縣御影師範創立伍十周年記念誌》, 御影師範學校同
    窓義會, 1928, 475쪽.

8   秋田師範學校,《創立六十年》, 第一書房, 1933, 64쪽.

9   秋田師範學校,《創立六十年》, 第一書房, 1933, 64쪽.

10 野口援太郎,〈師範教育の變遷〉, 國民教育奬励會 編,《教育伍十年史》, 民友舍,
    1922, 371~372쪽.

11 福島師範學校,《福師創立六十年》, 第一書房, 1933, 48쪽.

12 唐澤富太郎,《教師の歷史》, 創文社, 1955, 57쪽.

13 唐澤富太郎,《教師の歷史》, 創文社, 1955, 56쪽.

14 御影師範學校同窓義會,《兵庫縣御影師範創立伍十周年記念誌》, 御影師範學校同
    窓義會, 1928, 489~490쪽.

15 秋田師範學校,《創立六十年》, 第一書房, 1933, 67~68쪽.

16 野口援太郎,〈師範教育の變遷〉, 國民教育奬励會 編,《教育伍十年史》, 民友舍,
    1922, 372~373쪽.

17 廣島縣師範學校,《六十年回顧錄》, 廣島縣師範學校, 1935, 243~244쪽.

18 廣島縣師範學校,《六十年回顧錄》, 廣島縣師範學校, 1935, 243~244쪽.

19 福岡師範學校,《創立六十年誌》, 福岡県福岡師範學校創立六十周年記念會, 1936,
    283쪽.

20 唐澤富太郎,《教師の歷史》, 創文社, 1955, 322~323쪽.

21 사회주의자였던 야마시타 도쿠지는 진보적인 교육잡지《新興教育》의 주간이었다.

22 渡邊彰 編, *Report of the United States Education Mission to Japan*, 目黑書店,
    1946, p.XII.

23 陣內靖彥,《東京師範學校生活史研究》, 東京學藝大學出版會, 2005 참조.

24 이와쿠라 사절단은 1871년부터 1873년까지 활동했으며, 특명전권대사인 이와쿠라
    도모미岩倉具視의 이름을 따서 이 명칭으로 불렸다. 이 사절단은 이와쿠라 도모미를
    특명전권대사로 하는 이와쿠라 견외사절단 48명과 해외유학생 58명을 합해 총 106명

의 규모였다. 이와쿠라 사절단이 1871년 11월 12일에 아메리카호를 타고 요코하마를 떠나 미국으로 갈 때 배웅하던 사람 중에 누군가가 "저 배가 태풍이라도 만나 태평양에 가라앉으면 일본은 큰일 날 텐데 (…)" 하고 중얼거렸다. 때마침 그것을 들은 사이고 다카모리西鄕隆盛는 "걱정할 필요가 없소, 시끄러운 무리가 깨끗이 청소되니 일본은 조용해질거요"라고 태연히 내뱉어 주위 사람들을 크게 웃겼다고 한다(寺澤龍, 《明治の女子留學生 - 最初に海を渡った伍人の少女》, 平凡社, 2009, 19~20쪽). 그 '시끄러운 무리'란 메이지 정부의 주요 실력자들을 가리킨다. 당시 메이지정부 최고 권력자들의 상당수가 사절단에 포함되어 있었던 만큼, 이와쿠라 사절단에 담긴 메이지 정부의 강력한 근대화 의지를 보여주는 대목이라 할 수 있다.

25 寺澤龍, 《明治の女子留學生 - 最初に海を渡った伍人の少女》, 平凡社, 2009, 10쪽.

26 唐澤富太郎, 《學生の歷史》, ぎょうせい, 1991, 120쪽.

27 唐澤富太郎, 《學生の歷史》, ぎょうせい, 1991, 151~152쪽.

28 小山靜子, 〈制度から見た男女別學の教育〉, 小山靜子 編, 《男女別學の時代 - 戰前期中等教育のジェンダー比較》, 柏書房, 2015, 22~23쪽.

29 小山靜子, 〈制度から見た男女別學の教育〉, 小山靜子 編, 《男女別學の時代 - 戰前期中等教育のジェンダー比較》, 柏書房, 2015, 49~50쪽.

30 彌生美術館·內田靜枝 編, 《女學生手帖 - 大正·昭和 乙女らいふ》, 河出書房新社, 2014, 19쪽.

31 남자의 경우 고등소학교나 실업학교 등 다른 중등교육기관에도 진학했기 때문에 여자보다 중등교육 취학생 수가 당연히 더 많았다.

32 唐澤富太郎, 《學生の歷史》, ぎょうせい, 1991, 155쪽.

33 彌生美術館·內田靜枝 編, 《女學生手帖 - 大正·昭和 乙女らいふ》, 河出書房新社, 2014, 76쪽. 덧붙여 말하자면 여학생의 교복은 쇼와 시대에 접어들면서 이른바 세라복으로 바뀌었다. 이 세라복의 기원은 영국의 수병, 즉 '세일러'의 복장이었다. 본디 해군의 제복이었는데 1846년에 영국의 빅토리아여왕이 아들 에드워드 왕자를 데리고 아일랜드를 방문할 때 왕자를 위해 특별히 아동용 수병복을 만든 것이 인기를 모아 이후 세라복은 남아의 평상복으로 정착했다. 20세기 초에는 세라복과 세라모자가 여아의 평상복이 되었다. 이를 수용해 일본에서 세라복은 먼저 아동용 복장으로 도입되었다. 만드는 방식도 간단하고 옷감도 적게 들어 환영받았던 세라복이 마침내 소녀

를 위한 복장으로서도 인기를 모아 여학생의 통상복이 되었다.

34 稻垣恭子, 〈序章〉, 《女學校と女學生: 敎養·たしなみ·モダン文化》, 中公新書, 中央公論新社, 2007 참조.

35 稻垣恭子, 《女學校と女學生: 敎養·たしなみ·モダン文化》, 中公新書, 中央公論新社, 2007, 32쪽.

36 彌生美術館·內田靜枝 編, 《女學生手帖 - 大正·昭和 乙女らいふ》, 河出書房新社, 2014, 14쪽.

37 彌生美術館·內田靜枝 編, 《女學生手帖 - 大正·昭和 乙女らいふ》, 河出書房新社, 2014, 11쪽.

38 《讀賣新聞》 1929년 9월 21일, 市川源三, 〈秋 - 女學生の讀書, 小說が第一位〉.

39 石川天崖, 《東京學》, 育成會, 1909.

40 《讀賣新聞》 1902년 11월 13일, 林吳一, 〈女子敎育諸大家の談話〉.

4. 식민지 타이완과 조선의 학생문화

1 吳文星 著, 所澤潤 譯, 《臺灣の社會的リ一ダ一 階層と日本統治》, 財團法人交流協會, 2010, 82쪽.

2 吳文星 著, 所澤潤 譯, 《臺灣の社會的リ一ダ一 階層と日本統治》, 財團法人交流協會, 2010, 158~159쪽 재인용.

3 李騰嶽, 《李騰嶽鷺村翁文存》, 私家版, 1981, 230쪽.

4 黃呈聰, 〈關於臺北師範休校事件的一考察〉, 《臺灣民報》 2-26, 1924, 4쪽.

5 오성철, 〈식민지 조선과 대만의 교육확대에 관한 시론적 비교〉, 《한국초등교육》 16-2, 2005, 175~193쪽.

6 다만 타이완은 식민지 말기인 1943년부터 의무교육제가 실시되었고, 조선은 1946년부터 단계적으로 실시에 들어갈 예정이었다.

7 鄭麗玲, 〈弊衣破帽的天之驕子 - 臺北高校生與臺北帝大豫科生〉, 《臺灣風物》 52-1, 2002, 46쪽.

8 조선총독부 학무국 편, 〈소화칠년도관공사립학생생도입학상황표〉, 《조사월보》, 1932,

126쪽.

9 1925년의 타이완 내 타이완인은 392만 4574명, 재타이완 일본인은 18만 9630명이었으며, 1932년의 조선 내 조선인은 2003만 7273명, 재조선 일본인은 52만 3452명이었다(각기 《조선총독부통계연보》 및 《타이완총독부통계서》 해당 연도에 근거함.)

10 鄭麗玲 著, 河本尙枝 譯, 《躍動する青春 - 日本統治下臺灣の學生生活》, 創元社, 2017, 36쪽.

11 鄭麗玲 著, 河本尙枝 譯, 《躍動する青春 - 日本統治下臺灣の學生生活》, 創元社, 2017, 37쪽.

12 리영희는 1944년에 전문학교였던 경성공립공업학교에 입학했다.

13 리영희·임헌영, 《대화》, 한길사, 2005, 71~72쪽.

14 전전에 일본에서 제국대학 예과는 식민지를 포함해 세 곳만 존재했다. 홋카이도제대 예과, 경성제대 예과, 타이페이제대 예과가 그것이다.

15 鄭麗玲, 〈弊衣破帽的天之驕子 - 臺北高校生與臺北帝大豫科生〉, 《臺灣風物》 52-1, 2002, 72쪽.

16 王育德, 《'昭和'を生きた臺灣青年》, 三陽社, 2011, 170~171쪽.

17 데칸쇼란 데카르트, 칸트, 쇼펜하우어의 머리글자를 딴 말인데, 구제고교생의 교양을 상징하는 말로 당시 통용되었고, 〈데칸쇼 노래デカンショ節〉라는 노래도 있었다.

18 리영희·임헌영, 《대화》, 한길사, 2005, 53쪽.

19 鄭麗玲, 〈弊衣破帽的天之驕子 - 臺北高校生與臺北帝大豫科生〉, 《臺灣風物》 52-1, 2002, 72쪽.

20 鄭麗玲 著, 河本尙枝 譯, 《躍動する青春 - 日本統治下臺灣の學生生活》, 創元社, 2017, 79~81쪽.

21 《동아일보》 1974년 3월 20일, 〈片片夜話 17〉.

22 리영희·임헌영, 《대화》, 한길사, 2005, 49쪽.

23 鄭麗玲 著, 河本尙枝 譯, 《躍動する青春 - 日本統治下臺灣の學生生活》, 創元社, 2017, 84쪽.

24 鄭麗玲, 〈弊衣破帽的天之驕子 - 臺北高校生與臺北帝大豫科生〉, 《臺灣風物》 52-1, 2002, 72~73쪽.

25 리영희·임헌영, 《대화》, 한길사, 2005, 54쪽.

26 한국정신문화연구원 편,《내가 겪은 민주와 독재》, 선인, 2001, 221쪽.

27 鄭麗玲 著, 河本尙枝 譯,《躍動する靑春 - 日本統治下臺灣の學生生活》, 創元社, 2017, 137쪽.

28 鄭麗玲,〈戰時體制時期臺北帝大的學生生活調査〉,《臺灣風物》61-1, 2011, 42쪽.

29 津田勤子,〈日治末期エリート靑年の讀書生活〉,《臺灣學誌》10, 2004, 99～102쪽.

30 徐聖凱,《日治時期臺北高等學校與菁英養成》, 國立臺灣師範大學出版中心, 2012, 173쪽.

31 津田勤子,〈日治末期エリート靑年の讀書生活〉,《臺灣學誌》10, 2004, 117～ 118쪽.

32 王育德,《'昭和'を生きた臺灣靑年》, 三陽社, 2011, 173쪽.

33 서정주,《미당 자서전》1, 민음사, 1994, 351～352쪽.

34 《동아일보》1974년 3월 20일,〈片片夜話 17〉.

35 서명원,《알면 알수록 더 모르겠네!》, 정민사, 2005, 48쪽.

36 王育德,《'昭和'を生きた臺灣靑年》, 三陽社, 2011, 192쪽.

37 이항녕,《작은 언덕 큰 바람》, 나남, 2011, 52쪽.

38 陳君愷,〈戰後臺灣校園文化的轉型〉, 薛月順 編,《臺灣1950-1960年代的歷史省 思》, 國史館, 2007.

39 서명원,《알면 알수록 더 모르겠네!》, 정민사, 2005, 51～52쪽.

40 박선미,《근대여성, 제국을 거쳐 조선으로 회유하다》, 창비, 2007, 65쪽.

41 吳文星 著, 所澤潤 譯,《臺灣の社會的リーダー階層と日本統治》, 財團法人交流協 會, 2010, 189쪽.

42 橫路啓子,〈明治·大正·昭和の臺灣からの留學生〉, 和田博文 外 編,《《異鄕》とし ての日本 - 東アジアの留學生がみた近代》, 勉誠出版, 366～367쪽.

43 和田博文,〈近代日本と東アジアの留學生 一八九六～一九四伍〉, 和田博文 外 編, 《異鄕》としての日本 - 東アジアの留學生がみた近代》, 勉誠出版, 2017, 6쪽.

44 兪在眞,〈明治·大正·昭和戰前期の朝鮮半島からの留學生〉, 和田博文 外 編,《《異 鄕》としての日本 - 東アジアの留學生がみた近代》, 勉誠出版, 2017 참조.

45 林淑慧,〈留日敍事的自我建構〉,《臺灣國際研究季刊》8-4, 2012, 170쪽.

46 唐顯藝,〈王白淵の東京留學について〉,《日本臺灣學會報》10, 2008, 148쪽.

47 唐顥藝,〈王白淵の東京留學について〉,《日本臺灣學會報》10, 2008, 149쪽.

48 林淑慧,〈留日敍事的自我建構〉,《臺灣國際研究季刊》8-4, 2012, 171쪽.

49 何義麟,《二·二八事件－「臺灣人」形成のエスノポリティクス》, 東京大學出版會, 2003, 17쪽.

50 紀旭峰,〈近代臺灣の新世代法律青年と政治青年の誕生〉,《東洋文化研究》13, 2011, 307쪽.

51 紀旭峰,〈近代臺灣の新世代法律青年と政治青年の誕生〉,《東洋文化研究》13, 2011, 307쪽.

52 横路啓子,〈明治·大正·昭和の臺灣からの留學生〉, 和田博文 外 編,《〈異鄕〉としての日本－東アジアの留學生がみた近代》, 勉誠出版, 365쪽.

53 紀旭峰,〈戰前期早稻田大學のアジアじん留學生の軌跡〉, 李成市·劉傑 編,《留學生の早稻田－近代日本の知の接觸領域》, 早稻田大學出版部, 2015, 29쪽.

54 唐顥藝,〈王白淵の東京留學について〉,《日本臺灣學會報》10, 2008, 151~152쪽.

55 관부연락선은 부산과 시모노세키를 연결한 여객선으로 1905년 취항을 시작했다. 초기에는 매일 오후 10시에 출항해 11시간 30분 항해한 후에 다음날 오전 9시 30분에 목적 항에 도착했다. 경성에서 도쿄로 향할 경우 남대문역(오늘날의 서울역)에서 경부선 열차에 승선해 14시간에 걸쳐 부산 초량역에 도착한 후 오후 10시 출항하는 관부연락선에 승선하면 다음날 오전 9시 30분 시모노세키항에 도착한다. 이후 일본 혼슈의 도카이東海선 열차를 타고 도쿄에 도착하는 데 총 60시간 정도가 걸렸다고 한다. 1907년에 경성과 신의주를 잇는 경의선까지 개통되면서 관부연락선은 일본제국과 조선, 그리고 만주를 잇는 가장 중요한 교통로가 되었다. 여객선이라는 용어 대신에 연락선이라는 용어를 사용한 이유는 조선의 경의선·경부선과 일본의 도카이선 철도를 연결하는 배라는 의미였고, 실제로 도쿄에서 탑승권 한 장으로 경성은 물론 만주까지 이동할 수 있었다.

56 일본 후쿠오카현의 북서쪽에 위치한 바다를 가리키는 일본 지명이다. 겐카이나다玄界灘, 玄海灘라고 한다.

57 현상윤,〈졸업생을 보내노라〉,《학지광》22, 1915, 18쪽.

58 계린상,〈구곡을 버서요!〉2,《학지광》19, 1920, 40쪽.

59 박승수,〈동도지감상〉,《학지광》특별대부록, 1917, 14쪽.

60 박춘파, 〈현해의 서로 현해의 동에(일기중)〉, 《개벽》 8, 1921, 69쪽.

61 김성, 〈사년만에 고국에 도라와서〉, 《개벽》 39, 1923, 50쪽.

62 《동아일보》 1920년 7월 19일.

63 アンダーソン・ベネデイクト 著, 白石さや・白石隆 譯, 《增補 想像の共同體—ナショナリズムの起源と流行》, NTT出版, 1997.

64 임화, 《현해탄》, 동광당서점, 1938.

5. 근대 동아시아의 학생문화

1 ウォルフォード, G. 著, 竹內洋・海部優子 譯, 《パブリック・スクールの社會學: 英國エリート敎育の內幕》, 世界思想社, 1996 참조.

2 덧붙여 말하면 영국에서 술집을 '펍Pub'이라고 하며 이때의 펍은 '퍼블릭'을 가리키는데, 그것은 공공에서 설립한 술집이라는 뜻이 아니다. 그것은 '회원제'가 아니라 일반에게 공개되는 술집이라는 의미를 지닌다. 그런 맥락에서 '퍼블릭스쿨'의 '퍼블릭'과도 의미가 통한다고 할 수 있다.

3 伊村元道, 《英國 パブリック・スクール物語》, 丸善ライブラリー 丸善株式會社, 1993, 65쪽 재인용.

4 伊村元道, 《英國 パブリック・スクール物語》, 丸善ライブラリー 丸善株式會社, 1993 참조.

5 池田潔, 《自由と規律: イギリスの學校生活》, 岩波新書, 岩波書店, 1949, 43쪽.

6 영국에서 중등교육 수료자격을 검정하는 시험으로 정식 명칭은 'The General Certificate of Education Advanced Level(GCE A-level)'이다. 여러 과목별로 이루어지는 시험으로 12학년 및 13학년에 걸쳐 실시된다. 1951년에 도입되었는데 현재는 대학이 입학지원자에게 특정 과목의 A-레벨 테스트의 특정 성적을 필수로 요구하고 있어 실질적인 대학선발 시험 역할을 하고 있다.

7 池田潔, 《自由と規律: イギリスの學校生活》, 岩波新書, 岩波書店, 1949, 41쪽.

8 伊村元道, 《英國 パブリック・スクール物語》, 丸善ライブラリー 丸善株式會社, 1993, 59~60쪽.

9 伊村元道, 《英國 パブリック·スクール物語》, 丸善ライブラリー 丸善株式會社, 1993, 58쪽.

10 天野郁夫 編, 《學歷主義の社會史 – 丹波篠山にみる近代教育と生活世界》, 有信堂, 1991, 9〜10쪽.

11 《동아일보》 1974년 3월 20일, 〈片片夜話 17〉.

12 고마고메 다케시 저, 오성철 외 역, 《식민지제국 일본의 문화통합》, 역사비평사, 2008.

13 한국정신문화연구원 현대사연구소 편, 《격동기 지식인의 세 가지 삶의 모습》, 한국정신문화연구원, 1999, 10〜11쪽.

14 《동아일보》 1920년 3월 20일, 〈社說 三災八難〉.

15 紀旭峰, 〈近代臺灣の新世代法律青年と政治青年の誕生〉, 《東洋文化研究》 13, 2011, 303쪽.

16 정선이, 《경성제국대학 연구》, 문음사, 2002, 135〜136쪽.

17 고부응, 《초민족 시대의 민족 정체성》, 문학과지성사, 2002, 55쪽.

18 박지향, 《제국주의》, 서울대학교출판부, 2000, 133쪽.

19 苅谷剛彦, 《階層化日本と教育危機 – 不平等再生産から意慾格差社會へ》, 有信堂, 2001.

20 天野郁夫, 《日本の教育システム – 構造と變動》, 東京大學出版會, 1996, 33쪽.

21 天野郁夫, 《學歷の社會史 – 教育と日本の近代》, 平凡社, 2005, 116〜117쪽.

22 苅谷剛彦, 《大衆教育社會のゆくえ: 學歷主義と平等神話の戰後史》, 中公新書, 中央公論新社, 1995, 22쪽.

23 편집인, 〈졸업생을 보내노라〉, 《학지광》 22, 1921, 1〜2쪽.

6. 결론

1   여기서 학예대학이라는 낯설게 들리는 명칭은 미국의 'liberal arts college'에서 유래한 것이다.

2   沈翠蓮, 〈1950-1960年臺灣小學師資培育的社會生態與意識形態〉, 《臺灣風物》 50-3, 2000, 137~162쪽 참조.

3   《每日新聞》 1961년 4월 30일, 〈大學のレジャータイム〉.

4   와리캉이란 동료들끼리의 회식 자리에서 식대나 술값을 사람 수대로 나누어 각자 지불하는 관행을 말한다.

5   臼井吉見·河盛好藏 編, 《大學生-こう考える葦(第二集)》, 潮文社, 1973, 31쪽.

6   G. ウォルフォード, 竹內洋·海部優子 譯, 《パブリック·スクールの社會學: 英國エリート敎育の內幕》, 世界思想社, 1996 참조.

7   篠原淸昭, 《臺灣における敎育の民主化-敎育運動による再歸的民主化》, ジダイ社, 2017 참조.

참고문헌

자료

신문 및 잡지

《개벽》《동아일보》《학지광》

《讀賣新聞》《東京朝日新聞》《每日新聞》《惠迪》

관찬 자료

조선총독부 편,《조선총독부통계연보》, 조선총독부, 각 연도

조선총독부 학무국 편,〈소화칠년도관공사립학생생도입학상황표〉,《조사월보》, 1932

臺灣總督府 編,《臺灣總督府統計書》, 臺灣總督府, 각 연도

文部省 思想局 編,《左傾學生生徒の手記 第二輯》, 文部省, 1935

교사 및 교지 자료

廣島縣師範學校,《六十年回顧錄》, 廣島縣師範學校, 1935

福岡高等學校學而寮史編纂委員會,《福岡高等學校學而寮史》, 福岡高等學校學而寮, 1949

福岡師範學校,《創立六十年誌》, 福岡県福岡師範學校創立六十周年記念會, 1936

福島師範學校,《福師創立六十年》, 第一書房, 1933

御影師範學校同窓義會,《兵庫縣御影師範創立五十周年記念誌》, 御影師範學校同窓義會, 1928

第四高等學校時習寮,《第四高等學校時習寮史》, 第四高等學校時習寮, 1948

第五高等學校習學寮,《習學寮史》, 第五高等學校習學寮, 1938

第二高等學校明善寮,《明善寮編年譜》, 第二高等學校明善寮, 1936

第一高等學校,《校友會雜誌》154, 第一高等學校, 1909

第一高等學校寄宿寮,《向陵誌》, 一高同窓會, 1913

秋田師範學校,《創立六十年》, 第一書房, 1933

기타

도쿄제일고등학교 홈페이지

http://museum.c.u-tokyo.ac.jp/ICHIKOH/home.html

쓰다주쿠대학 쓰다 우메코 자료실

http://lib.tsuda.ac.jp/DigitalArchive/index.html

국립대만사범대학도서관 대북고등학교 창립 50주년 기념특전

http://archives.lib.ntnu.edu.tw/exhibitions/taihoku95/

단행본

강원용,《빈들에서》, 열린문화, 1993

고마고메 다케시 저, 오성철·이명실·권경희 역,《식민지제국 일본의 문화통합》, 역사비평
　　사, 2008

고모리 요이치 저, 송태욱 역,《포스트 콜로니얼》, 삼인, 2002

고부응,《초민족 시대의 민족 정체성》, 문학과지성사, 2002

그레고리 헨더슨 저, 박행웅·이종삼 역,《소용돌이의 한국정치》, 한울, 2000

김기주,《한말 재일한국유학생의 민족운동》, 느티나무, 1993

김영신,《대만의 역사》, 지영사, 2001

나혜석 외 저, 서경석·우미영 편,《신여성, 길 위에 서다》, 호미, 2007

리영희·임헌영, 《대화》, 한길사, 2005

마리우스 B. 잰슨 저, 김우영 외 역, 《현대일본을 찾아서》 1~2, 이산, 2006

문옥표 외, 한국정신문화연구원 편, 《신여성》, 청년사, 2003

문제안 외, 《8·15의 기억》, 한길사, 2005

박선미, 《근대여성, 제국을 거쳐 조선으로 회유하다》, 창비, 2007

박지향, 《제국주의》, 서울대학교출판부, 2000

서명원, 《알면 알수록 더 모르겠네!》, 정민사, 2005

서정주, 《미당 자서전》 1, 민음사, 1994

심원섭, 《일본 유학생 문인들의 대정·소화 체험》, 소명출판, 2009

앤드루 고든 저, 문현숙·김우영 역, 《현대일본의 역사》, 이산, 2005

엄미옥, 《여학생, 근대를 만나다》, 역락, 2011

에드워드 사이드 저, 박홍규 역, 《오리엔탈리즘》, 교보문고, 1991

오천석, 《한국신교육사》, 현대교육총서출판사, 1964

위르겐 오스터함멜 저, 박은영·이유재 역, 《식민주의》, 역사비평사, 2006

이경숙, 《시험국민의 탄생》, 푸른역사, 2017

이기훈, 《청년아 청년아 우리 청년아》, 돌베개, 2014

이만규, 《조선교육사》 하, 을유문화사, 1949

이옥순, 《우리 안의 오리엔탈리즘》, 푸른역사, 2003

이충우·최종고, 《(다시 보는) 경성제국대학》, 푸른사상, 2013

이항녕, 《작은 언덕 큰 바람》, 나남, 2011

이희승, 《딸깍발이 선비의 일생》, 창작과비평사, 1996

재일한국유학생연합회 편, 《일본유학100년사》, 재일한국유학생연합회, 1988

정미량, 《1920년대 재일조선유학생의 문화운동》, 지식산업사, 2012

정선이, 《경성제국대학 연구》, 문음사, 2002

정세현, 《항일학생민족운동사연구》, 일지사, 1975

존 맥클라우드 저, 박종성 외 역, 《탈식민주의 길잡이》, 한울, 2003

프란츠 파농 저, 이석호 역, 《검은 피부, 하얀 가면》, 인간사랑, 1998

한국정신문화연구원 편, 《내가 겪은 민주와 독재》, 선인, 2001

한국정신문화연구원 현대사연구소 편, 《격동기 지식인의 세 가지 삶의 모습》, 한국정신문

화연구원 현대사연구소, 1999

한철호 외, 《식민지 조선의 일상을 묻다》, 동국대학교출판부, 2013

徐南號 編, 《臺灣敎育史》, 師大書苑有限公司, 2002

徐聖凱, 《日治時期臺北高等學校與菁英養成》, 國立臺灣師範大學出版中心, 2012

汪知亨, 《臺灣敎育史料新編》, 臺灣商務印書館, 1978

李騰嶽, 《李騰嶽鷺村翁文存》, 私家版, 1981

林玉體, 《臺灣敎育面貌四十年》, 自立晚報社文化出版部, 1987

張炎憲·胡慧玲·黎中光, 《臺北南港二二八》, 財團法人吳三連臺灣史料基金會, 1997

陳綿標, 《陳綿標回憶錄》, 新竹市立文化中心, 1999

秦孝儀 編, 《光復臺灣之籌劃與受降接收》, 中國國民黨中央委員會黨史委員會, 1990

G. ウォルフォード 著, 竹内洋·海部優子 譯, 《パブリック·スクールの社會學: 英國エリート敎育の内幕》, 世界思想社, 1996

ベネデイクト アンダーソン 著, 白石さや·白石隆 譯, 《增補 想像の共同體―ナショナリズムの起源と流行》, NTT出版, 1997

ローデン, ドナルド T. 著, 森敦 監譯, 《友の憂いに吾は泣く: 舊制高等學校物語》 上, 講談社, 1983

高橋康雄, 《断髮する女たち―モダンガールの風景》, 敎育出版, 1999

菅野敦志, 《臺灣の國家と文化―「脱日本化」·「中國化」·「本土化」》, 勁草書房, 2011

鳩山一郎, 《私の自叙伝》, 改造社, 1951

溝上愼一, 《現代大學生論: ユニバーシティ·ブルーの風に揺れる》, NHKブックス 995, 日本放送出版協會, 2004

驅込武, 《世界史のなかの臺灣植民地支配―臺南長老敎中學校からの視座》, 岩波書店, 2015

_____, 《植民地帝國日本の文化統合》, 岩波書店, 1996

臼井吉見·河盛好藏 編, 《大學生―こう考える葦(第二集)》, 潮文社, 1973

龜井勝一郎, 《我が精神の遍歷》, 旺文社, 1968

菊川忠雄, 《學生社會運動史》, 海口書店, 1947

332

唐澤富太郎,《教師の歴史: 教師と生活の倫理》, 創文社, 1955

_____,《女子學生の歴史》, 木耳社, 1979

_____,《學生の歴史: 學生生活の社會史的考察》, 唐澤富太郎著作集 3, ぎょうせい, 1991

戴國煇,《臺灣と臺灣人-アイデンテイテイを求めて》, 研文出版, 1979

臺灣敎育會 編,《臺灣敎育沿革誌》, 臺灣敎育會, 1939

大浦八郎,《三高八十年回顧》, 關書院, 1950

大河內一男 外,《抵抗の學窓生活》, 要書房, 1951

德光八郎,《石川縣師範敎育史》, 金澤大學敎育學部明倫同窓會, 1953

渡邊彰 編, Report of the United States Education Mission to Japan, 目黑書店, 1946

稻垣恭子,《女學校と女學生: 敎養·たしなみ·モダン文化》, 中公新書, 中央公論新社, 2007

林房雄,《文學的回想》, 新潮社, 1955

林初梅,《「鄕土」としての臺灣-鄕土敎育の展開にみるアイデンテイテイの変容》, 東信堂, 2009

麻生誠,《日本の學歷エリ-ト》, 玉川大學出版部, 1991

弥生美術館·內田情枝 編,《女學生手帖-大正·昭和 乙女らいふ》, 河出書房新社, 2014

本橋哲也,《ポストコロニアリズム》, 岩波新書, 岩波書店, 2005

史明,《臺灣人四百年史》, 新泉社, 1974

寺澤龍,《明治の女子留學生-最初に海を渡った五人の少女》, 平凡社, 2009

山崎直也,《戰後臺灣敎育とナショナル·アイデインテイテイ》, 東信堂, 2009

山川健次郎,《男爵山川先生傳》, 故山川男爵記念會, 1937

石川天崖,《東京學》, 育成會, 1909

石坂泰三 外,《私の修業時代》, 實業之日本社, 1952

小熊英二,《'日本人'の境界-沖繩·アイヌ·臺灣·朝鮮 植民地支配から復歸運動まで》, 新曜社, 1998

篠原清昭,《臺灣における敎育の民主化-敎育運動による再歸的民主化》, 埼玉, ジダイ社, 2017

小池滋,《英國流立身出世と敎育》, 岩波新書, 岩波書店, 1992

手塚富雄,《一青年の思想の歩み》, 講談社, 1966
市川昭午,《教育システムの日本的特質―外國人がみた日本の敎育》, 教育開發研究所, 1988
信濃教育會 編,《教育功勞者列傳》, 信濃每日新聞株式會社, 1935
阿部次郎,《新版合本 三太郎の日記》, 角川選書, 角川學藝出版, 1990
安酸敏眞,《欧米留學の原風景-福澤諭吉から鶴見俊輔へ》, 知泉書館, 2016
野間清治,《私之半生》, 千倉書房, 1936
若林正丈,《臺灣―変容し躊躇するアイデンティティ》, ちくま親書, 筑摩書房, 2001
苅谷剛彦,《階層化日本と教育危機-不平等再生産から意慾格差社會へ》, 有信堂, 2001
苅谷剛彦,《大衆敎育社會のゆくえ: 學歷主義と平等神話の戰後史》, 中公新書, 中央公論新社, 1995
吳文星 著, 所澤潤 譯,《臺灣の社會的リーダー階層と日本統治》, 財團法人交流協會, 2010
王育德,《'昭和'を生きた臺灣青年》, 三陽社, 2011
園田英弘·濱名篤·廣田照幸,《士族の歷史社會學的研究-武士の近代-》, 名古屋大學出版會, 1995
李成市·劉傑 編,《留學生の早稻田-近代日本の知の接觸領域》, 早稻田大學出版部, 2015
伊村元道,《英國 パブリック·スクール物語》, 丸善ライブラリー, 丸善株式會社, 1993
鄭麗玲 著, 河本尙枝 譯,《躍動する青春-日本統治下臺灣の學生生活》, 創元社, 2017
齊藤利彦,《試験と競争の學校史》, 平凡社, 1995
竹内洋,《パブリック·スクール: 英國式受験とエリート》, 講談社, 1993
______,《教養主義の没落-変わりゆくエリート學生文化》, 中央公論新社, 2003
______,《立志·苦學·出世-受験生の社會史》, 講談社, 1991
______,《日本のメリトクラシー: 構造と心性》, 東京大學出版會, 1996
______,《日本の近代 12: 學歴貴族の榮光と挫折》, 中央公論社, 1999
______,《立身出世主義 增補版: 近代日本のロマンと欲望》, 世界思想社, 2005
志水宏吉,《學校文化の比較社會學》, 東京大學出版會, 2002
池田潔,《自由と規律: イギリスの學校生活》, 岩波新書, 岩波書店, 1949

陣內靖彦,《東京師範學校生活史研究》, 東京學藝大學出版會, 2005

陳培豊,《同化'の同床異夢−日本統治下臺灣の國語敎育史再考》, 三元社, 2001

秦郁彦,《舊制高校物語》, 文藝春秋社, 2003

泉山三六,《トラ大臣になるまで》, 東方書院, 1953

天野郁夫 編,《學歷主義の社會史−丹波篠山にみる近代敎育と生活世界》, 有信堂, 1991

天野郁夫,《敎育と選拔》敎育學大全集 5, 第一法規, 1982

_____,《日本の敎育システム−構造と變動−》, 東京大學出版會, 1996

_____,《學歷の社會史-敎育と日本の近代》, 平凡社, 2005

籌庵高橋義雄 編,《福澤先生を語る》, 岩波書店, 1934

波田野節子,《韓國近代作家たちの日本留學》, 白帝社, 2013

平石典子,《煩悶靑年と女學生の文學誌》, 新曜社, 2012

何義麟,《二·二八事件−「臺灣人」形成のエスノポリティクス》, 東京大學出版會, 2003

河合榮治郎,《敎壇生活二十年》, 鬼怒書房, 1948

海老原治善 外,《日本近代敎育史》, 岩波講座 現代敎育學 5, 岩波書店, 1962

海後宗臣 編,《敎育改革-戰後日本の敎育改革 1》, 東京大學出版會, 1975

논문

김동환,〈일제강점기 진학준비교육과 정책적 대응의 성격〉,《교육사회학연구》 12-3, 2002

김진량,〈근대 일본 유학생의 공간 체험과 표상: 유학생 기행문을 중심으로〉,《우리말글》 32, 2004

박지영,〈잡지《학생계》 연구: 1920년대 초반 중등학교 학생들의 '교양주의'와 문학적 욕망의 본질〉,《상허학보》 20, 2007

박철희,《식민지기 한국 중등교육 연구: 1920~30년대 고등보통학교를 중심으로》, 서울대 박사학위논문, 2002

_____,〈식민지학력경쟁과 입학시험준비교육의 등장〉,《아시아교육연구》 4-1, 2003

_____,〈일제강점기 중등학생의 일기를 통해 본 식민교육〉,《교육사회학연구》 26-2, 2016

오성철, 〈식민지 조선과 대만의 교육확대에 관한 시론적 비교〉, 《한국초등교육》 16-2, 2005

우미영, 〈전시되는 제국과 피식민 주체의 여행: 1930년대 만주수학여행기를 중심으로〉, 《동아시아 문화연구》 48, 2010

이태훈, 〈대한제국기 일본 유학생들의 유학생활과 유학의식: 1900년대 일본유학생들의 '일본론'을 중심으로〉, 《역사와 실학》 57, 2015

정려령, 〈대북제국대학의 학교조직과 학원문화〉, 《사회와 역사》 76, 2007

홍석률, 〈일제하 청년학생운동〉, 강만길 외 편, 《한국사 15 민족해방운동의 전개 1》, 한길사, 1994

徐聖凱, 《日治時期臺北高等學校之研究》, 國立臺灣師範大學臺灣史研究所 碩士論文, 2009

沈翠蓮, 〈1950-1960年臺灣小學師資培育的社會生態與意識形態〉, 《臺灣風物》 50-3, 2000

林淑慧, 〈留日敍事的自我建構〉, 《臺灣國際研究季刊》 8-4, 2012

鄭麗玲, 〈日本植民地高等教育政策之轉摺與發展-以京城帝國大學與臺北帝國大學的設立爲例〉, 《臺灣風物》 51-2, 2002

_____, 〈戰時體制時期臺北帝大的學生生活調查〉, 《臺灣風物》 61-1, 2011

_____, 〈弊衣破帽的天之驕子-臺北高校生與臺北帝大豫科生〉, 《臺灣風物》 52-1, 2002

鄭政誠, 〈准軍人的養成-日治時期臺灣中等學校的軍事訓鍊〉, 《日據時期臺灣植民地史學學術研討會論文集》, 中國社會科學院臺灣史研究中心, 2010

陳君愷, 〈戰後臺灣校園文化的轉型〉, 薛月順 編, 《臺灣1950～1960年代的歷史省思》, 國史館, 2007

陳翠蓮, 〈大正民主與臺灣留日學生〉, 《師大臺灣史學報》 6, 國立臺灣師範大學臺史所, 2013

胡茹涵, 〈二二八事件前後的臺灣中學教育(1945-1949)〉 上, 《臺灣風物》 56-1, 2006

_____, 〈二二八事件前後的臺灣中學教育(1945-1949)〉 下, 《臺灣風物》 56-2, 2006

黃呈聰, 〈關於臺北師範休校事件的一考察〉, 《臺灣民報》 2-26, 1924

野口援太郎,〈師範教育の變遷〉, 國民教育奬勵會 編,《教育五十年史》, 民友舍, 1922

大室貞一郎,〈新しき岩場-學生の過去(下)〉,《改造》, 1941

紀旭峰,〈近代臺灣の新世代法律靑年と政治靑年の誕生〉,《東洋文化硏究》13, 學習院
　　　大學東洋文化硏究所, 2011.

＿＿＿,〈戰前期早稻田大學の臺灣人留學生〉,《早稻田大學史紀要》44, 2013

＿＿＿,〈戰前期早稻田大學のアジアじん留學生の軌跡〉, 李成市·劉傑 編,《留學生の
　　　早稻田-近代日本の知の接觸領域》, 早稻田大學出版部, 2015

唐顯藝,〈王白淵の東京留學について〉,《日本臺灣學會報》10, 2008

望田幸男,〈序章 近代中等教育史硏究の視點〉, 望田幸男 編,《國際比較·近代中等教
　　　育の構造と機能》, 名古屋大學出版會, 1990

裵姈美,〈李相佰, 帝國を生きた植民地人〉, 李成市·劉傑 編,《留學生の早稻田-近代日
　　　本の知の接觸領域》, 早稻田大學出版部, 2015

小山靜子,〈制度から見た男女別學の教育〉, 小山靜子 編,《男女別學の時代-戰前期中
　　　等教育のジェンダー比較》, 柏書房, 2015

小野容照,〈早稻田大學野球部と朝鮮〉, 李成市·劉傑 編,《留學生の早稻田-近代日本
　　　の知の接觸領域》, 早稻田大學出版部, 2015

野口眞廣,〈臺灣自治の指導者「楊肇嘉」と早稻田〉, 李成市·劉傑 編,《留學生の早稻
　　　田-近代日本の知の接觸領域》, 早稻田大學出版部, 2015

劉傑,〈早稻田はアジアの大學だった〉, 李成市·劉傑 編,《留學生の早稻田-近代日本の
　　　知の接觸領域》, 早稻田大學出版部, 2015

兪在眞,〈明治·大正·昭和戰前期の朝鮮半島からの留學生〉, 和田博文 外 編,《異鄉〉
　　　としての日本-東アジアの留學生がみた近代》, 勉誠出版, 2017

佐藤由美·渡部宗助,〈戰前の臺灣·朝鮮留學生に關する統計資料について〉,《植民地
　　　教育體驗の記憶》, 植民地教育史硏究年報 第7號, 2005

竹內洋,〈第一章《左傾學生》の群像〉, 稻垣恭子·竹內洋 編,《不良·ヒーロー·左傾-教
　　　育と逸脫の社會學》, 人文書院, 2002

津田勤子,〈日治末期エリート靑年の讀書生活〉,《臺灣學誌》10, 2004

何義麟,〈'國語'の轉換をめぐる臺灣人エスニシティの政治化〉,《日本臺灣學會報》1,
　　　1999

許佩賢 著, 大坪力基 譯,〈教育改革〉, 若林正丈 編,《もっと知りたい臺灣(第2版)》, 弘
　　文堂, 1998

和田博文,〈近代日本と東アジアの留學生 一八九六～一九四五〉, 和田博文 外 編,
　　《〈異郷〉としての日本-東アジアの留學生がみた近代》, 勉誠出版, 2017

横路啓子,〈明治・大正・昭和の臺灣からの留學生〉, 和田博文 外 編,《〈異郷〉としての
　　日本-東アジアの留學生がみた近代》, 勉誠出版, 2017

Memmi, Albert, *The colonizer and the colonized*, Beacon Press, 1965

Rohlen, Thomas, *Japan's High Schools*, University of California Press, 1983

Tsurumi, E. Patricia, "Colonial Education in Korea and Taiwan", in Myers, Ramon
　　H. and Mark R. Peattie eds. *The Japanese Colonial Empire 1895-1945*, N.J.,
　　Princeton University Press, 1984

_____, *Japanese colonial education in Taiwan 1895-1945*,
　　Massachusetts, Harvard University Press, 1977

Zeng Kangmin, *Dragon Gate: competitive examinations and their consequences*,
　　Cassell, 1999

찾아보기

2·8독립선언 245

⟨5개조 어서문⟩ 44

7자유교과 258

A로쿠반여학교 160

ㄱ

《가난이야기》 121, 310

가와바타 야스나리 87

가와카미 하지메 121, 220

가입학제도 148, 150, 152

가토 히로유키 53

각모 47, 74~75

갑오개혁 27, 190

《개조》 216, 218, 229

⟨고등학교령⟩ 58~60, 79

고료 91, 96, 98

고사료 229, 238~239

고센대회 138

고스기 덴가이 168, 173

《곤지키야샤》 22, 173

공진생 45~46, 108

교우회 108~109, 154

구메 마사오 85

국어학교 183~184, 186, 188, 223

국제학업성취도평가 28

그랑제콜 256

급비제 138, 145, 306

기념제 97~98, 104~106, 154, 156, 213, 215

기노시타 히로지 64

김나지움 31, 38, 69, 256, 290, 295

《꽃이야기》 174~175

ㄴ

나루세 진조 168

나카무라 마사나오 76, 230

나카하라 준이치 170

내선일체 199

내지연장주의 185, 190, 192

넘버스쿨 59~62, 64, 67

농성주의 97~98, 109, 213
니 이타루 127
니토베 이나조 90, 112, 116

ㄷ

다케우치 요 68, 75, 81, 87, 117, 123, 272
〈대학령〉 59
도쿄사범학교 141~142
《도쿄유학안내東京留學案內》 78
《도쿄유학안내東京遊學案內》 79

ㄹ

라빈드라나트 타고르 240
럭비그룹 260~261
료우 102, 147~148, 213, 308
리세 31, 38, 256, 290
린센탕 229, 238

ㅁ

마카나이 정벌 102~103, 147
마풍연풍 168
《마풍연풍》 173
마하트마 간디 286
만년상 100~102, 145, 213, 308
매리언 스콧 141
면강 77~79, 81, 138, 171, 271, 291
모가 127, 176, 178
모리 아리노리 34, 52~58, 64, 139~145,
   148, 152, 154, 156

모리토 다쓰오 119~120
〈문관시험시보급견습규칙〉 55
〈문관임용령〉 55
《문예춘추》 116, 216, 218
미국교육사절단 155

ㅂ

방카라 107~110, 112, 212, 215, 283
백선모 68~69, 74~75, 88, 90, 208, 281
베네딕트 앤더슨 246
변론열 51
병식체조 141, 152
복선제 266
비밀충고법 152

ㅅ

사범생도 비밀충고법 150
〈사범학교령〉 140
〈사범학교의 학과 및 정도〉 140~141
사범형 인간 34, 137, 153~155, 305, 307
사수 61
《산타로의 일기》 112, 292, 309~310
새뮤얼 스마일스 76
《서국입지편》 76~77
《서양사정》 76
《소녀의 벗》 170, 174
《수험생의 수기》 85
《수험세계》 84
스톰 104~107, 109, 147, 154, 156, 210,

213, 215, 283, 308

신사유람단 230

신인회 121, 128

《신타이완교육령》 183, 185, 188

쓰다 우메코 159

쓰다주쿠 159

ㅇ ───────────────────

아마노 이쿠오 275, 294

아베 지로 111~112, 124, 217, 309

아비투어 69, 256, 290

암두지감 110

야나이하라 다다오 186

야백합학생운동 313

어사시계 72

여인금제 97~98

《여지지략》 76

《영재신지》 78

오구리 후요 173

오리엔탈리즘 244

오리타 히코이치 64, 66

오수 61

오자키 고요 22, 173

와타나베 고키 54

왕바이위안 235~237, 240~241, 246

요시노 사쿠조 120, 229

요시야 노부코 170, 175

우오즈미 가게오 109, 112, 116

우치다 마사오 76

웅변열 51

윈스턴 처칠 38

윈체스터칼리지 257~258

유진오 211, 221, 279

유학생강연단 245

은시계 74

은시계조 72, 75

이나가키 교코 169, 171

이와나미쇼텐 112, 116, 217

이와쿠라 사절단 158~159

《이즈의 무희》 87

이튼그룹 260~261

이튼칼리지 38, 259

인텔리겐치아 128~129

일시동인 199

임시교육회의 59~60

입신출세 51, 75~79, 171, 246, 271, 277, 280, 286, 291

ㅈ ───────────────────

《제국대학령》 52~53, 55, 58, 294

《조선교육령》 190~191

좌경학생 118, 127~128, 131

중견회 99

《중앙공론》 116, 120, 174, 216, 218

지명스쿨 60~62, 64, 67

질풍노도 33, 117

ㅊ

참의열 50

천지교자 208

철권제재 46, 98~99, 110, 306

《청춘》 173

촛불공부 100, 102, 148

《최신수험계》 80

ㅋ

크리스천 젠틀맨 265

클래런던위원회 259

ㅌ

타락 여학생 176

《타이완》 229

〈타이완교육령〉 183, 185, 188

《타이완청년》 229, 238

태양화학생운동 313

토마스 아놀드 112, 257, 260~261,
  263~265, 270, 273~274

토마스 휴즈 270

《톰 브라운의 학창시절》270

튜터제도 264

ㅍ

파깅 263~264

파이어스톰 105

퍼블릭스쿨 31, 38, 67~68, 112, 255~257,
  259~273, 275, 277, 288, 292~293, 295,

312

〈퍼블릭스쿨법〉 260

페리스여학교 161

페스탈로지치주의 교수법141

페번치현 45

폐의파모 46, 89~90, 92, 107~109,
  208~209, 283, 297

프리펙트 263~264

〈피앙출서〉 48, 50, 76

ㅎ

하우스 명부 267~271

〈하이칼라 노래〉 167

하타 이쿠히코 65

《학문의 권장》 49~50, 76~77

〈학제〉 47~48, 52~53, 141, 160

협력 메커니즘 37, 206, 280~281, 285~286

〈홍범 15조〉 230

《화영어림집성》 78

황금문학 102, 147

후지무라 마사오 110, 112

후쿠자와 유키치 49~50, 76, 139